भारतीय संस्कृति के विविध पक्ष

सम्पादिका :

प्रो० आराधना

इतिहास विभाग

चौधरी चरण सिंह विश्वविद्यालय, मेरठ

प्रकाशक :

राहुल पब्लिशिंग हाऊस

348/6, शास्त्री नगर, मेरठ (यू०पी०)

• ISBN : 97-881-88791-91-0

• प्रथम संस्करण : 2020

• मूल्य : ₹ 595/-

• प्रकाशकः
राहुल पब्लिशिंग हाउस
348/6, शास्त्री नगर,
मेरठ–250 005
फोन : 09897060534

• लेज़र टाईपसैटिंग :
क्रिएटिव कम्प्यूटर प्वाइंट, मेरठ–250 005
09997313735

• मुद्रक :
विकास कम्प्यूटर एण्ड प्रिन्टर्स, दिल्ली

भारतीय संस्कृति के विविध पक्ष —प्रो० आराधना

₹ 595/-

आमुख

संस्कृति, वह भी "भारतीय" सुनकर ही मन झंकृत हो उठता हे। आदिकाल से आज तक अपना अस्तित्व कायम रखने वाली सदैव नवीन कलेवर में स्वयं को प्रस्तुत कर अक्षुण्ण रखने वाली "भारतीय संस्कृति के सभी पक्ष सम्पूर्ण विश्व को अचंभित करने के साथ-साथ उसका ध्यान भी अपनी ओर आकृष्ट कर रहे हैं।" "सस्कृति" शब्द संस्कृत भाषा की धातु 'कृ' (करना) से बना है। इस धातु से तीन शब्द बनते हैं—प्रकृति मूल स्थिति), संस्कृति (परिष्कृत स्थिति) और विकृति (अवनति स्थिति)। अतः इसका अर्थ हुआ किसी वस्तु को संस्कारित और परिष्कृत करना।

काल के प्रवाह में अनेक थपेड़ों को झेलने वाली भारतीय संस्कृति अपने परिमार्जित परिशोधित स्वरूप में प्रत्येक भारतीय के व्यवहार, वार्ता, खान-पान, रहन-सहन, पर्व त्यौहार (मनाने का तरीका), वेष-भूषा अभिनंदन/अभिवादन (का तरीका), आत्मीयता, दया, करुणा (न केवल मनुष्यों वरन् प्रत्येक जीव-जन्तु के प्रति), आदि में भी झलकती है। यह बात सत्य है कि काल-खण्ड, व्यक्ति, स्थान, भाषा-बोली, परिस्थिति आदि के अनुसार भी भारतीय संस्कृति में नवीन तत्व समाहित हुए हैं। संस्कृति का यह लचीलापन/उदार रूप ही नौजवान पीढ़ी को अपने से जोड़ता है यथा—दीपावली में घी, तेल के दीपक जलाने के साथ-साथ अब मोमबत्ती और मोमबत्ती युक्त दीए तथा दिए जैसे दिखने वाले बल्व जलाकर भी हम संतुष्ट हो जाते हैं। विशेष धार्मिक अनुष्ठान में धोती-कुर्ता पहनते समय धोती बाँधना न आने पर सिली हुई (रेडीमेड) धोती बाँधना भी सहर्ष स्वीकार्य हो गया है। व्रत-त्यौहारों पर घरों में बनने वाले स्वादिष्ट-पौष्टिक व्यंजनों के स्थान पर बाजार के बने-बनाए व्यंजन, मिठाई, यहाँ तक कि चॉकलेट भी सहज रूप से लोगों के दिलों में अपना स्थान बना चुके हैं। दीवारों पर गेरू, नील, हल्दी व अन्य रंगों से काढ़ी (बनायी) जाने वाली अहोई, करवाचौथ व धरती पर अयपन (चावल के आटे का घोल), आटा व हल्दी से बनाये जाने वाले भाई दोज, राखी, देव उठानी एकादशी आदि अब पोस्टर के रूप में स्वीकार्य हो चुके हैं, आदि...आदि।

"भारतीय संस्कृति के विविध पक्ष" विक्षय पर अखिल भारतीय इतिहास संकलन समिति, मेरठ प्रांत व इतिहास विभाग के संयुक्त तत्वावधान में आयोजित एक दिवसीय राष्ट्रीय संगोष्ठी (दिनांक 26 अगस्त 2018) में प्रस्तुत शोध पत्रों का संकलन पुस्तक के रूप में किया गया है।

संगोष्ठी का शुभारम्भ भारतीय परम्परानुसार माँ सरस्वती के चित्र पर माल्यार्पण,

पुष्पाञ्जली व तदुपरांतसरस्वती वंदना से हुआ। सभी अतिथियों को अंगवस्त्र, श्रीफल व तुलसी का पौधा भेंट कर "अतिथि देवोभव" परम्परा का निर्वाह किया गया।

अखिल भारतीय इतिहास संकलन योजना के राष्ट्रीय संगठन मंत्री डॉ० बाल मुकुंद पांडे ने भारतीय संस्कृति पर बोलते हुए कहा, "आज भारतीय संस्कृति पर बात करना आवश्यक हो गया है। बात भी ऐसी, जिससे कुछ तत्व निकले।" संस्कृति के विकास में नारी की महत्वपूर्ण भूमिका है। वेश-भूषा, भाषा, दया, ममता, विनम्रता, कोमलता, लज्जा, संवेदना आदि नारी की पहचान है। सम्पूर्ण विश्व हमारी नैतिकता, संस्कार, सात्विक भोजन, परम्परागत वस्त्र, संस्कृति आदि के लिए हमारी ओर आकृष्ट हो रहा है। आज विदेशों में भारतीय भोजन बड़े चाव से खाया जा रहा है। इसका मुख्य कारण है भारतीय भोजन की पौष्टिकता। हमारे यहाँ प्रत्येक मौसम के अनुसार, ऋतु के अनुसार भोजन बनाया व खाया जाता है। भगवान को भोग लगाकर खाया जाने वाला भोजन केवल भोजन नहीं, वरन् भोजन प्रसाद कहलाता है।

उत्तर प्रदेश संस्कृत संस्थान, लखनऊ के अध्यक्ष प्रो० वाचस्पति मिश्र ने 'भारतीय संस्कृति शाश्वत है इसकी विरासत' पर बोलते हुए कहा कि भाषा ही हमें बताती है कि संस्कृति क्या है? संस्कृति भी संस्कृत से है। प्राचीनकाल में भारत आने वाले सभी विदेशी यात्री संस्कृत सीखकर ही भारत आए। तभी वह हमारे ग्रंथ पढ़कर यहाँ की जानकारी प्राप्त कर सके। अंग्रेजी व अन्य भाषाओं का उद्‌गम संस्कृत से ही हुआ है। शब्दों की समानता उच्चारण से जानी जा सकती है। यथा—दंत—डेंडिस्ट, पंच—पेंटागन, त्रिपद—ट्रायपॉड, माँ—मदर, लोरी—ललेबॉय आदि।

भारतीय इतिहास अनुसंधान परिषद्, नई दिल्ली के सदस्य प्रो० आर०एस० अग्रवाल ने भारतीय संस्कृति पर बोलते हुए कहा, "दुनिया में जो भी श्रेष्ठ है उससे परिचित होना, उसे स्वीकारना, उसे अपनाना संस्कृति है। भारतीय संस्कृति के विविध पक्षों को प्रत्येक स्तर पर कक्षाओं में पढ़ाया जाना चाहिए। इसके लिए इतिहास की पुस्तकों व पाठ्‌यक्रम में भी बदलाव करना चाहिए।"

प्राचीन इतिहास, संस्कृति व पुरातत्व विभाग, महात्मा ज्योतिबा फुले, रूहेलखण्ड विश्वविद्यालय, बरेली के पूर्व विभागाध्यक्ष प्रो० ए०के० सिन्हा ने कहा, "भारतीय संस्कृति की विविधता में एकता है। यूनान, रोम व अन्य महान संस्कृतियाँ समाप्त हो गयी, पर भारतीय संस्कृति आज भी विद्यमान है।" भाषा संस्कृति की संवाहक है। भारतीय संस्कृति के लिए धर्म Keyword है। धर्म और संस्कृति एक दूसरे के पर्याय रूप में है। धर्म में पुरुषार्थों का विकास होता है। पुरुष जिसकी कामना करता है वह पुरुषार्थ है। मनुष्य में आत्मचेतना होती है। भारतीय संस्कृति परलोकवादी होने के साथ ही आध्यात्मिक है।

अध्यात्म हमारे जीवन का मूल है। धर्म नैतिक स्तर पर नैतिक चेतना के रूप में जोड़ता है। धर्म मनुष्य के मानवीय होने का आधार है। इतिहास ज्ञान की एक धारा है। भारतीय संस्कृति की विविधता आध्यात्मिक है। आध्यात्मिकता में ही आनन्द है।

'उगता भारत' दैनिक समाचार पत्र के राष्ट्रवादी लेखक व सम्पादक श्री राकेश आर्या जी ने कहा कि भारत की संस्कृति की मूल अन्तः चेतना को समझना जरूरी है। एक देश, एक देव, राष्ट्र देव, एक विधान (कानून), एक प्रधान, एक निशान, एक पहचान होनी चाहिए। भारतीय संस्कृति वह है जो प्रतिदिन नया संस्करण निकालती है। यह पुरातन को नूतन से जोड़ती है। हमारी संस्कृति धर्म की रक्षा के लिए युद्ध की बात करती है पर युद्ध में भी धर्म का पालन किया उजाए यह विशेषता केवल भारत में है कहीं और नहीं। धर्म प्राकृतिक रूप से प्राप्त होता है। भारतीय धर्म व संस्कृति जुड़ना सिखाती है, अलग होना नहीं।

माननीय कुलपति, प्रो० एन० के तनेजा, चौ० चरण सिंह विश्वविद्यालय, मेरठ ने अपने वक्तव्य में कहा कि क्षेत्रीय स्तर पर विभिन्नता होते हुए भी भारत में एकता है। भारतीय संस्कृति में जीवन जीने का ढंग सम्मिलित है। संस्कृति का व्यापक अर्थ है सामाजिक समन्वय। हमारी संस्कृति धर्म प्रधान है। अध्यात्म के बिना सम्पूर्ण सुख की कल्पना नहीं की जाती। हमारी संस्कृति की श्रेष्ठता को सभी स्वीकार करते हैं। हमारे यहाँ प्रातःकाल एक-दूसरे का अभिवादन करते हुए राम-राम जी कहा जाता है। यह राम की ऐतिहासिकता का प्रमाण है तथा यही हमें परम्परागत रूप से आपस में जोड़े रखता है।

आज इतिहासकारों को अपने दायित्व का निर्वाह करते हुए विदेशियों द्वारा लिखी गयी पुस्तकों व लेखों का अनुवाद भारतीय भाषाओं में करके उन्हें प्रकाशित करवाना चाहिए। ताकि उनके सकारात्मक विचारों से विद्यार्थी परिचित हो सकें।

संगोष्ठी के तकनीकी सत्रों में 39 शोध पत्र प्रस्तुत किये गए। इन शोध पत्रों से संस्कृति के विविध पक्षों का दिग्दर्शन होता है। यथा—भारतीय संस्कृति में योग की प्रासंगिकता, विज्ञान परम्परा, संस्कृति का समन्वयवादी रूप, भक्ति योग, यज्ञ परम्परा, छठ व्रत के रूप में सूर्योपासना, भारतीय संस्कृति में पर्यावरण संरक्षण, संस्कृति का स्वरूप, संस्कृति और सभ्यता का सम्बन्ध, संस्कृति का अद्भुत स्वरूप, संस्कृति रूप, संस्कृति का समन्वयवादी रूप, अद्वितीय संस्कृति, संस्कृत एवं भारतीय संस्कृति, महाकाव्यों में सैनिक संस्कृति, भारतीय संस्कृति का विश्व पर प्रभाव, भारतीय संस्कृति का प्रसार, भारतीय संस्कृति में भोजन, पौढ़ी गढ़वाल की संस्कृति, संस्कृति के महान पुरोधा पं० दीन दयाल उपाध्यक्ष एवं सर्वाधिक महत्वपूर्ण शोध पत्र भारतीय संस्कृति एवं इतिहासः कृत्रिम षड़यंत्र एवं निदान आदि।

संस्कृति के महत्व को इंगित करते हुए किसी कवि ने लिखा है—

निज भाषा, संस्कृति अहै
सब संस्कृति को मूल।
बिनु निज भाषा ज्ञान के
मिटे न हिय को शूल॥

वस्तुतः संस्कृति, संस्कृत सभ्यता, संस्कार और इनके साथ सरोकार रखने वाले मनीषी, लेखक, शोधार्थी धन्य हैं। क्योंकि वह नवीन पीढ़ी को पुरातन ज्ञान परम्परा से परिचित करा रहे हें। कहा भी गया है—

जिनको न निज गौरव तथा
निज देश का अभिमान है।
वह नर नहीं, नर-पशु निरा है
और मृतक समान है॥

संगोष्ठी में सहभागिता करने वाले इतिहासकारों, विद्वानों, शोधार्थियों, विद्यार्थियों, अपने सभी वरिष्ठ और कनिष्ठ सहयोगियों, कार्यालय कर्मचारियों, पत्रकार बंधुओं....आदि सभी के प्रति हम कृतज्ञता व्यक्त करते हैं। चलते-चलते

1Not Gold, But Only Man can make a Nation Great and Strong.

प्रो० आराधना

विषय-सूची

अध्याय	पृष्ठ सं०
1. भारतीय संस्कृति एवं इतिहास : कृत्रिम षड्यंत्र एवं निदान	1–13
2. संस्कृत एवं भारतीय संस्कृति	14–30
3. महाकाव्यों में सैनिक संस्कृति के प्रमुख पक्ष	31–37
4. Food Importance in Indian Culture	38–42
5. भारतीय संस्कृति एवं पर्यावरण	43–44
6. भारतीय संस्कृति सम्पूर्ण विश्व की अद्वितीय संस्कृति	45–49
7. भारतीय संस्कृति के महान पुरोधा : पं० दीनदयाल उपाध्याय	50–61
8. वर्तमान समय में योग की प्रासंगिकता	62–67
9. भारतीय संस्कृति में विज्ञान परम्परा	68–75
10. रामायण और महाभारत : मिथक नहीं इतिहास	76–82
11. वर्तमान भारतीय समाज में संस्कृति का महत्व	83–89
12. भारतीय संस्कृति का समन्वयवादी रूप	90–93
13. ओ३म् भारतीयसंस्कृतौ नारी	94–98
14. भारतीय संस्कृति में विज्ञान परम्परा	99–102
15. प्राचीन भारतीय संस्कृति में पर्यावरण संरक्षण	103–107
16. भारतीय संस्कृति के विविध पक्ष	108–118
17. योग : आदियुग से वर्तमान तक	119–125
18. भक्ति योग : एक विवेचन	126–131
19. वसुधैव कुटम्बकम : भारतीय संस्कृति की अनूठी अवधारणा	132–135
20. भारतीय संस्कृति का विश्व पर प्रभाव	136–141

21. भारतीय संस्कृति में वसुधैव कुटुम्बकम् की अवधारणा 142–150

22. भारतीय संस्कृति और सभ्यता का अन्योन्याश्रित सम्बन्ध 151–155

23. भारतीय संस्कृति का रूप 156–160

24. भारतीय संस्कृति, शाश्वत है, इसकी विरासत 161–163

25. भारतीय संस्कृति सम्पूर्ण विश्व की अद्वितीय संस्कृति 164–166

26. भारतीय संस्कृति का अद्‌भुत स्वरूप 167–171

27. भारतीय संस्कृति और यज्ञ : एक अध्ययन 172–175

28. "भारतीय संस्कृति में छठ-व्रत के रूप में सूर्योपासना" 176–179

29. "भारतीय संस्कृति : पौड़ी गढ़वाल के सन्दर्भ में" 180–182

❑❑❑

1

भारतीय संस्कृति एवं इतिहास : कृत्रिम षड़यंत्र एवं निदान

प्रो० आर० एस० अग्रवाल

पूर्व आचार्य एवं अध्यक्ष, इतिहास विभाग,
चौ0 चरण सिंह विश्वविद्यालय, मेरठ
एवं पूर्व सदस्य, आई०सी०एच०आर०

भारतीय संस्कृति प्रारम्भ से ही उदात्त गुणों से युक्त रही हैं भारतीय संस्कृति काल की दृष्टि से केवल प्राचीन ही नहीं है बल्कि उसमें निरन्तरता भी है। वैदिक एवं वेदोत्तर साहित्य वैश्विक दृष्टि से ओत-प्रोत होने के साथ-साथ ज्ञान-विज्ञान को प्रकट करने वाली विपुल ग्रन्थ राशि है। उसमें इहलौकिक एवं पारलौकिक उपलब्धियों को अर्जित करने का एक दीर्घ एवं श्रेष्ठ सुख प्राप्त करने के मार्ग का निर्धारण किया गया। केवल इतना ही नहीं बल्कि मौलिक एवं आध्यात्मिक प्रगति में उत्तम समन्वय भी स्थापित किया। यह साहित्य भारतीय परम्परा एवं इतिहास की अमूल्य निधि है। यहाँ यह भी स्मरणीय है कि अभिलेख रहित प्रोगैतिहासिक संस्कृति जो करोड़ों वर्ष पुरानी है उनकी पहचान पुरातत्व से होती है। किन्तु विगत कई सौ वर्षों से ऐसी असत्य पर आधरित कृत्रिम स्थिति उत्पन्न की गयी जिसने भारतीय ज्ञान-विज्ञान, इतिहास एवं संस्कृति को क्षत्-विक्षत किया। यह विध्वंसात्मक रूप विभिन्न विघटनकारी एवं स्वार्थी तत्वों द्वारा उत्पन्न किया जाता रहा है। साथ ही ये मानदण्ड अर्थात् तत्व मनगढ़ंत एवं आधारहीन हैं। लेकिन भारतीय सभ्यता, संस्कृति एवं इतिहास दिशाहीन एवं भ्रमित दृष्टिगोचर हो रहा है।

सर्वप्रथम उन कारकों का विश्लेषण समीचीन लगता है जिन्होंने प्राचीन सनातन परम्परा का मार्ग अवरुद्ध किया और भारतीय सभ्यता एवं इतिहास को बलहीन बनाने का प्रयास किया। इस क्षेत्र में सर्वप्रथम विदेशी आक्रान्ताओं ने श्रेष्ठ भारतीय सभ्यता एवं संस्कृति की अनवरत धरा पर जबरदस्त कुठाराघात किया। मुस्लिम आक्रान्ताओं ने भारत के विश्व प्रसिद्ध विद्या के केन्द्रों एवं पूजा स्थलों पर आक्रमण किया। नालन्दा के बौद्ध मठ एवं विश्वविद्यालय को तुर्कों के आक्रमणों द्वारा समाप्त कर दिया गया। नालन्दा का विश्वविद्यालय अपनी शिक्षा व्यवस्था एवं अनुशासन के कारण दुनिया के विद्या अध्ययनों में उच्च कोटि का था। इसके गौरव की प्रशंसा विदेशी यात्रियों द्वारा की गयी। नालन्दा का

विशाल पुस्तकालय एवं उसमें विभिन्न विषयों के मूल्यवान ग्रन्थ आक्रान्ताओं द्वारा समाप्त कर दिये गये। नालन्दा की शिक्षा व्यवस्था ज्ञान-विज्ञान एवं अनुशासन की प्रशंसा चीनी यात्री ह्वेनसांग द्वारा की गयी । ह्वेनसांग ने अपने यात्रा विवरण "सी०यू०की०" में नालन्दा के ज्ञान कौशल का उल्लेख किया है। नालन्दा के अतिरिक्त विक्रमशीला एवं अन्य विद्या अध्ययन केन्द्रों पर भी आक्रान्ताओं के निरन्तर प्रहार हुए। इन तुर्क आक्रान्ताओं ने अनेक प्रमुख बौद्ध मठ व मन्दिर तोड़े। गजनी से लेकर औरंगजेब तक के काल में अनेकानेक पूजा स्थल एवं कलाकृतियाँ मुस्लिम आक्रान्ताओं व शासकों के क्रोध व वैमनस्य के शिकार बने। प्रसिद्ध सोमनाथ का मन्दिर इसका ज्वलन्त उदाहरण है। सोमनाथ मन्दिर से महमूद गजनवी ने न केवल मूल्यवान वस्तुएँ लूटी बल्कि सोमनाथ देवता की पिण्डी को पूरी तरह अपमानित किया। इन आक्रमणों से कलाकृतियों के साथ-साथ भारत की सनातन परम्परा को गहरा आघात लगा। साथ ही इन पूजा स्थलों में अनेक मूल्यवान पाण्डुलिपियाँ भी थी जिन्हें आक्रान्ताओं ने पूर्ण रूप से सदैव के लिए समाप्त कर दिया। इससे यह सिद्ध होता है कि इस्लाम ने शरीर पर आक्रमण किया अर्थात् यह आक्रमण बाह्य सिद्ध हुए। दूसरे शब्दों में इस्लाम भारतीय चैतन्यधारा को तनिक भी प्रभावित नहीं कर पाया। यह भी सर्वविदित है कि भारत एवं भारत से बाहर इस्लाम का प्रचार-प्रसार तलवार के बल पर हुआ। केवल इतना ही नहीं, सात सौ वर्षों के काल में संस्कृत एवं अन्य भारतीय भाषाओं को उचित संरक्षण प्राप्त नहीं हुआ। सात सौ वर्षों के काल में सर्वाधिक संरक्षण फारसी को प्राप्त हुआ। फारसी को राजकीय भाषा का दर्जा भी दिया गया। स्वाभाविक है कि संस्कृत साहित्य में मौलिक सृजन एवं संवर्द्धन का मार्ग अवरुद्ध हुआ। हिन्दुओं के साथ-साथ सिक्खों और मराठों के साथ भी मुस्लिम शासकों ने घोर बर्बरतापूर्वक अत्याचार किए। उनकी सभ्यता एवं महापुरुषों को विनिष्ट करने में कोई कसर नहीं छोड़ी। सिक्ख गुरुओं, मराठा सरदारों को मौत का शिकार बनाया लेकिन इन्होंने मुस्लिम आक्रमणों का निरन्तर विरोध किया जिसके फलस्वरूप मुगल साम्राज्य धराशायी हो गया। यहाँ यह कहना भी युक्तिसंगत होगा कि सिक्खों और मराठों ने मुस्लिम शासकों के अपमान व अत्याचार को सहन कर भारतीय संस्कृति की रक्षा में असीम योगदान दिया।

तदुपरान्त, औपनिवेशिक काल में ब्रिटिश एवं अन्य पाश्चात्य विद्वानों ने भारतीय साहित्य का मज़ाक उड़ाया। विशाल वैदिक वाङ्मय का प्रस्तुतीकरण एकदम नकारात्मक ढंग से किया गया। रामायण और महाभारत को कपोल कल्पित तथा झूठ का पुलिन्दा कहा गया। इनका अनुवाद उन पाश्चात्य विद्वानों द्वारा किया गया जिन्हें संस्कृत का शुद्ध ज्ञान नहीं था। पाश्चात्य लेखक भारतीय ज्ञान-विज्ञान, सभ्यता, संस्कृति एवं इतिहास का भ्रमित रूप प्रस्तुत करने में सफल हो गये। सत्य के स्थान पर असत्य का प्रतिपादन किया गया। वास्तविकता को पूर्ण रूप से धूमिल कर दिया गया। भारतीयों को गँवार, संकीर्ण, बर्बर, असभ्य, निरंकुश एवं अप्रगतिशील कहा गया। यहाँ की सभ्यता एवं संस्कृति को जड़ कहा गया। भारत को किसी भी प्रकार के राजनीतिक दर्शन, वैज्ञानिक एवं तकनीकि सोच, आर्थिक संस्थाओं, कला एवं साहित्य से विमुख देश कहा गया।

इस संदर्भ में कुछ उन पाश्चात्य लेखकों की चर्चा करनी आवश्यक हो जाती है जिन्होंने भारतीय सभ्यता एवं संस्कृति पर मनगढ़ंत आरोप लगाये। इनमें भी कतिपय ब्रिटिश लेखकों के पक्षपातपूर्ण दृष्टिकोण को उजागर किया जा रहा है। विलियम जोन्स (1784-94) जिन्होंने भारतीय साहित्य का गहन अध्ययन अवश्य किया किन्तु पक्षतापूर्ण सामग्री भी प्रस्तुत की। चन्द्रगुप्त मौर्य का साम्य सेन्ड्रोकोटस से किया गया और प्राचीन भारतीय इतिहास के कालक्रम को 1300 ई० पू० से पूर्व में स्वीकार नहीं किया।[1] जोन्स ने समय-समय पर स्वयं भी अपनी कमियों को स्वीकार किया। जोन्स के विषय में इतना अवश्य स्वीकार किया जा सकता है कि प्राचीन भारत की अनेकानेक घटनाओं की जानकारी उसने प्रदान की।[2] उग्र उपनिवेशवादी दृष्टिकोण की पंक्ति में चार्ल्स ग्रान्ट का नाम सबसे आगे आता है। उसने 1792 में "आबजरवेशन्स आन द स्टेट ऑफ सोसायटी अमंग द एशियाटिक सब्जेक्ट्स ऑफ ग्रेट ब्रिटेन" नामक पुस्तक लिखी। वह "इवैग्लिकल स्कूल" अर्थात् ईसाई धर्म प्रचारक स्कूल का प्रमुख प्रणेता था। चार्ल्स ग्रान्ट भारत में ब्रिटिश शासन को स्थायित्व प्रदान करना चाहता था। उसने अपनी पुस्तक में हिन्दुओं की कटु आलोचना की। वह भारत को आदिम अवस्था से ऊपर उठाने के लिए ईसाई धर्म एवं ब्रिटिश शासन को आवश्यक मानता था।[3] चार्ल्स ग्रान्ट 1794 में ईस्ट इंडिया कम्पनी के डायरेक्टर निर्वाचित हुए। लाला लाजपत राय ने ठीक ही कहा है कि चार्ल्स ग्रान्ट भारत में ब्रिटिश शासन का महानतम प्रशंसक था।[4] इसी श्रेणी में जेम्स मिल का नाम अग्रणी है। मिल ने भारतीय साहित्य का मौलिक अध्ययन कभी नहीं किया। उसे भारतीय इतिहास के मौलिक स्रोतों का ज्ञान नहीं था। किन्तु उसे भारतीय इतिहास पर ब्रिटिश इतिहास लेखन का जनक कहा जा सकता है।[5] मिल कभी भारत नहीं आया किन्तु उसने "हिस्ट्री ऑफ ब्रिटिश इण्डिया" नामक पुस्तक लिखी। यह पुस्तक सर्वप्रथम 1817 में तीन खण्डों में प्रकाशित हुई। 1826 में यह छः खण्डों में और 1840–1848 के बीच नौ खण्डों में एच० एच० विल्सन की सम्पादकीय टिप्पणी के साथ प्रकाशित हुयी। मिल ने भारतीय नौ खण्डों में एच० एच० विल्सन की सम्पादकीय टिप्पणी के साथ प्रकाशित हुयी। मिल ने भारतीय इतिहास को तीन भागों में यथा हिन्दू, मुस्लिम एवं ब्रिटिश भारत के रूप में विभक्त किया। उसने अपनी पुस्तक में हिन्दुओं की संस्कृति को बर्बर तथा निरंकुश कहा।[6] मिल ने हिन्दू सभ्यता को सर्वाधिक तुच्छ कहा। उसने हिन्दू सभ्यता को पूर्ण रूप से असभ्य, मुस्लिम सभ्यता को अर्द्ध सभ्य तथा यूरोपीय सभ्यता को पूर्ण रूप से सभ्य कहा। मिल को भारतीयों से, वह भी हिन्दुओं से लेशमात्र भी लगाव नहीं था। उसने अपनी पुस्तक को जैरेमी बैंथम की उपयोगितावादी विचारधारा के रूप में बनाया।[8] मिल ने "हिस्ट्री ऑफ ब्रिटिश इण्डिया" में भारत में ब्रिटिश शासन की उपयोगिता पर बल दिया। उसने स्पष्ट किया कि भारत को सभ्य बनाने में ब्रिटिश शासन की महत्वपूर्ण भूमिका होगी। मिल के उपयोगितावादी एजेन्डे का भारत की ब्रिटिश प्रशासनिक व्यवस्था पर स्पष्ट प्रभाव देखा जा सकता है।[8] उसने अपनी पुस्तक में ईस्ट इण्डिया कम्पनी के शासन को यथोचित एवं उचित कहा। उसने भारतीयों के ग्रन्थों का मजाक उड़ाया। उसने स्पष्ट किया कि भारतीयों को इतिहास का

ज्ञान नहीं था।[9] उसने भारतीयों की धार्मिक व्यवस्था की भी आलोचना की।[10] भारत की सामाजिक व्यवस्था का भी पूर्ण उपहास किया।[11] अनेक कमियों के बावजूद भी मिल की यह पुस्तक ब्रिटिश प्रशासकों के लिए मार्गदर्शक का काम करने लगी। पुस्तक की धूम मच गयी। हेलीबरी स्थित ईस्ट इण्डिया के कॉलेज में प्रशिक्षण प्राप्त करने वाले ब्रिटिश इण्डियन सिविल सर्विस अधिकारियों के लिए "टैक्स बुक" बन गयी। साथ ही उसे पाठ्यक्रम में भी सम्मिलित कर दिया गया।[12] 19वीं शताब्दी तक मिल की यह पुस्तक "मार्ग दर्शक" के रूप में स्वीकार की जाती थी। किन्तु 20वीं शताब्दी में इसकी महत्ता कम अवश्य हुयी। लेकिन दुर्भाग्यवश भारतीय इतिहास का काल विभाजन जो मिल ने प्रस्तुत किया वह आज भी बाह्य परिवर्तन के साथ सभी विश्वविद्यालयों में प्रचलित है। मिल की पुस्तक की यद्यपि कुछ अंग्रेज लेखकों जैसे फ्रेडरिक जॉन शोर एवं विलियम विल्सन हंटर द्वारा आलोचना की गयी फिर भी भारतीय मस्तिष्क को भ्रमित करने में इसके योगदान को कम नहीं किया जा सकता।[13]

जेम्स मिल ने भारतीय सभ्यता, संस्कृति एवं साहित्य को जिस गैरतार्किक, पक्षपातपूर्ण एवं तिरस्कृत भावना से आरोपित किया, मैकाले ने उस परम्परा का पूर्ण रूप से अनुसरण किया।[14] टी०वी० मैकाले (1800–1859) उन ब्रिटिश लेखकों में प्रमुख हैं जो भारतीय स्कूलों में शिक्षा के अंग्रेजी माध्यम के महत्त्व पर बल दे रहे थे। मैकाले अंग्रेजी शिक्षा के प्रचार-प्रसार के द्वारा हिन्दुओं के धर्म और संस्कृति को नष्ट-भ्रष्ट करना चाहता था। मैकाले भारत को अज्ञानता और परम्पराओं के प्रति अन्धविश्वास से युक्त देश मानता था। उसके अनुसार पाश्चात्य सभ्यता भारत की अपेक्षा उच्च नैतिकता, श्रेष्ठ ज्ञान एवं उच्च कानून व्यवस्थ से सम्पन्न है।[15] वह भारत में लगभग चार वर्ष (1834–1837) रहा। उसने अपने इस काल को "निर्वासित काल" के रूप में कहा। उसने संस्कृत भाषा एवं साहित्य का मजाक उड़ाया। यहाँ तक भी कहा कि "एक अच्छी यूरोपीय लायब्रेरी की एक शेल्फ (अलमारी) समस्त भारत और अरेबिया के साहित्य के बराबर है।" उसने संस्कृत के व्याकरण को मूर्खतापूर्ण कहा।[16] लार्ड विलियम बैंटिक ने 8 दिसम्बर 1835 में बड़े जोश के साथ भारत में अंग्रेजी भाषा को शिक्षा के माध्यम के रूप में थोपने में सफल हो गया। लार्ड विलियम बैंटिक ने मैकाले के निर्णय को पूरा समर्थन दिया। वास्तव में मैकाले भारत में अंग्रेजी शिक्षा थोपकर यहाँ के लोगों के मन मस्तिष्क को बदलना चाहता था। जिसमें वह सफल रहा। मैकाले ने प्रसिद्ध "हिस्ट्री ऑफ इंग्लैण्ड" लिखी जिसका उद्देश्य अंग्रेज जाति एवं संस्कृति की श्रेष्ठता स्थापित करना था। मैकाले ने न केवल यहाँ की भाषाओं को हतोत्साहित किया और अंग्रेजी भाषा भारतीयों पर थोपी बल्कि फ्रेडरिक मैक्समूलर जैसे विद्वानों को भी भारतीय साहित्य को विकृत करने के लिये प्रेरित किया। मैक्समूलर (1823–1900) जर्मन में पैदा हुए थे लेकिन शिक्षा एवं लेखन कार्य इंग्लैण्ड में किया। मैक्समूलर एक प्रसिद्ध भाषाविद् तथा प्राच्यविद् के रूप में जाने जाते हैं। उसने 1846 से 1900 तक वेदों और हिन्दू धर्मशास्त्रों पर विशाल साहित्य लिखा। कुछ साहित्य सम्पादित भी किया जो अन्य से लिखवाया गया। विशेष ध्यातव्य यह है कि यद्यपि मैक्समूलर ने संस्कृत का ज्ञान

अवश्य प्राप्त किया किन्तु वैदिक साहित्य को सीखने की दक्षता अर्जित नहीं कर सका। दूसरे मैक्समूलर पर मैकाले की छाप स्पष्ट दिखाई देती है। यह भी स्वीकार किया जा सकता है कि अगर मैक्समूलर की मैकाले से मुलाकात न होती तो सम्भवतया वह हिन्दू धर्म का न तो कट्टर विरोधी होता और न ही भारतीय साहित्य का एक पक्षीय प्रस्तुतीकरण ही करता। मैक्समूलर ने ब्रिटिश कूटनीतिज्ञों और ऑक्सफोर्ड विश्वविद्यालय की योजना के अनुसार ऋग्वेद का अंगेजी में भाष्य तैयार किया। स्टुअर्ट पिगट ने "प्रीहिस्टोरिक इण्डिया" में स्पष्ट लिखा है कि ऋग्वेद की भाषा अत्यन्त जटिल है और अविवेकपूर्ण है।[18] मैक्समूलर ने वेदों के काल निर्धारण एवं आर्यों को विदेशी कहकर समूचे भारतीय इतिहास का स्वरूप ही बदल दिया जिसने भारतीय जनमानस को आज भी भ्रमित कर रखा है। भारतीय जनमानस के साथ-साथ दुनिया भी भारतीय इतिहास को कुछ समय पूर्व का ही स्वीकारती है। इसी शृंखला में रुड़यार्ड किपलिंग (1865–1936) भी प्रमुख है। जार्ज आरवेल ने किपलिंग को "ब्रिटिश साम्राज्यवाद का देवदूत" कहा है। किपलिंग इतिहासकार नहीं था लेकिन अपनी साहित्यिक रचनाओं के द्वारा भारतीय सभ्यता, संस्कृति पर निरन्तर प्रहार किया। 42 वर्ष की आयु में किपलिंग को साहित्य में "नोबेल पुरुस्कार" से सम्मानित किया गया। किपलिंग ने भारतीय उपनिवेशवाद पर "द जंगल बुक" के नाम से पुस्तक लिखी जिसमें भारतीय जंगलों पर आधारित कहानियाँ दी गयी हैं। इन कहानियों के माध्यम से किपलिंग ने भारत के उपनिवेशवाद को न्यायोचित कहा। इसी प्रकार अपनी कविता "व्हाइट मेन बरडन" में किपलिंग ने 19वीं और बीसवीं शताब्दी के प्रारम्भ में यूरोपीय साम्राज्यवाद को न्यायोचित कहा। यह भी कहा कि साम्राज्यवाद परिपक्व श्वेत लोगों की उपज थी जिसका उद्देश्य अश्वेत लोगों को सभ्य करना था। इस प्रकार उपनिवेशवादी लेखकों ने भारतीय साहित्य को तोड़ा-मरोड़ा एवं भारतीय सभ्यता एवं इतिहास का पूर्णरूपेण उपहास उड़ाया।

किन्तु स्वंतत्रता के पश्चात भी इतिहास लेखन प्रतिबद्धताओं से मुक्त नहीं हो सका। इसमें मार्क्सवादी लेखन प्रमुख कहा जा सकता है। मार्क्सवादी लेखकों ने मार्क्स की भौतिकवादी व्याख्या को केन्द्र मानकर पाश्चात्य दृष्टि से ही भारतीय इतिहास के तथ्यों की व्याख्या की। मार्क्सवादी इतिहास लेखन के प्रारम्भकर्ता रजनी पाम दत्त (इंडिया टुडे)[19] और ए०आर० देसाई[20] को माना जा सकता है। इन पुस्तकों में मार्क्सवादी परिप्रेक्ष्य में औपनिवेशिक शासन की व्याख्या की गयी है। किन्तु डी०डी० कोसाम्बी ने नये दृष्टिकोण के साथ मार्क्सवादी व्याख्या को आगे बढ़ाया। वैसे भी कोसाम्बी का प्रभाव ही सर्वाधिक दृष्टिगोचर होता है। कोसाम्बी ने स्पष्ट लिखा है "भारतीय इतिहास उत्पादन के साधनों और सम्बन्धों के लगातार होने वाले विकास की कालानुक्रम प्रस्तुति है।[21] कोसाम्बी ने भी भारतीय परिस्थितियों का सामाजिक और आर्थिक परिप्रेक्ष्य में अध्ययन किया। द्वन्द्वात्मक भौतिकवाद उनके अध्ययन का मुख्य आधार रहा। कोसाम्बी ने इस बात पर भी जोर दिया कि कबिलाई तत्व आम समाज में समाहित होते चले गये। डी० डी० कोसाम्बी के दृष्टिकोण को कुछ भारतीय इतिहासकारों ने जोरदार तरीके से प्रतिपादित किया। इनमें प्रमुख है। आर० एस० शर्मा जिन्होंने अपनी पुस्तक "मेटीरियल कल्चर एण्ड सोशल फोरमेशन इन

एनशियेन्ट इंडिया" में स्पष्ट लिखा है कि वैदिक आर्य अधिकांश घूमुन्तु जीवन व्यतीत करते थे जो स्थायी कृषि जीवन यापन से अनभिज्ञ थे और लूटमार में विशेष रूप से संलग्न रहते थे।[22] आर० एस० शर्मा ने वैदिक लोगों को प्रमख रूप से "चरवाहे" कहा।[23] इस प्रकार शर्मा ने वैदिक संस्कृति को सांस्कृतिक दृष्टि से पूर्ण रूप से पिछड़ी हुई कहा। उन्होंने उसी दृष्टिकोण की पुष्टि की, कि आर्य लोग असभ्य थे और उन्होंने आक्रमण करके हड़प्पा सभ्यता को नष्ट कर दिया जिसे मार्क्सवादी इतिहासकारों ने नगरीय सभ्यता का नाम दिया। लेकिन वास्तव में देखा जाये तो न तो हड़प्पा सभ्यता पूर्ण रूप से नगरीय थी और न वैदिक सभ्यता पूर्ण रूप से ग्रामीण। वैदिक काल में भी व्यापार के प्रमाण मिलते हैं। आर० एस० बिष्ट ने तथ्य प्रस्तुत किए हैं ऋग्वेदिक संस्कृति नगरीकरण के स्तर तक पहुँच चुकी थी।[25] बिष्ट ने शर्मा के उस आरोप का भी खंडन किया कि ऋवैदिक आर्यों ने शत्रुओं के पुरों को नष्ट किया। इसके विपरीत बिष्ट का मानना है कि ऋग्वैदिक आर्यों ने पुरों का निर्माण कराया जो मजबूत और सुविधायुक्त थे।[27] कोसाम्बी की मार्क्सवादी अवधारणा को शर्मा ने अपनी पुस्तक "इंडियन फ्यूडलिज्म[27] में अधिक गहनता से अध्ययन किया एवं प्रचारित भी किया। उनके अनुसार उत्तरगुप्त काल में व्यापार में गिरावट के कारण भारत में सामन्ती व्यवस्था तेजी से आगे बढ़ी। इस व्यवस्था में किसानों का शोषण होने लगा क्योंकि वे सामन्तों की दया पर जीवनयापन करने लगे थे। यह सामन्तों का वह वर्ग था जिन्हें अर्थव्यवस्था में गिरावट के कारण ब्राह्मणों एवं बड़े प्रशासनिक अधिकारियों को भूमि दान में दी जाने लगी थी।[28] यहाँ उल्लेखेनीय यह भी है कि शर्मा के अनुसार भूमि अनुदान प्राप्त किसानों को विशेष अधिकार प्राप्त होते थे। इरफान हबीब की भी यही अवधारणा है कि सल्तनत काल में किसान अधिकारों से वंचित था जो सामन्तवादी व्यवस्था की पुष्टि करता है। दूसरे शब्दों में वर्ग शोषण एवं कृषकों के शोषण से इन्कार नहीं किया जा सकता।[29] इसी प्रकार के विचार इरफान हबीब ने अपनी पुस्तक 'एगरेरियन सिस्टम ऑफ मुगल इण्डिया' में व्यक्त किये हैं।[30] पुस्तक में उल्लेख किया है कि राज्य और कृषक वर्ग के बीच अन्तर्विरोध था। कुल मिलाकर ज्यादा कर व्यवस्था के बोझ से कृषकों की स्थिति सोचनीय थी। रोमिला थापर ने भी 'अशोका एण्ड दी डिक्लाइन ऑफ दा मौर्याज'[31] में बिगड़ी अर्थव्यवस्था को मौर्य साम्राज्य के पतन का प्रमुख कारण स्वीकार किया।

इसी प्रकार मार्क्सवादी इतिहासकारों ने आधुनिक भारतीय इतिहास की अर्थव्यवस्था के कई पक्षों पर विचार प्रस्तुत किये। इन मार्क्सवादी लेखकों ने भारतीय नेतृत्व की आलोचना की।[32] मार्क्सवादी लेखकों का स्पष्ट मानना है कि भारतीय राष्ट्रवादी नेताओं ने औद्योगिक पूँजीवाद का समर्थन किया। यहाँ तक की गाँधी युग में बुर्जुआ वर्ग का प्रभाव एवं पकड़ राष्ट्रीय आन्दोलन पर अधिक बढ़ गयी। एम० एन० रॉय ने गाँधी को एक बड़ी बाधा कहा।[33] आर० पी० दत्त ने गाँधी के अहिंसा और आध्यात्मिक के विचारों की आलोचना की और यह भी कहा कि वे पूँजीपतियों के हितों के समर्थक थे।[34] मार्क्सवादी इतिहासकारों ने न केवल गाँधी बल्कि अन्य राष्ट्रवादी नेताओं जैसे राजाराम मोहनराय, नेहरू, सुभाष चन्द्र बोस, अरविन्दो, स्वामी विवेकानन्द और लोकमान्य तिलक की भी

आलोचना की। सुमित सरकार ने अपनी पुस्तक "द स्वदेशी मूवमेन्ट इन बंगाल 1903 से 1908" में परिभाषित किया कि भारतीय राष्ट्रवादी आन्दोलन जन आन्दोलन का रूप नहीं ले सका। इस प्रकार आजादी से पूर्व एवं स्वतंत्रयोत्तर काल में भी इतिहास विभिन्न निजी धारणाओं से ग्रसित रहा है। सत्य इतिहास का प्रतिपादन नहीं हो सका है। तथ्यों को अपने अनुसार तोड़ा-मरोड़ा गया है।

पाश्चात्य एवं मार्क्सवादी लेखकों ने भारतीय इतिहास लेखन को अपने अनुसार प्रस्तुत ही नहीं किया बल्कि उसका दोषपूर्ण काल विभाजन भी किया। सर्वप्रथम तथ्यहीन एवं पक्षपातपूर्ण काल विभाजन जेम्स मिल ने किया। मिल ने अपनी पुस्तक "हिस्ट्री ऑफ ब्रिटिश इण्डिया" में भारतीय इतिहास को क्रमशः तीन भागों में विभक्त किया है हिन्दू काल, मुस्लिम काल तथा ब्रिटिश काल।[35] जेम्स मिल की "हिस्ट्री ऑफ ब्रिटिश इण्डिया" किताब का विषय राजनीतिज्ञों को खुश करना था। इसमें भारत की प्राचीन सभ्यता की खिल्ली उड़ायी गयी। साथ ही प्राचीन भारतीयों पर मनगढ़ंत आरोप लगे। साथ ही ब्रिटिश शासन को भारत की प्रगति के लिए उपयोगी कहा। दुर्भाग्यवश मिल द्वारा प्रतिपादित इतिहास विचार कुछ बाह्य परिवर्तन के साथ आज भी विश्वविद्यालयों में चल रहे हैं। अब हिन्दू काल को प्राचीन भारत, मुस्लिम काल को मध्य काल तथा ब्रिटिश काल को आधुनिक भारत का नाम दिया जाता है। मार्क्सवादी लेखकों ने भौतिकवादी आर्थिक व्याख्या के आधार पर भारतीय इतिहास का काल विभाजन किया।[36] एक पक्षीय काल विभाजन वी०ए० स्मिथ, सी० वी० वैद्य ने भी प्रस्तुत किया। आजादी के पश्चात् 1956 में के० एम० मुन्शी ने प्रथम तार्किक विभाजन प्रस्तुत करने का प्रयास किया। डॉ० मुन्शी ने भारतीय इतिहास को चार भागों में प्रस्तुत किया। विस्तार का युग प्रारम्भ से 1000 ई०, प्रतिरोध का युग 1000 से 1300 ई० तक पुनर्जागरण का युग 1300 से 1947 तक तथा सांस्कृतिक संकट का युग 1947 से वर्तमान तक (Age of Cultural Crisis)[37] प्रो० सतीश चन्द्र मित्तल ने गहन विचारोपरान्त भारतीय इतिहास को थीम एवं तिथिक्रम के उचित सन्तुलन के आधार पर चार भागों में विभक्त किया है प्रथम, सांस्कृतिक विस्तार का काल (Age of Cultural Expansion) प्रारम्भ से बारहवीं शताब्दी तक, द्वितीय, विजय तथा प्रतिरोध का काल (Age of Victory & Resistance) बारहवीं से 1760 ई० तक, तृतीय, चुनौतियों तथा पुनर्जागरण का काल (Age of Challenges and Renaissance), 1760 से 1947 तक तथा चौथा, भ्रम का काल (Age of Delusion) 1947 से वर्तमान तक।[38] भारतीय इतिहास के काल विभाजन को कुछ अन्य दृष्टि से भी प्रस्तुत किया जा सकता है, प्रथम काल, सांस्कृतिक विस्तार का काल प्रारम्भ से 1000 ई० तक (India under Cultural Expansion), दूसरे को प्रतिरोध का काल (Period of Resistance) 1000 से 1700 ई० तक, तीसरे को संघर्ष एवं पुनर्जागरण का काल (Period of Review & Assessment) 1947 से वर्तमान तक कह सकते हैं। अतः भारतीय इतिहास का काल विभाजन पाश्चात्य दृष्टि के आधार पर नहीं बल्कि भारतीय परिप्रेक्ष्य में होना चाहिए।

किसी भी देश के पुनरुत्थान और प्रगति में उसके इतिहास में अन्वेषण और

अनुसंधान का पर्याप्त योगदान रहता है। किन्तु भारत के विषय में यह दुर्भाग्य रहा है कि यहाँ सत्य इतिहास को पाठ्यक्रम में उचित स्थान नहीं दिया गया। यह भी सत्य है कि भारत में इतिहास लेखन का श्री गणेश वैदिक साहित्य की वंश और गोत्र प्रवर तालिकाओं में मिलता है।[39] प्राचीन काल में भारत में सांस्कृतिक क्षेत्रों में प्रशंसनीय उन्नति हुयी। यहाँ का ज्ञान-विज्ञान एवं साहित्य अनुकरणीय रहा है। भारतीय दर्शन का आधार "वसुधैव कुटुम्बकम्" रहा है। यहाँ का राजनीतिक दर्शन भी कल्याणकारी भावना से ओतप्रोत रहा है। तकनीकी विकास के प्रमाण आज भी उपलब्ध है। उदाहरण के रूप में महरौली के स्तम्भ लेख की तकनीक आज भी वैज्ञानिकों के लिए विचारणीय है। चिकित्सा के क्षेत्र में भी भारत में अभूतपूर्व उन्नति हुयी जिसके प्रचुर पुरातात्वक एवं साहित्यिक साक्ष्य उपलब्ध है। किन्तु सभी उन्नति को पाठ्यक्रम में उचित स्थान नहीं दिया। इसके विपरीत पाठ्यक्रम में अधिकांश रूप से औपनिवेशिक एवं मार्क्सवादी दृष्टि को ही स्थान दिया है। प्राचीन काल के विषय में स्पष्ट कहा गया है "भारतीय समाज का कोई इतिहास नहीं है, कम से कम ज्ञात इतिहास नहीं है। बल्कि यह उन लोगों का इतिहास है जिन लोगों ने कभी विदेशी आक्रमणों का प्रतिरोध नहीं किया जो बिल्कुल निष्क्रिय रहे और जो भी भारत आया भारत को पराभूत कर चला गया। संयोगवश ब्रिटेन का अधिकार हो गया। यह तो तुर्कों, ईरानियों या रूस के अधिकार में हो सकता था।" यहाँ तक भी लिखा "जो भी भारत का इतिहास है, वह सतत आक्रमणों का इतिहास है।"[40] यह ठीक है कि विश्व के अनेक देशों में भी गम्भीर राजनीतिक, सामाजिक व आर्थिक घटनाओं व परिवर्तनों के आलोक में वहाँ के इतिहास विषय के पाठ्यक्रम में परिवर्तन देखे जा सकते हैं। लेकिन अधिकांश देशों में ये परिवर्तन सकारात्मक रूप से हुए। भारत की स्थिति विचित्र बनी रही। 1947 तक ब्रिटिश सरकार ने औपनिवेशिक विचारधारा के आधार पर पाठ्यक्रम का निर्धारण किया। उनका भारतीय सभ्यता तथा संस्कृति को गौरवान्वित करने का कोई उद्देश्य नहीं था। आजादी के पश्चात् भारत की सत्ता अधिकतर कांग्रेस के हाथों में रही जिन्होंने साम्यवादी विचारधारा को पोषित किया। यही कारण है कि एन० सी० आर० टी० के पाठ्यक्रम व उनकी विषयवस्तु मार्क्सवादी विचारधारा के अनुसार प्रस्तुत की गयी है। प्राचीन भारतीयों को घुमन्तु व आर्यों को आक्रमणकारी सिद्ध किया गया है। उनके विकसित ज्ञान विज्ञान को कोई स्थान नहीं दिया है। क्रान्तिकारियों को आतंकवादी नाम दिया गया। इतिहास का प्रस्तुतीकरण एक पक्षीय है उसमें उन घटनाओं पर जोर अधिक है जिनमें दर्शाया गया है कि भारतीय राजा सदैव जय के स्थान पर पराजय का अनुभव करते रहे। मुस्लिम राष्ट्रों के शासन को बढ़ा-चढ़ाकर दिखाया गया है। वास्तविक स्वरूप भिन्न है। मुस्लिम आक्रान्ताओं, शासकों व भारतीयों के संघर्ष की कहानी लगभग सात सौ वर्षों की है। यह एक लम्बा आन्दोलन था। इसे समग्रता में देखना चाहिए। इसकी परिणति मुगल शासन के पतन में हुयी। उनके कुशासन के कारण विभिन्न जातियों एवं समुदायों ने आन्दोलन व विद्रोह किये जिसका अन्तिम परिणाम हिन्दुओं की नहीं बल्कि मुस्लिमों की पराजय में निकला। अतः भारतीय इतिहास को पाठ्यक्रम को सोच समझकर व सन्तुलित रूप से

प्रस्तुत करना चाहिए। इसमें ऐसी घटनाओं का विशेष रूप से समावेश होना चाहिए जिससे हमारे नवयुवकों को कुछ सन्देश मिल सके। उनके चरित्र का विकास हो सके। इतिहास अपने वास्तविक रूप में सामने आये ताकि इतिहास देश की प्रगति में "कम्पास" का कार्य कर सके। आज इसी प्रगति का मार्ग अवश्य खुला है किन्तु मूल दायित्व मौलिक उच्च शिक्षा संगठनों का है कि वे सन्तुलित इतिहास के पाठ्यक्रमों का निर्माण करे।

भारत में सन्तुलित इतिहास का निर्माण इसलिए भी नहीं हो सका क्योंकि साहित्यिक एवं पुरातात्वक स्रोतों का न्यायोचित प्रयोग नहीं किया गया। मनमाने ढंग से तथ्यों को चयनित किया जाता रहा है। साथ ही उनकी व्याख्या भी पूर्वाग्रहों से पूर्ण रही है। भारत का इतिहास करोड़ों वर्ष पुराना है किन्तु पाश्चात्य विद्वान इसका आरम्भ लेखन कला के आरम्भ में मानते हैं। वैदिक साहित्य, पुराणों, महाकाव्यों एवं अनेकानेक साहित्यक स्रोतों को जो भारतीय मानस की विभिन्न कालों की घटनाओं से भरे पड़े हैं, यह कहकर तिरस्कृत कर दिया गया कि इनका मुख्य आधार कर्मकाण्ड है न की इतिहास। वास्तव में देखा जाये तो इतिहास में प्रवृत्तियों का अधिक महत्व होता है। इतिहास का विषय मानवता के दृष्टिकोण से धर्म का उत्थान पतन है।[41] किन्तु इस बिन्दु पर औपनिवेशिक एवं मार्क्सवादी इतिहासकारों ने कोई ध्यान ही नहीं दिया। वैज्ञानिक इतिहास के सृजन के लिए साहित्यिक स्रोतों से ही नहीं बल्कि पुरातातत्विक स्रोतों का सहारा एवं उनकी व्याख्या करनी होगी। आज पुरातत्व की सामग्री का संरक्षण अत्यन्त आवश्यक है। बहुत सी सामग्री नष्ट हो रही है। लिपिबद्ध इतिहास बहुत बाद का है। इससे पूर्व की जानकारी केवल पुरातत्व से होती है। लेकिन पुरातत्व बलहीन दिखायी पड़ रहा है। एक तो भारत में पुरातत्व का प्रयोग काफी विलम्ब से आरम्भ हुआ। दूसरे पुरातत्व को स्थानीय परम्परागत इतिहास से जोड़कर नहीं देखा जाता।[42] दूसरे शब्दों में पाश्चात्य विद्वानों ने पुरातत्व को भी कृत्रिम आवरण पहनाये रखा जिससे वह स्वतंत्र एवं स्वावलम्बी न हो सका। पुरातत्व का प्रयोग सदैव पूर्वाग्रही विचारधारा के संदर्भ में देखा जा रहा है। पुरातत्व को जनसामान्य के नजदीक लाकर इतिहास की व्याख्या करनी चाहिए। तभी किसी अर्थपूर्ण निष्कर्ष तक पहुँच पाना सम्भव है। उदाहरण के रूप में सरस्वती नदी में सरस्वती सभ्यता के अनेक प्रमाण मिलने के बावजूद भी इतिहासकार इसके अस्तित्व को नकार रहे हैं। इतिहास में औपनिवेशिक काल से ही हड़प्पा एवं वैदिक संस्कृति एवं सभ्यता को अलग-अलग स्वीकार किया है। वैदिक आर्यों को आक्रमणकारी सिद्ध किया है। आज ऐसे अनेक प्रकरण मिल चुके हैं जिससे सिद्ध होता है कि ये दोनों सभ्यताएँ अलग-अलग नहीं थी बल्कि हड़प्पा सभ्यता वैदिक सभ्यता का ही हिस्सा है।[43] काल गणना में भी पुरातत्व अन्धानुकरण कर रहे हैं। इसमें विवेकपूर्ण निर्णयों की सम्यक इतिहास के लिए महती आवश्यकता है।

अब मूल प्रश्न यह है कि इस झूठे इतिहास के स्थान पर वैज्ञानिक, सत्य एवं तार्किक इतिहास की रचना एवं स्थापना किस प्रकार हो। वर्तमान इतिहास निर्माण पूर्वाग्रहों एवं विदेशी मॉडल पर आधारित है। आज अनेक विद्वान इस विषय में लिख चुके हैं। सम्पूर्ण भारतीय इतिहास यूरोपीय एवं मार्क्सवादी मॉडल को आधार मानकर लिखा गया है।

इतिहास को विदेशी आवरण से निकालकर "भारत केन्द्रित मॉडल" एवं तथ्यपरक ढंग से लिखा जाना आवश्यक है। इस दिशा में कुछ ही विद्वानों ने पहल की है एवं तथ्यपरक ढंग से लिखा है। तथ्यों के निरन्तर परीक्षण की आवश्यकता है। इन युग-प्रवर्तक इतिहासकारों में श्री आर०जी० भण्डारकर, डी०आर० भण्डारकर, सर जदुनाथ सरकार, के०ए० नीलकण्ठ शास्त्री, ए०एस० अल्तेकर, आर०सी० मजूमदार, आर०के० मुखर्जी के नाम उल्लेखनीय है। वर्तमान में भी टी०पी० वर्मा, बी०बी० लाल, सतीश चन्द्र मित्तल, बी० आर० मणी, इस दिशा में सक्रिय हैं। किन्तु इस वृहत योजना को वृहत स्तर पर कार्यान्वित करने की आवश्यकता है। आधे-अधूरे प्रयासों से समग्र इतिहास की रचना सम्भव नहीं है। यह एक बड़े स्तर का एक निष्पक्ष तथा नीर-क्षीर विवेक युक्त विद्वानों का कार्य है। इस योजना के लिए सर्वप्रथम एक "राष्ट्रीय आयोग" का गठन होना चाहिए। यह राष्ट्रीय आयोग विभिन्न संस्थानों एवं विश्वविद्यालयों को आवश्यक दिशा निर्देश जारी करेगा। यह आयोग सुनिश्चित करे कि विभिन्न स्तरों की पुस्तकें किन विद्वानों द्वारा तैयार करायी जायें। ये विद्वान भी विषय में निपुण एवं पूर्ण रूप से दक्ष हों। तथ्यों के साथ पूर्व की भाँति कोई छेड़छाड़ नहीं होनी चाहिए। यह प्रक्रिया सतत् रूप से चलती रहनी चाहिए। यह आयोग विभिन्न स्तरों के लिए पाठ्यक्रम की रूपरेखा भी तैयार करे। कुछ विश्वविद्यालयों में पाठ्यक्रमों में अनेक वर्षों तक कोई बदलाव नहीं होता है। साथ ही उनके पाठ्यक्रम भी पिछले अनेक वर्षों से घिसे पिटे ढंग से चल रहे हैं। उनमें केवल बाह्य आवरण परिवर्तित कर दिया जाता है। उपयुक्त यह होगा कि आयोग समस्त विश्वविद्यालयों का पाठ्यक्रम तैयार करे। विश्वविद्यालयों को क्षेत्रीय इतिहास की दृष्टि से आंशिक संशोधन करने के लिए अधिकृत किया जाये। साथ ही उच्च शिक्षा के लिए यह भी आवश्यक है कि शोध की दिशा निर्धारित हो। अधिकांश विश्वविद्यालयों में शोध की गुणवत्ता पर कोई ध्यान नहीं दिया जाता। शोधार्थी अधिकतर पुनरावृत्ति करते हैं। शोधार्थी का एकमात्र उद्देश्य डिग्री प्राप्त करना होता है। कुछ डीम्ड विश्वविद्यालय मोटी फीस लेकर डिग्री प्रदान करते हैं। अधिकांश विश्वविद्यालय की शोध कमेटियाँ केवल दिखावा मात्र हैं। उदाहरण के लिए यू० जी० सी० ने शोधार्थियों के लिए प्री-पीएच० डी० कोर्स अनिवार्य किया है किन्तु विश्वविद्यालयों में विभिन्न विषयों में सुविधा को प्राथमिकता दी गयी है। शोध की दिशा निर्धारित करने के लिए वृहत योजना बनानी होगी। आई०सी०एच०आर० एवं अन्य उच्च एकादमिक संस्थाओं को शोध के मानक तैयार करने की जिम्मेदारी सौपी जाये। साथ ही इन संस्थाओं के सदस्य विश्वविद्यालयों की शोध समितियों के सदस्य नामित किये जायें। इसके साथ ही शोध प्रबन्धों का मूल्यांकन भी उच्च स्तरीय होना चाहिए। उनके परीक्षकों की सूची भली भाँति अनुमोदित होनी चाहिए। यह सुपरवाइजरों एवं विषय कन्वीनरों के एकाधिकार से अलग होना चाहिए। परीक्षक राष्ट्रीय एवं अन्तर्राष्ट्रीय स्तर के विषय विशेषज्ञ होने चाहिए।

माध्यमिक स्तर तक शिक्षा के लिए एन०सी०आर०टी० की भूमिका अधिक प्रभावी करनी होगी। वर्तमान पुस्तकें त्रुटियों एवं आपत्तियों से युक्त है। ये पुस्तकें सरकारी नियंत्रण से मुक्त होनी चाहिए। सरकारों की अदला-बदली का इनके अस्तित्व पर प्रभाव नहीं होना

चाहिए। इन पुस्तकों का लेखन संवर्धन एवं पाठ्यक्रम में संरचना की प्रक्रिया निरन्तर होनी चाहिए। समस्त देश की माध्यमिक शिक्षा का पाठ्यक्रम एन० सी० आर० टी० की पुस्तकों एवं पाठ्यक्रमों पर केन्द्रित होना चाहिए। प्राइमरी शिक्षा का भी सुनिश्चित पाठ्यक्रम होना चाहिए।

इतिहास के अध्ययन की दृष्टि "मानव कल्याण" पर आधारित होनी चाहिए। लेकिन हो रहा है इसके विपरीत। भारतीय दर्शन प्राचीन काल से मानव मात्र की भलाई पर आधारित रहा है। "विश्व बन्धुत्व", "वसुधैव कुटुम्बकम्" भारतीय सोच के आधार रहे हैं। "सर्वे भवन्तु सुखिनः, सर्वे सन्तु निरामया, सर्वे भद्राणि पश्यन्तु मा कश्चिद दुःख भाग भवेत्" समस्त भारतीय वाङमय का प्रेरणा बिन्दु रहा है। मार्क्सवादी एवं विदेशी प्रतिमानों का आधार केवल भौतिक उन्नति पर आधारित है। वह द्वन्द्वात्मक व वर्ग संघर्ष को स्थापित करता है। मार्क्सवादी सोच वाला इतिहास समाज को विभाजित करता है। भारत में अशोक जैसे सम्राट भी हुए हैं जिन्होंने न केवल मानव कल्याण बल्कि पशु-पक्षियों के कल्याण के लिए भी संदेश दिया। महात्मा बुद्ध एवं महावीर स्वामी ने राजकीय सुखों को तिलांजलि देकर "बहुजन हिताय" की दृष्टि से भिक्षु का जीवन स्वीकार किया। वैदिक साहित्य में राष्ट्रीय एकता व सम्पन्नता की स्पष्ट बात रखी गयी है। वास्तविक इतिहास जन सामान्य के हितों का रक्षक होना चाहिए। इतिहास का आधार बिन्दु स्थानीय परम्परागत विशेषताओं से युक्त होना चाहिए। स्थानीय परम्पराओं का विकास एवं उनका भली भाँति अवलोकन राष्ट्रीय इतिहास को अटूट धारा प्रदान करेगा। आज हम प्रतिमान ढूंढ रहे हैं फ्रांस की क्रान्ति में जबकि फ्रांस की क्रान्ति से कई हजार वर्ष पूर्व समानता एवं बन्धुत्व की बात भारतीय साहित्य में रेखांकित की गयी। यहाँ यह भी आवश्यक है कि विश्व इतिहास की घटनाओं का अवलोकन अवश्य करना होगा। किन्तु उनके कारण भारतीय समाज की विशेषताओं को नजरंदाज नहीं करना चाहिए। वास्तव में इस समय आवश्यकता है सन्तुलित एवं विश्लेषणात्मक इतिहास की। अन्तर्विषयक इतिहास भी अनेक नये पहलुओं को सबल रूप से स्थापित करेगा। इतिहास की विषय वस्तु काफी वृहत्त है। उदाहरण के रूप में सरस्वती नदी के बहाव को स्थापित करने के लिए जहाँ एक ओर पुरातत्व का सहारा लेना होगा वहीं दूसरी ओर भौगोलिक एवं भूगर्भीय विशेषताओं एवं प्रवृत्तियों का भी अवलोकन करना होगा।

इतिहास के वास्तविक ज्ञान के लिए पाश्चात्य दृष्टि के कारण जिस अन्धकार की परत से सत्य के स्थान पर असत्य की स्थापना हुयी है उसे हटाना होगा। यह कार्य भद्र दृष्टि से सम्भव है जिसके अन्तर्गत अधर्म व बुराइयों की स्थापना पर आत्मा का साक्षात्कार करना होगा। उत्तम व श्रेष्ठ इतिहास वह है जो समग्रता प्रतिपादन करे। एकांगी व संकुचित दृष्टि से श्रेष्ठ इतिहास का लेखन सम्भव नहीं है। भारतीय दर्शन के गहन अध्ययन से सम्यक दृष्टि का प्रतिपादन हो सकता है। भारतीय चिन्तन मोक्ष को परम मूल्य स्वीकार करता है। किन्तु इसका यह अर्थ कदापि नहीं है कि उन्होंने इस लोक परम मूल्य को स्वीकार नहीं किया। आवश्यक सुख और शान्ति के लिए धर्म, अर्थ नैतिक नियमों से नियंत्रित होने की बात कही। धर्म के साथ-साथ "अर्थ" और "काम" मोक्ष की प्राप्ति के लिए साधन के रूप

में स्पष्ट किये गये। अतः आज उन मिथ्या आरोपों का पर्दाफाश करना होगा जिन्होंने भारतीयों की ऐतिहासिक अवधारणा पर प्रश्न चिन्ह लगाये। वैदिक साहित्य में पर्याप्त सन्दर्भ उपलब्ध हैं जिनसे पता चलता है कि भारत में दुनिया की तुलना में काफी समय पूर्व ऐतिहासिक साहित्य का सृजन आरम्भ हो चुका था। उसे उचित सम्मान और आदर भाव से देखा जाता था। उदाहरण के रूप में इतिहास को वेद कहा गया। कौटिल्य ने भी राजा को सलाह दी है कि उसे मध्यान्ह का समय "इतिहास श्रवण" में बिताना चाहिए। ऐतिहासिक लेखन को वैदिक साहित्य में वंश, गाथाएँ, और दानस्तुति के रूप में देखा जा सकता है। परवर्ती काल में ऐतिहासिक रचनाओं को व्यवस्थित रूप प्राप्त हुआ। बाण का हर्षचरित, कल्हण की "राजतरंगणि", मेरूतुंग की "प्रबन्ध चिंतामणी", सोमेश्वर की "कीर्तिकौमुदी", हेमचन्द का "कुमारपाल चरित" उल्लेखनीय है। आवश्यकता है स्रोत के सम्यक विश्लेषण की न की पूर्वाग्रही दृष्टि की।

संदर्भ सूची

(1) एस०सी० मित्तल, इण्डिया डिसटोरेटेड भाग-1, पृष्ठ 9
(2) जी०पी० गूच, हिस्ट्री एण्ड हिस्टोरीयन्स इन दा नानटीन्थ सेन्चुरी, पृष्ठ 439
(3) पूर्वोक्त, पृष्ठ 27-29
(4) लाजपतराय, अनहैप्पी इंडिया, पृष्ठ 334
(5) एस०सी० मित्तल, पूर्वोत्तर, पृष्ठ 17
(6) एस० अमीराजन, क्लासिकल पॉलिटिकल इकोनोमी एण्ड ब्रिटिश पॉलिसी इन इण्डिया पृष्ठ 4
(7) जेम्स मिल, हिस्ट्री ऑफ ब्रिटिश इण्डिया, भाग 2, पृष्ठ 527, 149–50
(8) ऐरिक स्टोक, दा इंग्लिश यूटेलिटेरियन्स एण्ड इण्डिया, पृष्ठ 48
(9) जेम्स मिल, पूर्वोक्त भाग 1, पृष्ठ 117–170´
(10) जेम्स मिल, पूर्वोक्त भाग 1, पृष्ठ 251, 254
(11) जेम्स मिल, पूर्वोक्त भाग 2, पृष्ठ 111–112
(12) जी०पी० गूच, हिस्ट्री एण्ड हिस्टोरियन्स इन दा नाईंटिन्थ सेन्चुरी, पृष्ठ 287
(13) डब्लू० डब्लू० हंटर आ ब्रीफ हिस्ट्री ऑफ दा इंडियन पिपिल, पृष्ठ 199
(14) ए०सी० मित्तल, इंडिया डिस्टोरटेड 1, पृष्ठ 37
(15) पूर्वोक्त भाग 1, पृष्ठ 41
(16) थामस पिनी (सं०) दा लेटर्स ऑफ टी०वी० मैकाले, खण्ड 8, पृष्ठ 123
(17) टी० वी० मैकाले, हिस्ट्री ऑफ इंग्लैण्ड, अध्याय-प्रथम
(18) स्टुअर्ट पिगट, प्रीहिस्टोरिक इंडिया, पृष्ठ 256–68
(19) रजनी पामदत्त, इंडिया टुडे
(20) आर०आर० देसाई, सोशल बैकग्राउण्ड ऑफ इंडियन नेशनलिज्म
(21) डी०डी० कोसाम्बी, एन इन्टरोडक्शन टु दी स्टडी ऑफ इण्डिया हिस्ट्री, पृष्ठ 20

(22) आर० एस० शर्मा, "मेटीरियल कल्चर एण्ड सोशल फोरमेशन इन एनशियेन्ट इण्डिया" पृष्ठ 38
(23) पूर्वोक्त, पृष्ठ 24
(24) आर्कियोलोजिकल सर्वे ऑफ इण्डिया रिपोर्ट, 1988, 1999
(25) पूर्वोक्त 1995
(26) शिवाजी सिंह नवां मौलाना आजाद मैमोरियल लैक्चर, आईसीएचआर, 2016, पृष्ठ 18
(27) शर्मा, इण्डियन फ्यूडलिज्म, 1965
(28) शर्मा, भारतीय सामन्तवाद, पृष्ठ 3
(29) इरफान हबीब, इक्नामिक हिस्ट्री ऑफ मेडीवल इंडिया : ए सर्वे, पृष्ठ 44
(30) इरफान हबीब, एग्रेरियन सिस्टम ऑफ मुगल इंडिया, पृष्ठ 103–112, 136–141
(31) रोमिला थापर, अशोका एण्ड दी डिक्लाइन ऑफ दा मौर्याज
(32) ए०सी० मित्तल, इन्टरपरेटिंग दा इण्डियन नेशनल मूवमेन्ट, आई०सी०एच०आर० फाउण्डेशन, डे लेक्चर, 29 मार्च, 2016, पृष्ठ 22
(33) एम०एन० रॉय, इण्डिया इन ट्रांजिसन, पृष्ठ 205
(34) आर०पी० दत्त, मॉर्डन इण्डिया, पृष्ठ 72–73
(35) जेम्स मिल, हिस्ट्री ऑफ ब्रिटिश इण्डिया
(36) एस० के० डांगे, इंडिया फ्रोम दी प्रीमीटिव टू स्लेवटी
(37) के०एम० मुन्शी एवं एन०सी० अय्यर (सम्पा०) इंडियन इनहेरिटेज, भाग 2
(38) सतीश चन्द्र मित्तल, इतिहास शोध पत्रिका, आई०सी०एच०आर० भाग 2, 2016, पृष्ठ 17
(39) बुद्ध प्रकाश, इतिहास दर्शन, पृष्ठ 17
(40) कार्ल मार्क्स, दा फ्यूचर रिजल्ट्स ऑफ दा ब्रिटिश रूल इन इण्डिया, दा न्यूयार्क डेली ट्रिब्यून, 22 जुलाई, 1853, पृष्ठ 21, सतीश चन्द्र मित्तल, इतिहास शोध पत्रिका, आई०सी०एच०आर० भाग 2, 2016, पृष्ठ 7
(41) बुद्धप्रकाश, इतिहास दर्शन, पृष्ठ 17
(42) ठाकुर प्रसाद वर्मा, इतिहास, भाग 2, सं० 1, 2016, पृष्ठ 12 (शोध प्रत्रिका, आई०सी०एच०आर०)
(43) बी०बी० लाल, दा सरस्वती फ्लोज ऑन दा कन्टीन्युटी ऑफ इण्डियन कल्चर, दिल्ली 2002

विशेष शोध-पत्र में माननीय सुरेश जी सोनी एवं डॉ० कृष्ण गोपाल जी के ज्ञान संगम में उद्‌बोधन के प्रमुख विचारों को भी समाहित करने का प्रयास किया गया है।

❖❖❖

2
संस्कृत एवं भारतीय संस्कृति

प्रो० सी०एम० अग्रवाल,
इतिहास विभाग,
कुमाऊँ विश्वविद्यालय, एस.एस.जे. परिसर, अल्मोड़ा।

देववाणी संस्कृत, जो समस्त भारत की भाषा रही है, को भारतीय संस्कृति का प्रतिनिधिस्वरूप माना गया है, क्योंकि यह सत्यम्, शिवम्, सुन्दरम् का मणिरात्निक उद्घोष संस्कृत साहित्य में सन्निविष्ट है। संस्कृत की समस्त कृतियों में भारतीय संस्कृति के प्राणतत्व सुरक्षित हैं। अतएव यदि संस्कृत को भारतीय संस्कृति की जननी कहा जाये तो कोई अतिशयोक्ति नहीं होगी। यजुर्वेद (7/14) में कहा गया है: 'सा प्रथमा संस्कृति विश्ववारा', अर्थात् यह प्रथम संस्कृति है जो विश्वव्यापी है। प्राचीन काल से लेकर आज तक संस्कृत भाषा और साहित्य समस्त भारतीय राष्ट्र की सम्पत्ति रहे हैं क्योंकि इनमें भारतीय संस्कृति अपनी विशिष्टताओं को सन्निहित किये हुए है और इस देश की सांस्कृतिक एकता को स्वयं सिद्ध बनाया है। संस्कृत कवियों, लक्षणग्रन्थियों एवं साहित्यकारों ने अपनी कीर्ति कौमुदी को विश्वव्यापी एवं अमर बना दिया तथा इन मूर्धन्य विद्वानों की कविता कामिनी की माधुरी पर मुग्ध होकर कीथ, मैक्डोनल्ड सदृश विद्वान भी आश्चर्यचकित रह गये। विण्टरनिट्ज ने लिखा है, ''यदि हम अपनी संस्कृति के विकास का अध्ययन करना चाहते हैं, यदि हम संस्कृत साहित्य और यूरोपीय संस्कृति को समझना चाहते हैं तो हमें भारत जाना चाहिए, जहाँ यूरोपीय समुदाय का प्राचीनतम् साहित्य सुरक्षित है जो हमको वैश्विक, सामाजिक, राजनैतिक, आर्थिक एवं सम्पूर्ण सांस्कृतिक जानकारी दे सकता है।'' ईशावास्योपनिषद् के आरम्भ में जगत तत्व की खोज में लीन ऋषियों ने अपनी विचारधारा को आध्यात्मिक, सामाजिक, आर्थिक, धार्मिक, शारीरिक क्षेत्रों के मानवीय कर्त्तव्यों के रूप में निबद्ध किया है। वेद, उपनिषद्, षड्दर्शन, स्मृति, ब्राह्मण, आरण्यक, रामायण, महाभारत, गीता आदि संस्कृत में प्रणीत ग्रंथों में भारतीय संस्कृति अपनी उन समस्त विशिष्टताओं के साथ परिलक्षित होती है जिसमें मानवता के सभी सद्गुणों को भलीभाँति विकसित करने वाले सभी तत्व पर्याप्त मात्रा में उपलब्ध हैं।

संस्कृत साहित्य संस्कारों से आप्लावित है। एकता एवं विश्वकल्याण तथा वसुधैव कुटुम्बकम् की संदेशवाहक है; कर्म की प्रधानता की द्योतक है; दानशीलता

को मानवता का श्रेष्ठ गुण बतलाती है; विनम्रता, सज्जनता, सद्गुण एवं सत्संगति के प्रति अगाध आस्थावान् है; श्रेष्ठ, बुद्धिमान एवं महान मानव बनने की प्रेरणा देती है, विद्या को सर्वोच्चता प्रदान करती है; श्रम की पोषक है; नारी के विलक्षण रूप को दर्शाने वाली है; सच्ची मित्रता के गुणों को बताती है; पृथ्वी माँ एवं गुरु के महत्व का दिग्दर्शन कराती है; सनातन धर्म, धार्मिक सहिष्णुता एवं आशावादिता की सहचरी है; मृत्यु की निश्चितता एवं आत्मा की अमरता की ज्ञानदायिनी है; वृक्षों के महत्व एवं पर्यावरण के प्रति जागरूक है; शाकाहार की पक्षपाती है; धन के महत्व की प्रतिपादक है, विद्यार्थी में श्रेष्ठ गुणों की अनुगामिनी है। साथ ही, यह कुछ नीति वचनों की भी संरक्षिका है जो भारतीय संस्कृति के लिए प्रासंगिक है क्योंकि ये मानव–जीवन को समुन्नत बनाने में पथ–प्रदर्शक का कार्य करते हैं।

संस्कार एवं संयम का महत्व :

भारतीय संस्कृति में संस्कार का अत्यधिक महत्व है जो भावी प्रगति का संदेश देते हैं और उत्साहवर्धन करते हैं। प्रगति के पथ में संस्कार सोपान का कार्य करते हैं जो क्रमानुसार उसको अधिकाधिक उन्नत बनाते जाते हैं। पराशर ने संस्कारों की उपयोगिता का उल्लेख निम्न श्लोक में किया है–

चित्रकर्म यथानेकै रङैरुन्मील्यते शनैः।
ब्राह्मण्यमपि तद्वत्स्यात् संस्कारैर्विधिपूर्वकैः।।

(जिस प्रकार चित्रण अनेक रंगों द्वारा प्रस्फुटित होता है, वैसे ही विधिपूर्वक सम्पन्न किये हुए संस्कारों के द्वारा ब्राह्मणत्व को प्राप्त किया जा सकता है।)

'**संयमः खलु जीवनम्**'' (संयम ही जीवन है।)

एकता एवं विश्वकल्याण तथा वसुधैव कुटुम्बकम् की संदेशवाहक :

भारतीय संस्कृति आदिकाल से ही त्रिरत्न–एकता, विश्वकल्याण एवं वसुधैव कुटुम्बकम् की पोषक रही है तथा इसके अप्रतिम महत्व एवं उपयोगिता का संदेश देती रहती है। विष्णु पुराण में भारत की एकता के विषय में लिखा है–

उत्तरं यत्समुद्रस्य हिमाद्रेश्चैव दक्षिणम्।
वर्षं तद्भारतं नाम भारती यत्र सन्ततिः।।

(जो समुद्र से उत्तर में है और हिमालय से दक्षिण में है अर्थात् समुद्र और हिमालय से घिरा है उस देश का नाम भारत है जहाँ की मनुष्य जाति सुन्दर विद्या वाली है।)

भारतीय संस्कृति के अनुसार पावन नदियां–गंगा, यमुना, सरस्वती, सिन्धु, नर्मदा, गोदावरी, कावेरी आदि; तीर्थस्थान–बदरिकाश्रम, रामेश्वर, द्वारिका, जगन्नाथपुरी, हरिद्वार, प्रयाग, काशी, गया, उज्जैन, काँची आदि; महापुरुष–राम, कृष्ण, जनक, अशोक, विक्रमादित्य, हर्ष, शंकराचार्य, रामानुज आदि–सारे भारत के सभी भागों का प्रतिनिधित्व करते हैं। कोई भी कला, धर्म, दर्शन या विज्ञान एकदेशीय न रहकर सारे भारत का होकर रहता है।

विश्व कल्याण की कामना भारतीय संस्कृति का मूल मंत्र है। "सर्वे भवन्तु सुखिनः सर्वे सन्तु निरामया। सर्वे भद्राणि पश्यन्तु मा कश्चिद् दुःख भागभवेत्"। इस आदर्श का सर्वोच्च उन्नायक अशोक हुआ। अपने को सुखी बनाने के लिए दूसरों को सुखी बनाना आवश्यक है।

वसुधैव कुटुम्बकम् की भावना भारतीय संस्कृति की आधारशिला है जिसका निम्न श्लोक में दिगदर्शन होता है :

अयं निजः परोवेति गणना लघुचेतसाम्।
उदारचरितानांतु वसुधैव कुटुम्बकम्।।

(यह मेरा है, यह दूसरे का है, ऐसी गिनती अल्प बुद्धिवाले करते हैं। उदार चरित्रवालों का तो सारा संसार ही उनका परिवार है।)

कर्म की प्रधानता/कर्मफल

भारतीय संस्कृति मानव को निरंतर कर्म करने के लिए अनुप्रेरित करती रहती है, साथ ही, यह हमें यह भी शिक्षा देती है कि हम कर्म के फल की आशा से विरत रहे अर्थात् निस्पृह रूप से कार्य करें। भगवान श्रीकृष्ण ने कहा है :

कर्मण्येवाधिकारस्ते मा फलेषु कदाचन।
मा कर्मफलहेतुर्भूर्मा ते संगोऽस्त्वकर्मणि।।

(भगवद्गीता 2/47)

(मानव को केवल कर्म करने का अधिकार है, उसके फल पर उसका कोई अधिकार नहीं। मानव के कर्म का उद्देश्य फल प्राप्ति कभी नहीं होना चाहिए और न ही कर्म के त्याग के प्रति मानव अनुराग होना चाहिए)

ऐतरेय ब्राह्मण में भी कर्म की श्रेष्ठता की निम्न अनुगूँज परिलक्षित है :

कलिः शयानो भवति संजिहानस्तु द्वापरः।
उत्तिष्ठँस्त्रेता भवति कृतं सम्पद्यतेचरन् ।।

(ऐतरेय ब्राह्मण, 7/15)

(सोते हुए कलियुग रहता है, जँमाई लेते हुए द्वापर होता है, उठते हुए त्रेता होता है और काम में लग जाने पर सतयुग होता है)

तुलसीदास ने भी लिखा है :

कर्म प्रधान विश्व रच राखा, जो जब करहि तो तस फल चाखा।
सकल पदारथ हैं जग माहीं, करमहीन नर पावत नाहीं।।

कर्म के विविध क्षेत्रों की परिधि के दायित्व बोध हेतु निम्न श्लोक प्रणीत है।

देवातिथिभृत्यानां पितृणामात्मनश्चयः।
न निर्वयति पंचानाश्वसन्न स जीवति।।

(जो गृहस्थ देवता, अतिथि, भृत्य, माता–पिता और अपना संरक्षण नहीं करता, वह श्वास लेते हुए भी निष्प्राण है।)

साथ ही संस्कृत कवियों द्वारा अत्यधिक विचार विमर्श के उपरान्त ही किसी कार्य को करने का परामर्श दिया गया है। निम्न श्लोक इसकी पुष्टि करता है ।

सहसा विदधीत न क्रियाम् अविवेकः परमापदां पदम्।
वृणुते हि विमृश्यकारिणम् गुण लुब्धाः स्वयमेव सम्पदः।।

(किसी भी कार्य को एकाएक शुरू नहीं करना चाहिए, बिना सोचे–विचारे कार्य करना बड़ी परेशानी का कारण होता है। सम्पत्ति भलीभाँति विचार करके कार्य करने वाले के गुणों से प्रसन्न होकर स्वयं उसका वरण करती है।)

दानशीलता :

भारतीय संस्कृति में दान को यज्ञादिक धर्म–कर्मों के समकक्ष बतलाया गया है। गीता में भगवान श्रीकृष्ण ने कहा भी है :

यज्ञ दान तपः कर्म न त्याज्यं कार्यमेव तत्।
यज्ञो दानं तपश्चैव पावनानि मनीषणाम्।।

(यज्ञ, दान तप–रूप जो कार्य है, वह त्यागने योग्य नही है। ये कर्म निश्चित रूप से बुद्धिमान लोगों को पवित्र करने वाले हैं)

नास्ति श्रद्धासमं पुण्यं नास्ति श्रद्धासमं सुखम्।
नास्ति श्रद्धासमं तीर्थ संसारे प्राणिनां नृप।।

(पद्मपुराण, भूमिखण्ड 39/78)

(हे नृप संसार में प्राणियों के लिए श्रद्धा के समान कोई पुण्य नही है, श्रद्धा के समान कोई सुख नही है, श्रद्धा के समान कोई तीर्थ नही है)

दान को मानवता का लक्षण बतलाया गया है। जो अपनी कमाई का एक भाग दान के रूप में नहीं देता और सब का उपयोग स्वयं ही करता है, वह चार के समान है।

मनुस्मृति में दान की महिमा वर्णित है–

तपः परं कृतयुगे त्रेतायां ज्ञानमुच्यते।
द्वापरे यज्ञ कर्माणि दनामेकं कलौयुगे।।

(सतयुग में तप, त्रेता में ज्ञान, द्वापर में यज्ञ और कलियुग में दान ही धर्म के विशेष लक्षण हैं।)

यज्ञदानपतः कर्म न त्याज्यं कार्यमेव तत्।
यज्ञो दानं तपचैव पावनानि मनीषिणाम्।।

(यज्ञ, दान तथा तपस्या के कर्मों का परित्याग नहीं करना चाहिए। उन्हें अवश्यक सम्पन्न करना चाहिए; निःसंन्देह यज्ञ, दान तथा तपस्या महात्माओं को भी शुद्ध बनाते हैं।)

संस्कृत साहित्य न केवल आम जनों को ही कर्म की ओर प्रेरित करता है, अपितु वह राजा के कार्यों एवं दायित्वबोध का सुन्दर चित्रण निम्न श्लोक में करता है :

प्रजा सुखे सुखं राज्ञः प्रजानां च हिते हितम्।
नात्मप्रियं हितं राज्ञः प्रजानां तु प्रियं हितम्।

(राजा के लिए प्रजा का सुख ही वास्तविक सुख है, प्रजा का हित ही वास्तविक हित है। अपना प्रिय राजा का हित नहीं है, केवल प्रजा का प्रिय कार्य ही हित है।)

अथर्ववेद में कहा गया है, **'कृतं में दक्षिणे हस्ते जयो मे सव्य आहितः'**

(मेरे दाहिने हाथ में कर्म है, बायें हाथ सफलता)

ऋग्वेद में भी कहा गया है, **'न ऋते श्रान्तस्य सख्याय देवः'**

(परिश्रम किये बिना देवता भी सहायक नहीं होते हैं।)

विनम्रता, सज्जनता तथा सत्संगति :

विनम्रता एवं सज्जनता तथा सत्संगति का महत्व संस्कृत साहित्य में बारम्बार चंद श्लोकों के माध्यम से उद्घोषित किया गया है :

भवन्ति नम्रास्तरवः फलोद्‌गमैर्नवाम्बुभिर्भूरिविलम्बिनो घनाः।
अनुद्धताः सत्यपुरुषाः समृद्धिभिः स्वभाव एवैष परोपकारिणाम्।।

(फल आने पर वृक्ष झुक जाते हैं, नवीन जल से पूरित मेघ–बादल भी झुक–झुक कर पृथ्वी पर विहार करने लगते हैं। इसी प्रकार सज्जन पुरुष भी ऐश्वर्य सम्पन्न होने पर विनम्र हो जाते हैं। सदा विनम्र रहना परोपकारियों का स्वभाव ही है।)

परोपकरणं येषां जागर्ति हृदये सताम्।
नश्यन्ति विपदस्तेषां सम्पदः स्युः पदे पदे।।

(जिन सज्जनों के हृदय में परोपकार की भावना रहती है, उनकी आपत्तियाँ दूर हो जाती हैं और पद–पद पर उन्हें सम्पत्ति प्राप्त होती है।)

सज्जन एवं दुर्जन की मित्रता से संबंधित निम्न श्लोक भी इस संदर्भ में समीचीन है :

आरम्भगुर्वी क्षयिणी क्रमेण लघ्वी पुरा वृद्धिमती च पश्चात्।
दिनस्य पूर्वार्द्धपरार्द्धभिन्ना छायेव मैत्री खलसज्जनाम्।।

(जैसे दिन के पहले भाग की छाया आरम्भ में लम्बी और फिर क्रमशः घटती चली जाती है, वैसी ही दुष्ट की मित्रता भी पहले अत्यन्त घनिष्ठ प्रतीत होती है, परन्तु धीरे–धीरे कम होती जाती है, इसके विपरीत सज्जन की मित्रता आरम्भ में स्वल्प सी होती है। बाद में मध्याह्नोत्तर की छाया के समान उत्तरोत्तर बढ़ती ही जाती है।)

सत्यं माता पिता ज्ञानं धर्मो भ्राता दया सखा।
शान्तिः पत्नी क्षमा पुत्रः षडेते मम बान्धवाः।।

(सत्य मेरी माता है, ज्ञान मेरा पिता है, धर्म मेरा भाई है, दया मेरा मित्र है, शान्ति मेरी पत्नी है और क्षमा/सहनशीलता मेरा पुत्र है, ये छः ही मेरे बन्धु बान्धव हैं।)

जाड्यं धियो हरति सिंचति वाचि सत्यं,
मानोन्नतिं दिशति पापमपाकरोति।
चेतः प्रसादयति दिक्षु तनोति कीर्तिं,
सत्संगतिः किथय किं न करोति पुंसाम्।।

(सत्संगति बुद्धि की मूर्खता को हरती है, वाणी में सत्यता को सींचती है, सम्मान में उन्नति करती है, पाप को दूर करती है, चित्त को प्रसन्न करती है और दिशाओं में कीर्ति फैलाती है।)

सद्गुण :

सद्गुण मानवता का अनमोल गुण है क्योंकि इससे आपूरित मानव इस लोक एवं परलोक में यश एवं श्री का भागी होता है। निम्न चंद श्लोक इस तथ्य की पुष्टि करते हैं :

अहिंसा सत्यमक्रोधस्त्यागः शान्तिरपैशुनम्।
दया भूतेष्वलोत्लुप्त्वं मार्दवं हीरचापलम्।।

(श्रीमद्भगवद्गीता)

(मन, वचन, कर्म से किसी को कष्ट न देना, यथार्थ और मधुर वचन बोलना, अपने प्रति अपकार करने वाले पर भी क्रोध न करना, चित्त में शान्ति रखना, किसी की निन्दा न करना, सबके प्रति दया भाव रखना, लोलुपता का न होना, लोक और शास्त्र की मर्यादा के विरूद्ध आचरण में लज्जा करना और व्यर्थ के काम न करना—ये सब सद्गुण या सचरित्रता के लक्षण हैं।)

विदुर नीति में उल्लिखत है :

दिवसेनैव तत्कुयाद् येन रात्रौ सुखं वसेत्।
पूर्वे वयसि तत्कुर्याद् येन वृद्धः सुखं वसेत।।

(विदुरनीति)

(मनुष्य को चाहिए कि दिन में ऐसा कार्य करे जिसमें रात्रि में सुखपूर्वक रहे अर्थात् सुख की नींद सोये तथा किसी प्रकार की चिन्ता न करे। आयु के पूर्वाद्ध में ऐसे कर्म करे जिससे वृद्धावस्था में सुखपूर्वक रहे।)

ऋग्वेद 2.7.3 में भी कहा गया है :

विश्वा उत त्वया वयं धारा उदन्या इव।
अति गाहेमहि द्विषः।।

(हे प्रभु! हमें शीतल जल की धारा के समान शांतिदायक व्यवहार की शिक्षा दीजिए जिससे हम सम्पूर्ण द्वेषों को और शत्रु—भावों को दूर कर सकें।)

आचाराल्लभते ह्यायुराचारादीप्सिताः प्रजाः।
आचाराद्धनमक्षथ्यमाचारो हन्त्यलक्षणम्।।

(सचरित्रता से आयु बढ़ती है, मनचाही सन्तान मिलती है और अक्षुण्ण धन—सम्पदा प्राप्त होती है। सदाचार के पालन करने से मनुष्य के अशुभ लक्षण भी दूर हो जाते हैं।)

श्रेष्ठ, बुद्धिमान एवं महान मानव :

श्रेष्ठ बुद्धिमान एवं महान मानवों का आविर्भाव परिवार, समाज एवं देश के लिए एक वरदान सदृश है क्योंकि ये इनके सर्वांगीण विकास में महत्त्वपूर्ण योगदान देते है। संस्कृत साहित्य ऐसे मुनष्यों का इन श्लोकों के माध्यम से यशोगान करता है।

येषां न विद्या न तपो न दानं, न चाऽपि शीलं न गुणों न धर्मः।
ते मर्त्यलोके भुवि भारभूता, मनुष्यरूपेण मृगाश्चरिन्त।।

(जिन मनुष्यों में न विद्या है, न तप, न दान की भावना है, न सदाचार है, न शील, न जीवन में उत्तम गुण हैं और न धर्म है, वे पृथ्वी पर भाररूप पशु ही हैं, जो मनुष्य रूप में विचरण करते हैं।)

साहित्य संगीत कला विहीनः साक्षात्पशुः पुच्छविषाणहीनः।
तृणन्न खादन्नपि जीवमानस्तद्भाग गधेयं परमं पशूनाम्।।

(जो मनुष्य साहित्य, संगीतशास्त्र और कलाओं से अनभिज्ञ है, वह बिना पूँछ और सींग का पशु ही है। वह मनुष्यरूपी पशु, बिना घास खाये ही जीवित रहता है। यह वास्तविक पशुओं के लिए बड़े सौभाग्य की बात है, अन्यथा यह पशुओं का चारा और घास ही समाप्त कर देता।)

मातृवत् परदारेषुश्च परद्रव्येषुव्याणि लोष्ठवत्।
आत्मवत् सर्वभूतेषु यः पश्यति स पण्डितः।।

(जो मनुष्य पराई स्त्री को माता के समान, पराये धन को मिट्टी के ढेले के समान और समस्त प्राणियों को अपनी आत्मा के समान देखता है, वस्तुतः वही पंडित है।)

आत्मवत्सर्वभूतेषु यः पश्यति स पश्यति।

(अपने समान ही जो दूसरों को देखता है, वही सही देखता है।)

विपदि धैर्यमथाभ्युदये क्षमा सदसि वाक्पटुता युधिविक्रमः।
यशसि चाभिरुचिर्व्यसनं श्रुतौ प्रकृतिसिद्धमिदं हि महात्मनाम्।।

(विपत्ति में धैर्य, अपनी बुद्धि में क्षमाशीलता, सभा में वचन चातुर्य, युद्ध में पराक्रम, यश प्राप्ति की अभिलाषा तथा वेदाध्ययन में आसक्ति ये छः बातें महात्मा पुरुषों में स्वभावतः होती हैं।)

असतो मा सद्गमय।
तमसो मा ज्योतिर्गमय मृत्योर्मा अमृतं गमय।।

(मुझे असत् से सत् की ओर, तम से प्रकाश की ओर तथा मृत्यु से अमरता की ओर प्रवृत्त करो।)

भगवद्गीता में उल्लिखित है :

त्रिविधं नरकस्य द्वारं नाशनमात्मनः।
कामः क्रोधस्तथा लोभस्तस्मादेत्त्रमं त्यजेत।

(भगवद्गीता 16/12)

(काम, क्रोध और लोभ–ये तीनों आत्मा का अधःपतन करने वाले साक्षात् नरक के द्वार हैं। इसलिए बुद्धिमान मनुष्य को इन तीनों का त्याग कर देना चाहिए।)

ऋग्वेद में कहा गया है :

स्वस्ति पन्थामनु चरेम सूर्याचन्द्रमसाविव।
पुनर्ददताघ्नता जानता संगमेमहि।।

(हम लोग सूर्य और चन्द्रमा के समान कल्याणकारी मार्ग का अनुसरण करें, यानि जीवन भर कर्मठ रहें। साथ ही, दानशील, अहिंसक एवं ज्ञानवान् लोगों की संगति में रहें।)

कोकिलानां स्वरो रूपं स्त्रीणां रूपं पातिव्रतम।
विद्या रूपं कुरूपाणां क्षमा रूपं तपस्विनाम्।।

(कोयलों का रूप स्वर, स्त्रियों का सौन्दर्य पतिव्रतधर्म, पुरुषों का रुप विद्या और तपस्वियों की शोभा क्षमाशीलता है।)

उद्योगे नास्ति दारिद्रयं जपतो नास्ति पातकम्।
मौने च कलहो नास्ति नास्ति जागरिते भयम्।।

(पुरुषार्थी के पास दरिद्रता नहीं रहती, प्रभु का नाम जपने से पाप नहीं रहता, मौन रहने पर लड़ाई–झगड़ा नहीं होता और जागने वाले को भय नहीं होता।)

गते शोको न कर्तव्यो भविष्यं नैव चिन्तयेत्।
वर्तमानेन कालेन पवर्तन्ते विचक्षणाः।।

(बीती हुयी बात का शोक नहीं करना चाहिए और भविष्य में क्या होगा इसकी भी चिन्ता नहीं करनी चाहिए। बुद्धिमान लोग वर्तमान काल के अनुसार कार्य में लग जाते हैं।)

स्वर्गच्युतानामिह जीवलोके चत्वारि चिह्नानि वसन्ति देहे।
दानप्रसङ्गो मधुरा च वाणी देर्वाऽचनं ब्राह्मण तर्पणं च।।

(इस संसार में स्वर्ग से आये लोगों के शरीर में चार चिह्न होते हैं: दानशीलता, मधुर वाणी या भाषण, देवों की अर्चना तथा सत्कार और ब्राह्मणों को तृप्त करना।)

अत्यन्तकोपः कटुका च वाणी दरिद्रता च स्वजनेषु वैरम्।
नीचप्रसंग कुलहीन सेवा चिह्नानि देहे नरकच्युतानाम्।।

(नरक से आये लोगों के शरीर में निम्न चार चिह्नन होते है : अत्यन्त क्रोधी स्वभाव, कटु वाणी या भाषण, दरिद्रता, अपने बन्धु–बान्धवों के साथ वैर–भावना, नीचों की संगति तथा कुलहीन की सेवा।)

विद्या की प्रासंगिकता :

विद्या की अतिशय महत्ता शास्त्रों में सर्वत्र वर्णित है। यह मानव–जीवन का आभूषण है। इसकी प्रासंगिकता के संदर्भ में अनेक श्लोक प्रणीत हुए है। यथा :

कामधेनुगुणा विद्या ह्यकाले फलदायिनी।
प्रवासे मातृसदृशी विद्या गुप्तं धनं स्मृतम्।।

(विद्या कामधेनु के समान गुणवाली है, यह असमय में भी फल देने वाली है, यह परदेश में माता के समान रक्षक और हितकारिणी होती हैं; अतएव विद्या को छिपा हुआ धन कहा जाता है।)

रूपयौवनसम्पनाः विशालकुल सम्भवाः।
विद्याहीना न शोभन्तेनिर्गन्धा इव किन्शुकाः।।

(रूप और यौवन से सम्पन्न तथा ऊँचे कुल में जन्म लेने पर भी विद्याहीन मनुष्य ऐसे ही सुशोभित नहीं होता जैसे गन्धरहित ढाक के फूल)

पुस्तकेषु च या विद्या परहस्तेषु यद्धनम्।
उत्पन्नेषु च कार्येषु न सा विद्या न तद्धनम्।।

(जो विद्या पुस्तकों में लिखी हुई है और जो धन दूसरों के हाथों में है, काम पड़ने पर न तो वह विद्या काम आती है, न ही धन।)

विद्वत्वं च नृपत्वं च, न समं कदाचन।
स्वदेशे पूज्यते राजा विद्वान सर्वत्र पूज्यते।।

(विद्वान एवं राजा में कभी समानता नहीं होती क्योंकि राजा केवल अपने देश में पूजा जाता है जबकि विद्वान की सर्वत्र पूजा होती है।)

वेद में उल्लिखित है :

विद्यया अमृतमश्नुते (विद्या अमरत्व प्राप्त कराती है।)

कुल्लूक भट्ट ने लिखा है :

'विद्यया आत्मज्ञानं। (विद्या आत्मज्ञान प्राप्त कराती है।)

भतृहरिः ने नीतिशतक में लिखा है :

विद्या प्रच्छन्नगुप्तं धनं (विद्या गोपनीय धन है।)

विद्या ददाति विनयम्, विनयाद् याति पात्रताम्।
पात्रत्वाद् धनमाप्नोति, धनाद्, धर्मः ततः सुखम्।।

(विद्या विनय प्रदान करती है, विनय से पात्रता प्राप्त होती है, पात्रता से धन प्राप्त होता है, धन से धर्म प्राप्त होता है, उससे सुख मिलता है)

काव्यशास्त्र विनोदेन कालो गच्छति धीमताम्।
व्यसनेन च मूर्खाणां निद्रया कलहेन वा।।

(बुद्धिमान का समय पठन–पाठन में बीतता है जबकि मूर्खों का समय व्यसन करने, सोने और लड़ाई झगड़े में बीतता है।)

आलस्ये कुतः विद्या। (आलसी व्यक्ति को विद्या कहाँ, अर्थात् आलसी को विद्या अप्राप्य है।)

श्रम की महत्ता :

मानव जीवन में श्रम की अतिशय महत्ता को कदापि अस्वीकार नहीं किया

जा सकता है, यह जीवन में धन–धान्य, मान–सम्मान, यश, प्रतिष्ठा की अधिष्ठात्री बनकर आती है। संस्कृत वाड़्मय भी इसे प्रमाणित करता है। इस संदर्भ में निम्न श्लोक द्रष्टवः

उद्योगेन हि सिध्यन्ति, कार्याणि न मनोरथैः।
न हि सुप्तस्य सिंहस्य प्रविशंति मुखे मृगाः।।

(उद्योग से ही कार्य सिद्ध होते हैं, मनोरथ से नहीं, जिस प्रकार सोये हुए सिंह के मुख में मृग अपने आप प्रवेश नहीं करते हैं, उसी प्रकार मात्र कल्पना से कार्य सम्पन्न नहीं होता है।)

आलस्यं हि मनुष्याणां शरीरस्थो महान् रिपुः।
नात्स्युद्यमसमो बन्धुर्यं कृत्वा नावसीदति।।

(आलस्य मनुष्य के शरीर में रहनेवाला उसका महान् शत्रु है। उद्यम अर्थात् पुरुषार्थ के समान मनुष्य का कोई दूसरा मित्र नहीं है। उद्योगी मनुष्य कभी दुःखी नहीं होता।)

प्रारभ्यते न खलु विघ्न भयेन नीचैः।
प्रारभ्य विघ्नविहर्ता विरमन्ति मध्याः।
विघ्नैः पुनः पुनरपि प्रतिहन्यमानाः।
प्रारभ्य उत्तजनाः न परित्यजन्ति।।

(जो दुष्ट एवं भीरु प्रकृति के लोग होते हैं वे विध्न के भय से किसी कार्य को आरम्भ ही नहीं करते। मध्यम प्रकृति के लोग कार्य को प्रारम्भ तो कर देते हैं, पर विध्नों के आ जाने पर उस कार्य को रोक देते हैं। परन्तु उत्तम प्रकृति के लोग बारम्बार विध्नों के उपस्थित होने पर भी आरम्भ किये गये कार्य को बीच में नहीं छोड़ते है।)

नारी के रूप :

संस्कृत वाड़्मय नारी के विविध रुपों यथा–उस पर आवश्यक प्रतिबंधों, समाज में उसकी स्थिति, उसके दायित्व बोध, उसके विविध गुणों आदि की सम्यक् विवेचना करता है। एतएव दृष्टान्त रुप में कुछ श्लोक निम्नवत् हैं :

यत्र नार्यस्तु पूज्यन्ते रमन्ते तत्र देवताः।
यत्रैतास्तु न पूज्यन्ते सर्वास्तत्राफलाः क्रिया।

(जहाँ नारियों की पूजा (अर्थात् सत्कार) होती है वहाँ देवता (अर्थात् दिव्य गुण, दिव्य लाभ, दिव्य सन्तानें, दिव्य भोग आदि प्राप्त होते हैं) रमण करते हैं। जहाँ नारियों की पूजा (अर्थात् आदर) नहीं होती वहाँ समस्त क्रियायें निष्फल हो जाती हैं।)

पिता रक्षति कौमारे, भर्ता रक्षति यौवने।
रक्षन्ति स्थविरे पुत्रा, न स्त्री स्वातंत्र्यमर्हति।।

(कौमार्यावस्था में पिता, यौवनावस्था में पति तथा वृद्धावस्था में पुत्र रक्षा करता है, स्त्री कभी भी स्वतंत्र नहीं होती है।)

पानं दुर्जनसंसर्गः पत्या च विरोहोऽटनम्।
स्वप्नोऽन्यगेहवासश्च नारी संदूषणानि षट्।।

(मद्य, भांग, आदि मादक द्रव्यों का पीना, दुष्ट पुरुषों का संग, पति–वियोग, अत्यधिक सोना, अकेले व्यर्थ घूमना और पराये घर में रहना, ये छः स्त्री को दूषित करने वाले दुर्गुण हैं।)

कार्येषु मंत्री, करणेषु दासी, भोज्येषु माता, शयनेषु रम्भा।।
धर्मेऽनुकूला क्षमया धरित्री, भार्या च षाड्गुण्यवती च दुर्लभा।।

(कार्य सम्पन्न कराने में वह मंत्री की तरह परामर्श देती है, सेवा करने में वह एक दासी की भाँति आज्ञा का पालन करती है, भोजन के समय वह एक माता के समान व्यवहार करती है, बिस्तर पर वह रम्भा के समान होती है। धार्मिक क्रियाओं में वह सच्ची साथी होती है, उसमें क्षमा करने अर्थात् सहन शक्ति पृथ्वी की भाँति होती है, ऐसी छः गुणों वाली भार्या अत्यन्त दुर्लभ है।)

याज्ञवल्क्य ने नारी में दिव्य गुणों के अवतरण में विभिन्न शक्तियों के योगदान का उल्लेख निम्नवत् किया है :

सोमः शौचं ददावासां गन्धर्वश्च शुभा गिरम्।
पावकः सर्वमेध्यत्वं मेध्या वै योषितों स्मृताः।।

(सोम देवता ने स्त्रियों को पवित्रता, गन्धर्वों ने शुभ वाणी तथा अग्नि ने सब प्रकार के पवित्र होने की शक्ति प्रदान की है, अतएव वे पवित्र हैं।)

सच्चा मित्र :

सच्चे एवं झूठे मित्र की पहचान का भी संस्कृत साहित्य में निम्न श्लोकों में उल्लेख है :

आतुरे व्यसने प्राप्ते दुर्भिक्षे शत्रु संकटे।
राजद्वारे श्मशाने च यस्तिष्ठति स बान्धवः।।

(आतुरे) रोगी होने पर (व्यसने प्राप्ते) दुःख आ पड़ने पर, अकाल पड़ने पर, शत्रु से संकट उपस्थित होने पर, राज सभा में और श्मशान में जो साथ देता है, वही सच्चा बंधु है।)

परोक्षे कार्यहन्तारं, प्रत्यक्षे प्रियवादिनम्।
वर्जयेत्तादृशं मित्रं, विषकुम्भं पयोमुखम्।

(परोक्ष में अर्थात् पीठ पीछे काम बिगाड़ने वाले, सामने प्रिय, अर्थात मधुर बोलने वाले को त्याग देना चाहिए क्योंकि वह उस घड़े के समान है जिसके अंदर तो विष भरा है तथा मुँह पर दूध है।)

माँ एवं गुरू का महत्व :

पृथ्वी माँ एवं गुरु की महत्ता से संस्कृत साहित्य आप्लावित है। हमारे जीवन में इनके अतिशय उपकार है तथा हम जन्म–जन्मातरों तक इनके ऋणी रहेंगे। एतद् विषयक श्लोक है :

अपि स्वर्णमयी लंका न मे लक्ष्मण रोचते।
जननी जन्मभूमिश्च स्वर्गादपि गरीयासी।।

(वाल्मिकी रामायण)

(लक्ष्मण से श्रीराम ने कहा, मुझे सोने की लंका भी अच्छी नहीं लगती है क्योंकि माता एवं जन्म भूमि स्वर्ग से भी श्रेष्ठ है।)

माता भूमिः पुत्रोऽहं पृथिव्याः (धरती मेरी माँ है और मैं उसका (पृथ्वी) पुत्र हूँ)

नमो मात्रे पृथिव्यै। नमो मात्रे पृथिव्यै। (माता पृथ्वी को प्रणाम है, माता पृथ्वी को प्रणाम है)

मातृदेवो भव, पितृदेवो भव, आचार्य देवो भव। (तैत्तिरीय उपनिषद्)

(माता को देवी मानने वाले बनो, पिता को देव मानने वाले बनो, आचार्य को देव मानने वाले बनो)

पुत्रो कुपुत्रो जायेत क्वचिदपि कुमाता न भवति।

(पुत्र कुपुत्र हो सकता है, किन्तु माता कुमाता कभी नहीं होती।)

श्री दुर्गासप्तशती में भी उल्लेख है:

या देवी सर्वभूतेषु मातृरूपेण संस्थिता।
नमस्तयै नमतस्यै नमतस्यै नमो नमः।।

(जो देवी समस्त संसार में मातृ रुप में वर्तमान है, उसे नमस्कार है, उसे नमस्कार, उसे बारम्बार नमस्कार है)

गुरुर्ब्रह्माः गुरुर्विष्णुः गुरुर्देवो महेश्वरः।
गुरुः साक्षात् परंब्रह्म तस्मै श्री गुरुवे नमः।।

(गुरु ब्रह्मा है, गुरु विष्णु है, महेश्वर देव भी गुरु हैं। गुरु ही साक्षात परंब्रह्म है उन श्री गुरु को नमस्कार है।)

सनातन धर्म, धार्मिक सहिष्णुता एवं आशावादिता

भारत में सभी धर्म–जाति समान भाव से पुष्पित एवं पल्लवित होते रहे हैं। सनातनी संस्कृति, संस्कृत साहित्य से उद्भूत है जो 'निगमागम सम्मत संस्कृति' है। गीता में इसी विचार–धारा का प्रतिपादन है।

गीता में उदधृत है :

ये यथा मां प्रपद्यन्ते, तान् तथैव भजाम्यहम्।

(जो मुझे जैसा याद करते है मैं उन्हें ऐसे ही प्राप्त होता हूँ)

धर्मस्यैत लिङानि दमः क्षान्तिरहिंस्त्रता,
तपोदानं च शीलं च योगो वैराग्यमेव च।
अहिंसा सत्यवादियित्वमचौर्यं त्यक्तकामता,
निष्परिग्रहता चेति प्रोक्तो धर्मः सनातनः।

(सनातन धर्म के लक्षण है–दम, क्षमा, अहिंसा, तप, दान, शील, योग, वैराग्य, सत्यवादिता, अस्तेय, निष्कामता, अपरिग्रह)

सत्यं ब्रूयात प्रियं ब्रूयात, नब्रूयात्सत्यं प्रियम्।
प्रियं च नानृतम्। ब्रूयादेव धर्मः सनातनः।। (मनुस्मृति)

(सदा प्रिय सत्य दूसरे का हितकारक बोले; अप्रिय सत्य न बोलें। अमृत अर्थात् झूठ या मिथ्याभाषण दूसरे को प्रसन्न करने के लिए न बोले, यही सनातन धर्म है।)

धार्मिक सहिष्णुता :

हमारे जीवन की सारी प्रवृत्तियाँ धर्मानुकूल होनी चाहिए तभी हमारा जीवन श्रेयस्कर माना जाता है। निम्न श्लोक इसे प्रमाणित करता है :

धर्मं यो बाधतेऽधर्मो न स धर्मः कुधर्म तत्।।
अविरोधात् तु यो धर्मः स धर्म सत्यविक्रम।।

(धर्म वही है जो किसी धर्म का विरोध नहीं करता; जो धर्म किसी धर्म का विरोध करता है, वह कुधर्म है।)

अनित्याानि शरीराणि विभवो नैव शाश्वतः।
नित्यं सन्निहितो मृत्युः कर्तव्यो धर्मसंग्रहः।।

(शरीर नाशवान है, धन सम्पत्ति भी सदा न रहने वाली है, मौत निकट है, अतः धर्म का संचय करना चाहिये।)

धृतिः क्षमा दमोऽस्तेयं शौचमिन्दियनिग्रहः।
धीर्विद्या सत्यमक्रोधो दशकं धर्मलक्षणम्।।

(सदा धैर्य रखना, निन्दा स्तुति, मान–अपमान, हानि–लाभ आदि दुःखों में सहनशीलता, मन को सदा धर्म में प्रवृत्त कर अधर्म से रोक देना, चोरी का त्याग, राग–द्वेष का त्याग पवित्रता रखना, इन्द्रियों को धर्मानुकूल चलाना, बुद्धि बढ़ाना, सत्य, ज्ञान, क्रोध न करना, सत्य को ग्रहण करना–ये दस धर्म के लक्षण हैं।)

आशावादिता :

नीति ग्रंथों में कहा गया हैः **आशा हि हि परमं ज्योति नैराश्यं परमं तमः।**

आत्मा की अमरता एवं मृत्यु की निश्चितता

आत्मा की अमरता एवं मृत्यु की निश्चितता का ज्ञान भी हमें निम्न श्लोकों द्वारा हो जाता है :

गीता में कहा गया है :

नैनं छिन्दन्ति शस्त्राणि, नैनं दहति पावकः।
न चैनं क्लेदयन्त्यापो, न शोषयति मारुतः।।
अच्छेद्योऽयमदाह्योऽमशोस्य एव च।
नित्यः सर्वगतः स्थाणुरचलोऽयं सनातनः।।

(इस आत्मा को शस्त्र काट नहीं सकते। आग जला नहीं सकती, जल भिगों नहीं सकता और वायु सुखा नहीं सकती क्योंकि यह जलायी, भिगायी तथा सुखायी नहीं जा सकती; यह नित्य सर्वव्यापी, अचल, स्थिर और सनातन है।)

सासांसि जीर्णानि यथा विहाय नवानि गृह्याति नरोऽपराणि।
तथा शरीराणि विहाय जीर्णान्यन्यानि संयाति नवानि देही।।

(जिस प्रकार मनुष्य अपने पुराने वस्त्रों को त्यागकर नये वस्त्र धारण करता है उसी प्रकार आत्मा पुराने तथा व्यर्थ के शरीरों को त्यागकर नवीन भौतिक शरीर धारण करती है।)

भारतीय संस्कृति में जिस ब्रह्म से सबकी उत्पत्ति हुयी है, उसी में लीन हो जाना जीवन का परम उद्देश्य माना गया है। गीता में इस विषय का प्रतिपादन निम्नवत् है :

देवान् भावयतानेन ते देवा भावयन्तु वः।
परस्परं भावयन्तः श्रेयः परमवाप्स्यथ।।

(हम देवगणों को प्रसन्न करें तथा वे देवता हमें सुख दें। आपस में एक–दूसरे का आदर करते हुए हम परम कल्याण को प्राप्त करें।)

श्रीमद्‌भगवद्‌गीता का वचन, "जातस्य हि ध्रुवो मृत्युर्ध्रुवं जन्म मृतस्य च"

(जन्म लेने वाले की मृत्यु निश्चित है और मरने वाले का जन्म निश्चित है)

वृक्षों का महत्व :

वृक्षों के महत्व का विष्णुस्मृति में उल्लेख है :

वृक्षान् रोपयतुर्वृक्षाः परलोके पुत्रा भवन्ति।
वृक्षप्रदो वृक्ष प्रसूनैर्देवान् प्रीणयति।।

(जो मनुष्य वृक्ष लगाता है, वे वृक्ष परलोक में उसके पुत्र बनकर जन्म लेते हैं। वृक्षों का दान देने वाला उसके फूलों से देवताओं को प्रसन्न करता है।)

शाकाहार :

भारतीय ऋषि मुनियों ने शाकाहार पर बल देते हुए इसके गुणों एवं महत्व पर अपनी संस्तुति दी है। कौटिल्य ने लिखा है :

चतुस्सागर पर्यन्तां यो दद्यात्पृथ्विवीमिमाम्।
न खादेच्चाऽपि यो मांसं तुल्यमेतद् विदुर्बुधा।।

(कौटिल्य)

(जो मनुष्य चारों समुद्रों सहित सम्पूर्ण पृथ्वी का दान कर दे और जो मनुष्य मांस न खाये–उन दोनों का पुण्य बराबर है; ऐसा विद्वानों का मत है।)

धन की महत्ता :

न कश्चित कस्यचिन्मित्रं न कश्चित कस्यचिद् रिपुः।
अर्थतस्तु निबध्यन्ते, मित्राणि रिपवस्तथा।।

(न तो कोई किसी का मित्र है और न कोई किसी का शत्रु है। धन के द्वारा ही कोई किसी का मित्र अथवा शत्रु बनता है।)

"नीतिशतक" में कहा गया है :

है, शोक सबका नाश करता है। अतः शोक के समान दूसरा कोई शत्रु नहीं है।)

पृथिव्यां त्रीणि रत्नानि जलमन्नं सुभाषिताम्।
मूढैः पाषाणखण्डेषु रत्नसंज्ञा विधीयते।

(पृथ्वी पर जल, अन्न और सुन्दर वचन–ये तीन ही रत्न हैं, परन्तु मूर्ख लोग पत्थर के टुकड़ों को ही रत्न की संज्ञा देते हैं।)

यो ध्रुवाणि परित्यज अध्रुवं परिषेवते।
ध्रुवाणि तस्य नश्यन्ति अध्रुवं नष्टमेव च।।

(जो निश्चित को छोड़कर अनिश्चित की ओर दौड़ता है उसका निश्चित भी नष्ट हो जाता है तथा अनिश्चित तो नष्ट है ही।)

धैर्य यस्य पिता क्षमा च जननी शान्तिश्चिरंगेहिनी।
सत्यं मित्रमिदं दया च भगिनी भ्राता मनः संयमः।।
शय्या भूमितलं दिशोऽपि वसनं ज्ञानामृतं भोजनम्।
ह्येते यस्य कुटम्बिनो वद सखे कस्याद्भयं योगिनः।।

(धैर्य जिसका पिता है, क्षमा जिसकी माता है, शान्ति चिरकाल तक साथ देने वाली स्त्री है; सत्य जिसका मित्र है, दया जिसकी भगिनी है, मन का संयम जिसका भाई है, भूमि ही जिसकी शैय्या है, दिशायें ही जिसके वस्त्र हैं और ज्ञानामृत का आस्वादन ही जिसका भोजन है–हे मित्र! भला यह तो बताओं जिस योगी के ये सब कुटुम्बीजन हैं, उसे संसार में किससे भय होगा।)

क्रोधो वैवस्वतो राजा तृष्णा वैतरणी नदी।
विद्या कामदुधा धेनुः सन्तोषो नंदन वनम्।।

(क्रोध यमराज है, तृष्णा वैतरणी नदी है, विद्या कामधेनु है और संतोष नन्दन वन के समान है।)

अतिरूपेण वै सीता अतिगर्वेण रावणः।
अतिदानबलिर्हतः अति सर्वत्र वर्जयेत।

(अत्यन्त सुन्दरता के कारण सीता का हरण हुआ, अत्यन्त घमण्ड के कारण रावण मारा गया। बहुत अधिक दान देने के कारण राजा बलि को बंधन में बंधना पड़ा, अतः अति को छोड़ देना चाहिए।)

दुर्जनस्य च सर्पस्य वरं सर्पो न दुर्जनः।
सर्पो दंशति कालेन दुर्जनस्तु पदे पदे।

(दुष्ट और सर्प–इन दोनों में सर्प अच्छा है, दुर्जन नहीं, क्योंकि साँप तो काल आने पर ही काटता है, परन्तु दुर्जन तो पग पग पर हानि पहुँचाता है।)

अल्पानामपि वस्तुनां, संहतिः कार्यसाधिका।
तृणैर्गुणत्वमापन्नैर्बध्यन्ते मत्तदन्तिनः।।

(छोटी–छोटी वस्तुओं का सही मेल और प्रयोग ही महान कार्यों को पूरा करने में सक्षम होता है। यथा, घास–फूस से बनी रस्सी से शक्तिशाली हाथी भी

है, शोक सबका नाश करता है। अतः शोक के समान दूसरा कोई शत्रु नहीं है।)

पृथिव्यां त्रीणि रत्नानि जलमन्नं सुभाषिताम्।
मूढैः पाषाणखण्डेषु रत्नसंज्ञा विधीयते।

(पृथ्वी पर जल, अन्न और सुन्दर वचन—ये तीन ही रत्न हैं, परन्तु मूर्ख लोग पत्थर के टुकड़ों को ही रत्न की संज्ञा देते हैं।)

यो ध्रुवाणि परित्यज अध्रुवं परिषेवते।
ध्रुवाणि तस्य नश्यन्ति अध्रुवं नष्टमेव च।।

(जो निश्चित को छोड़कर अनिश्चित की ओर दौड़ता है उसका निश्चित भी नष्ट हो जाता है तथा अनिश्चित तो नष्ट है ही।)

धैर्य यस्य पिता क्षमा च जननी शान्तिश्चिरंगेहिनी।
सत्यं मित्रमिदं दया च भगिनी भ्राता मनः संयमः।।
शयया भूमितलं दिशोऽपि वसनं ज्ञानामृतं भोजनम्।
ह्येते यस्य कुटम्बिनो वद सखे कस्यादभयं योगिनः।।

(धैर्य जिसका पिता है, क्षमा जिसकी माता है, शान्ति चिरकाल तक साथ देने वाली स्त्री है; सत्य जिसका मित्र है, दया जिसकी भगिनी है, मन का संयम जिसका भाई है, भूमि ही जिसकी शैय्या है, दिशायें ही जिसके वस्त्र हैं और ज्ञानामृत का आस्वादन ही जिसका भोजन है—हे मित्र! भला यह तो बताओं जिस योगी के ये सब कुटुम्बीजन हैं, उसे संसार में किससे भय होगा।)

क्रोधो वैवस्वतो राजा तृष्णा वैतरणी नदी।
विद्या कामदुधा धेनुः सन्तोषो नंदन वनम्।।

(क्रोध यमराज है, तृष्णा वैतरणी नदी है, विद्या कामधेनु है और संतोष नन्दन वन के समान है।)

अतिरूपेण वै सीता अतिगर्वेण रावणः।
अतिदानबलिर्हतः अति सर्वत्र वर्जयेत।

(अत्यन्त सुन्दरता के कारण सीता का हरण हुआ, अत्यन्त घमण्ड के कारण रावण मारा गया। बहुत अधिक दान देने के कारण राजा बलि को बंधन में बंधना पड़ा, अतः अति को छोड़ देना चाहिए।)

दुर्जनस्य च सर्पस्य वरं सर्पो न दुर्जनः।
सर्पो दंशति कालेन दुर्जनस्तु पदे पदे।

(दुष्ट और सर्प—इन दोनों में सर्प अच्छा है, दुर्जन नहीं, क्योंकि साँप तो काल आने पर ही काटता है, परन्तु दुर्जन तो पग पग पर हानि पहुँचाता है।)

अल्पानामपि वस्तुनां, संहतिः कार्यसाधिका।
तृणैर्गुणत्वमापन्नैर्बध्यन्ते मत्तदन्तिनः।।

(छोटी—छोटी वस्तुओं का सही मेल और प्रयोग ही महान कार्यों को पूरा करने में सक्षम होता है। यथा, घास—फूस से बनी रस्सी से शक्तिशाली हाथी भी

नियंत्रित किया जाता है तथा बंधन को प्राप्त होता है।)

अमंत्रमक्षरं नास्ति–नास्ति मूलमनौषधम्।
अयोग्यः पुरुषों नास्ति योजकस्तत्र दुर्लभः।।

(ऐसा कोई अक्षर नहीं जो मंत्र न हो। ऐसी कोई वनस्पति नहीं जो औषधि नहीं हो, ऐसा कोई पुरुष नहीं है जो योग्य न हो, प्रत्येक शब्द में मंत्र विद्यमान है, इन सबका नियोजन ही दुर्लभ होता है।)

स्वभावों नोपदेशेन शक्यते कर्तुमन्यथा।
सुतप्तमपि पानीमं पुनर्गच्छति शीतताम्।।

(उपदेश मात्र से स्वभाव को नही बदला जा सकता है। जैसे कि अति गर्म हुआ जल भी स्वाभाविक रुप से शीतलता को प्राप्त होता है।)

संगच्छध्वं संवदध्व सं वो मनांसि जानताम्।
देवाभांग यथापूर्वे संजानाना उपासते।।

(गुरु एवं शिष्य साथ–साथ चले, साथ–साथ बोले, परस्पर एक–दूसरे के मन को जाने। देवताओं ने ऐसी ही पूर्व में व्यवस्था की है।)

आत्मानं विजानीहि (अपने को जानो)

निष्कर्षतः यह निर्विवादरूपेण कहा जा सकता है कि देववाणी संस्कृत भारतीय संस्कृति की बहुआयामी पक्षों से अनुप्राणित भारत की सर्वश्रेष्ठ विरासत है, जिसमें 'वसुधैवकुटुम्बकम्' सदृश भावनायें अन्तर्निहित हैं तथा जिसका सार तत्व है :

सर्वे भवन्तु सुखिनः, सर्वे सन्तु निरामया।
सर्वेभद्राणि पश्यन्तु, मा कश्चिद्दुःखभाग्यवेत्।।

(सभी सुखी हों, सभी रोग मुक्त हो, सभी अच्छाईयों को देखें, दुःख को भोग करने वाला कोई न बने।)

❖❖❖

3

महाकाव्यों में सैनिक संस्कृति के प्रमुख पक्ष

प्रो० ए०वी० कौर

विभागाध्यक्ष, इतिहास विभाग

चौधरी चरण सिंह विश्वविद्यालय, मेरठ

'रामायण' और 'महाभारत' में साम्राज्यों के विस्तार का वर्णन है। अध्वमेध यज्ञ की परम्परा ने विशाल साम्राज्यों की स्थापना को बल दिया। 'महाभारत' में राजतन्त्र और गणतन्त्र दोनों प्रकार के राज्यों का विस्तृत वर्णन है। इस युग में विशाल भारतवर्ष की भी कल्पना की गई थी। रामायणयुग में विशाल साम्राज्यों की स्थापना सम्भवतः नहीं हो पाई थी, यद्यपि इसकी कल्पना अवश्य की गई थी। राम ने और उनके पूर्वजों ने अश्वमेध यज्ञ किये थे तथापि कोशल जनपद का विस्तार बहुत अधिक नहीं था। वनवास के लिये जाते हुये राम ने एक ही दिन में कोशल राज्य की सीमायें पार कर ली।[1]

महाभारत युग में राज्यों के विस्तार और विशाल भारतवर्ष राष्ट्र की कल्पना अधिक स्पष्ट है। महाभारत युद्ध में भारतवर्ष के सभी जनपदों के शासक सभी दिशाओं से आकर कौरवों व पाण्डवों के पक्ष में एकत्रित हुये थे। दोनों महाकाव्यों में युद्ध की अनेक परिस्थितियों का वर्णन है जिनसे उन कारणों का स्पष्ट उल्लेख मिलता है जो युद्ध का आधार बनते थे 'चक्रवर्ती' पद की प्राप्ति व साम्राज्य विस्तार को प्राचीन धर्मशास्त्रकारों ने राजा के समक्ष एक राजनैतिक आदर्श के रूप में प्रस्तुत किया।[2]

वैदिक वर्णव्यवस्था में क्षत्रियों का प्रमुख कर्त्तव्य ही युद्ध करना बताया गया है अतः क्षत्रिय धर्म के निर्वाह के लिए युद्ध आवश्यक था। किसी के ललकारने पर युद्ध करना क्षत्रिय धर्म था। क्षत्रिय के लिए युद्ध क्षेत्र में मृत्यु का वरण ही धर्म था। भगवद्गीता के अनुसार युद्ध में वीरगति पाये क्षत्रिय सीधे स्वर्ग जाते हैं जहाँ उन्हें सभी सुख प्राप्त होते है व अप्सरायें उनकी ओर दौड़ कर आती है।[3] यश प्राप्ति व यज्ञों के सम्पादन के लिए भी युद्ध किए जाते थे। वैदिक संस्कृति में अश्वमेध यज्ञ व वाजपेय यज्ञ तो ऐसे यज्ञ थे जिनके लिए युद्ध करना आवश्यक था।[4] रामायण, महाभारत में अधिकांश युद्ध के पार्श्व में धर्म की रक्षा का तथ्य उपस्थित है।[5] स्त्री सम्मान की रक्षा भी इन महाकाव्यों में युद्ध का प्रमुख

कारण रही है। कई युद्ध स्त्री प्राप्ति के लिए भी हुए हैं।[6] आक्रमणों से रक्षा व अत्याचार से प्रजा की रक्षा भी युद्ध का प्रमुख कारण था।[7] भगवान कृष्ण ने तो सज्जनों के परित्राण के लिए भी जन्म लिया था।

प्रतिशोध की भावना ने भी अनेक युद्ध कराये। सूर्पनखा के अपमान का बदला लेने के लिए खर व दूषण तथा रावण ने राम से युद्ध का बीजारोपण किया, अपमान का बदला लेने के लिए सुग्रीव ने बाली का वध कराया। कृष्ण ने शिशुपाल का वध भी बदला लेने के लिए किया था।[8] धन-सम्पदा प्राप्ति के लिए भी कई बार युद्ध किये जाते थे। कौरवों ने गोधन लूटने के लिए विराट पर आक्रमण किया था।

प्राचीन काल से ही भारत में चतुरांगिणी सेना के उल्लेख मिलते हैं। रामायण व महाभारत में भी हमें चार अंगों वाली सेनाओं के वर्णन मिलते हैं। विराट पर्व के अनुसार पैदल, रथ, हाथी व अश्वारोही सैनिक युद्ध में एक-दूसरे से मिलते हैं। रावण की सेना में भी उपर्युक्त विभागों की विद्यमानता का साक्ष्य प्राप्त होता है।[9] महाभारत में चतुरंग बल 'चतुरंग चमू' भी चतुरंगिणी सेना के ही उदाहरण है। महाभारत में सेना के आठ अंग भी बताये गए है—रथ, पदाति, अश्व, हस्ति, नौसेना, श्रमिक, विष्टि व गुप्तचर।[10]

सेना का प्रथम अंग पैदल सेना थी जो अत्यन्त महत्वपूर्ण थी। भीष्म के अनुसार—एक विशाल पैदल सेना बहुत शक्तिशाली होती है। महाकाव्यों में पैदल सेना की महत्ता पर बार-बार बल दिया गया है। महाभारत काल में पैदल सैनिक भ्रमित युद्ध करते थे और बहुत शोर करते थे। जिससे शत्रु भ्रमित हो जाए लेकिन अधिकांशतः उन्हें रथ सेना के शिविरों की सुरक्षा, हाथी तथा रक्षारोहियों की सुरक्षा में ही नियुक्त किया जाता था। एक अश्व के लिए दस पैदल सैनिकों की नियुक्ति होती थी। भीष्म ने दस हजार सैनिकों को प्रतिदिन मारने का प्रण किया।[11] महाभारत में भी घोड़ों के युद्ध में प्रयोग का वर्णन मिलता है। सभापर्व में उत्तर पश्चिम देशों के अश्वों को अच्छा बताया गया है। कम्बोज व गान्धार के अश्वों को उत्तम व युद्धोपयोगी माना गया है।[12]

महाकाव्यों में रथ सेना सेना के एक सर्वाधिक महत्वपूर्ण विभाग के रूप में विद्यमान होने के साक्ष्य मिलते हैं। महाकाव्यों के प्रख्यात नायकों ने मुख्यतः रथ पर आरूढ़ होकर ही युद्ध किया। कौरव व पाण्डव सेना में भीष्म, द्रोण, कृपाचार्य, अश्वात्थामा तथा कर्ण, युधिष्ठिर, भीम, अर्जुन, नकुल, सहदेव, द्युष्टधुम्न, अभिमन्यु, भीष्म, जब कौरव व पाण्डव सेना की गणना करते हैं तो महान योद्धाओं में केवल रथारोही, 'रथी' व 'अतिरथियों' पर ही ध्यान केन्द्रित करते है।[13] महाकाव्यों में हाथियों का प्रयोग गौण रूप में ही होने के उल्लेख मिलते हैं। महाभारत में सेना में हाथियों के विभाग के वर्णन है।[14]

महाकाव्यों में यदा कदा वायु सेना के प्रसंग भी प्राप्त होते है[15] महाकाव्यों में नौसेना के उल्लेख भी मिलते हैं। सीता की खोज में सुग्रीव ने वानरों को यवन जवद्वीप (जावा,

सुवर्णा, सुमात्रा) रजतद्वीपों में महाभारत में सहदेव के म्लेच्छों के साथ युद्ध व कुछ द्वीपों के अधिग्रहण के लिए समुद्रयात्रा का सन्दर्भ है।[16] महाभारत में सेना के आठ अंगों में श्रमिक व विष्टि का उल्लेख रसद विभाग की ओर इंगित करता है।[17]

युद्ध में घायलों की चिकित्सा की भी व्यवस्था रहती थी, राम-रावण में लक्ष्मण को शक्ति लगने के बाद चिकित्सा के लिए हनुमान से संजीवनी बूटी मंगाई। पाण्डव सेना की चिकित्सा टुकड़ियों में काय चिकित्सक, शल्य चिकित्सक ओर परिचारिकायें रहती थी।[18]

महाभारत में इकाईयों की दृष्टि से भी सेना के विभागों का विवरण प्राप्त होता है। इस दृष्टि से सेना के आठ विभाग बतायें गए हैं पत्ति, सेनामुख, गुल्म, गण, वाहिणी, पृतना, चमू तथा अनीकिनी सेना के संगठन की एक इकाई पत्ति होती थी।[19]

वैदिक वर्णव्यवस्था में वर्णविहित कर्त्तव्यों को ध्यान में रखकर यह कहा जा सकता है कि सैनिकों की भर्ती क्षत्रिय वर्ण में से ही की जाती होगी किन्तु रामायण में वानर ऋक्ष आदि आर्येत्तर जातियों से भी सैनिकों की भर्त्ती का वर्णन है। इससे प्रतीत होता है कि विशेष परिस्थितियों में ऐसा किया जा सकता था। महाभारत में भी द्रोणाचार्य, कृपाचार्य तथा अश्वत्थामा जैसे ब्राह्मण क्षत्रियोचित कर्त्तव्य करते दिखाए देते हैं व शौर्य तथा वीरता की उच्चतम सीमाओं का प्राप्त है।[20]

रामायण व महाभारत में अनेक प्रसंग आते है जिससे ज्ञात होता है कि महत्वपूर्ण सैनिक पदों पर योग्य व्यक्तियों को नियुक्त किया जाता था। महाभारत में दुर्योधन ने भीष्म से कहा था कि योग्यतम सेना भी नायक के अभाव में चींटियों की तरह मसली जा सकती है। महाकाव्यों में कूटनीति राज्यों के परस्पर सम्बन्धों का एक महत्वपूर्ण आधार था। 'रामायण' 'महाभारत' में कूटनीति में प्रयोग के सर्वाधिक उदाहरण प्राप्त होते है। महाभारत में आदि पर्व में एक राजनयिक व धृतराष्ट के बीच कूटनीतिक वार्तालाप का वर्णन प्राप्त होता है जिसमें कूटनीति के बारे में पूछे जाने पर कूटनीति सम्बन्धी महत्वपूर्ण जानकारी देते हुए कर्णिक नामक व ब्राह्मण कहता है कि—

राजा को अपने शत्रु को जादू टोना करके भेंट, धन सम्पत्ति द्वारा, विष द्वारा, या फिर छल कपट से समाप्त कर देना चाहिए भले ही वह उसका अपना पुत्र हो, मित्र हो, पिता हो, या गुरु हो। ऐसा करते समय उसे विनम्र शब्दों का प्रयोग करना चाहिए तथा मारने के बाद शत्रु पर दयालु हो जाना चाहिए। यहाँ तक कि उसकी मृत्यु पर आंसू भी बहाना चाहिए। सान्त्वना, उपहार, धन सम्पत्ति आदि से शत्रु का विश्वास जीतने के बाद उसे इतने प्रभावी ढंग से समाप्त करना चाहिए कि वह भविष्य में कभी सर न उठा सके। गुप्तचरों का राजनयिक अभिकर्ताओं की तरह व्यवहार करना चाहिए.......। जब भी अवसर प्राप्त हो शत्रु को समाप्त करने के लिए राजा को उस्तरे की धार की तरह तेज व चमकदार होना चाहिए।[21] कूटनीति के प्रयोग के अनेक महत्वपूर्ण उदाहरण हमें महाकाव्यों में मिलते हैं।[22]

कूटनीति व्यवस्था में एक महत्वपूर्ण व्यक्ति दूत या राजदूत होता था। दूत का मुख्य कार्य था कि वह अन्य राज्यों के साथ सम्बन्धों को सुनिश्चित करने में सन्धि-विग्रह की योजनाओं पर कार्य करे युद्धों को टालने के लिए दूत भेजे जाते थे जैसे कृष्ण पाण्डवों के पक्ष में कौरवों को युद्ध टालने व शान्ति स्थापना के लिए समझाने गए थे किन्तु कौरव युद्ध के लिए उद्यत थे।[23] रामायण के अनुसार दूत को स्वामी के निर्दिष्ट कार्यों को करने वाला तो होना ही चाहिए वह अपनी बुद्धि से भी कार्य करे।[24] परन्तु वह कार्य स्वामी के हित के विरुद्ध नहीं होना चाहिए। जो दूत स्वामी की आज्ञा का विरोध करके मनमाने रूप से कार्य करता है वह बाध्य होता है।[25]

भारतीय राजशास्त्रियों ने कूटनीति के चार उपाय बतायें हैं, जो इस प्रकार हैं—साम, दाम, दण्ड, भेद। अर्थात् साम से अभिप्राय शत्रु से समझौता करना दाम से उसे आर्थिक प्रलोभन में फंसाना, दण्ड का अर्थ उसे सैनिक बल से विजित करना तथा भेद का अभिप्राय फूट डालकर शत्रु पर विजय प्राप्त करना।[26] कूटनीति के आवश्यक अंग के रूप में विभिन्न आक्रमणात्मक व रक्षात्मक शस्त्रास्त्रों का प्रयोग किया जाता है। रामायण में अधिक विकसित आयुधों का उल्लेख है। शब्दभेदी बाणों व दिव्यास्त्रों का वर्णन मिलता है।[27] परम्परा से प्रचलित आयुधों धनुष-बाण, गदा, खडग, तोमर, शक्ति, पट्टिश आदि के भी वर्णन है। इसके अतिरिक्त प्रकृति में उपलब्ध संसाधनों—पाषाणों, शिलाओं, वृक्षों के तनों के हथियार के रूप में प्रयोग के भी विवरण मिलते हैं।[28]

रामायण व महाभारत में दुर्ग की सुरक्षा व्यवस्था को अभेद्य बताया गया है। रामायण में रावण के दुर्ग की सुरक्षा व्यवस्था को अभेद्य बताया गया है। चारों ओर ऊँची दीवारों से घिरे लंका दुर्ग के चारों ओर गहरी खाईयां थी।[29] महाभारत में छः प्रकार के दुर्गों का वर्णन है—धन्वदुर्ग, महीदुर्ग, गिरिदुर्ग, मनुष्यदुर्ग, मृत्तिका दुर्ग अैर वन दुर्ग।[30(1)] भीष्म के अनुसार—राजा को किले के चारों ओर की खाई को पानी से भर देना चाहिए और उसमें मगरमच्छ आदि छोड़ देने चाहिए तथा द्वारों पर युद्धक यन्त्र लगा देने चाहिए।[30(2)] शासन संचालन के लिए पुर में सभी साधनों को जुटाया जाता था व उसके लिए योग्य अधिकारी की नियुक्ति की जाती थी।

सेनायें व्यूहबद्ध होकर चलती थी। युद्ध में विजय प्राप्ति के लिए अनेक प्रकार के व्यूहों का निर्माण किया जाता था। महाभारत में चक्रव्यूह का निर्माण किया गया था। महाभारत में चक्रव्यूह सहित अनेक व्यूहों का वर्णन है।[31]

भीष्म ने दो प्रकार के युद्ध बतायें हैं—प्रकाश युद्ध व अप्रकाश युद्ध।

प्रकाश युद्ध में योद्धा व सेनायें आमने सामने होकर युद्ध करते थे। प्रकाश युद्ध को धर्मयुद्ध भी कहा गया है।[32] अप्रकाश युद्ध में अनुचित साधनों का प्रयोग होता था। इस युद्ध में जंगम व अजंगम चूर्ण योग, विषयुक्त भोजन, विषयुक्त वस्त्र तथा कूटनीति आदि का प्रयोग किया जाता था।

महाकाव्यों में युद्ध प्रणाली में व्यक्तिगत वीरता को विशेष महत्व प्राप्त था। बड़ी सेनाओं के होने पर भी ये युद्ध विशिष्ट वीरों के व्यकितगत शौर्य व चातुर्य के आधार पर लड़े जाते[33] सेनाओं के ठहरने के स्थान को सैन्य शिविर कहते है युद्धादि विभिन्न अवसरों पर शिविर लगाये जाते थे जिनकी सुरक्षा निषेध का पूरा ध्यान रखा जाता था।[34]

महाकाव्यों में ऐसे अनेक सन्दर्भ प्राप्त होते हैं जिनसे युद्ध सम्बन्धी नियमों की विद्यमानता स्पष्ट होती है यथा अनेक कोटि के व्यक्ति इस प्रकार के थे कि उन पर आक्रमण करना व उनका वध करना निषिद्ध था। वृद्ध स्त्रियों, बालकों, प्रमत्तों सोयें हुए, मूर्छित, आयुधरहित, युद्ध न करने वाला तथा आत्मसमर्पण करने वाले व्यक्ति।[35] समान शक्ति साधन वाले योद्धाओं के बीच ही परस्पर युद्ध वैध था। महाभारत के अनुसार 'रथी' का 'रथी' से, गजारोही का गजारोही से, अश्वारोही का अश्वारोही से और पद्धति का पद्धति से युद्ध होना चाहिए। जिसके शरीर पर कवच न हो या शस्त्र गिर गए हो उस पर प्रहार नहीं करना चाहिए।[36] एक सैनिक से एक सैनक ही युद्ध करता था। युद्ध दिन के प्रकाश में ही होता था सूर्यास्त होने पर युद्ध वर्जित था।[37(1)] दूत को 'अवध्य' माना जाता था।[37(2)] विजित शत्रु के प्रति दुर्व्यवहार नहीं करना चाहिए।[38] किन्तु युद्ध के नियमों के उल्लंघन के भी अनेक उदाहरण दोनों महाकाव्यों में प्राप्त होते हैं। 'रामायण' में सुग्रीव-बालि युद्ध के दौरान बालि वध, तपस्यारत शूद्र तपस्वी शम्बूक वध, महाभारत में भीम व जरासन्ध युद्ध में कृष्ण द्वारा भीम को निर्देशित करना, शस्त्रहीन बालक अभिमन्यु का कई योद्धाओं द्वारा मिलकर वध करना, अर्जुन व कृष्ण द्वारा छल से जयद्रथ वध, कृष्ण की प्रेरणा पर भीम द्वारा जंघा पर प्रहार करके दुर्योधन का वध, कूटनीतिक द्वारा शस्त्रहीन करके गुरु द्रोण का धृष्टधुम्न द्वारा वध, शिखण्डी की आड़ से शस्त्र न उठाये हुए भीष्म का अर्जुन द्वारा वध जैसे ढेरों प्रसंग महाभारत में युद्धाचार के उल्लंघन के सम्बन्ध में प्राप्त होते है। सेना में अनुशासन की भी समुचित व्यवस्था थी। महाभारत में कौरवों पाण्डवों की विशाल सेनाओं के व्यवस्थित रूप में युद्ध स्थल पर उपस्थित होने का वर्णन है।[39] युद्ध में अनेक प्रकार के वाद्य भी बजाए जाते थे। दुन्दुभि कांस्यवाल, युद्ध भेरी, शंख आदि उदाहरण महाकाव्यों में प्राप्त होते हैं। महाभारत में ध्वजा प्रयोग के बहुत से साक्ष्य प्राप्त होते हैं। कुरूक्षेत्र के युद्धस्थल में बहुत से ध्वज देखे जा सकते थे।[40]

महिलाओं को सैन्य शिक्षा दिए जाने के सन्दर्भ भी प्राप्त होते हैं। राजा दशरथ के साथ रानी कैकेयी ने युद्ध संचालन में बड़े रण कौशल का प्रदर्शन किया था। जिससे प्रसन्न होकर राजा दशरथ ने उसे दो वरदान दिए थे। सुभद्रा रथसंचालन में निपुण थी, सुभद्रा अपहरण के अवसर पर अर्जुन के रथ का संचालन उसी ने किया था।[41] महिलाओं को सैनिकों के मनोरंजन के लिए भी उपयोग में लाया जाता था।[42] युद्ध में विजय प्राप्त करने के बाद विजयी के अपने राज्य में लौटने पर विजयोत्सव मनाया जाता था।[43]

समाज में यह लोकविश्वास प्रचलित था कि युद्ध में मृत्यु का वरण करने वाले योद्धाओं

को स्वर्गिक सुखों की प्राप्ति होती हैं। स्वयं कृष्ण ने भगवतगीता में अर्जुन को युद्ध में वीरगति प्राप्त होने पर स्वर्ग प्राप्ति का उपदेश दिया था।[44]

सन्दर्भ ग्रन्थ सूची

1. रामायण, अयोध्याकाण्ड सर्ग 22, सत्यकेतु विद्यालंकार, प्राचीन भारत की शासन संस्थायें, पृ० 65-66
2. ऐतरेय ब्राह्मण 39.1.15
3. क्षत्रियस्यैव यच्छय्यामरणं भवेत्। महाभारत, 12, 97, 23 हतो वा प्राप्स्यासि स्वर्गजित्वा वा मोक्ष्यसे महीम्॥ भगवतगीता 2, 37
4. कृष्ण कुमार, वही, पृ०सं० 364–365
5. रामायण, अरण्यकाण्ड 20, 9. परित्राणाय साधुना विनाशाय च दुष्कृताम।
   धर्मसंस्थापनार्थाय सम्भवामि युगेयुगे॥ भगवदगीता 4, 8
6. V.R.R. Dikshitar, War in Ancient India, chapter, page no. 16-18 कृष्ण कुमार, वही, 266, महाभारत, आदिपर्व, पृ०सं० 102-3, कृष्ण कुमार; वही, पृ०सं० 366
7. कृष्ण कुमार; वही, पृ०सं० 365–366
8. रामायण अरण्यकाण्ड 20, 9 वही पृ०सं० 367
9. बाल्मीकि रामायण (अनु ग्रिफिथ) पृ०सं० 517, महाभारत, विराट पर्व पृ०सं० 79, उद्योग पर्व पृ०सं० 42
10. रथ नागा हयाश्चैव पादाताश्चैव पाण्डव।
    विष्टिनावश्चराश्चैव देषिका रति चाष्टमम॥ महाभारत, 12, 59, 49
11. वही, उद्योग, पर्व पृ०सं० 452–54
12. वही, सभापर्व, 53, 5
13. बाल्मीकि रामायण; पुस्तक—तृतीय, कान्टों, 25, पृ०सं० 309, पुस्तक सं० 6, 561–86
14. महाभारत; विराटपर्व, पृ०सं० 78, उद्योग पर्व, पृ०सं० 450, द्रोणपर्व, पृ०सं० 88, कर्ण पर्व, पृ०सं० 36, शल्य पर्व पृ०सं० 75
15. गोलीकर, थू वन्डरलैण्डस ऑफ द यूनिवर्स, 1933, पृ०सं० 123, वही, पृ०सं० 124-125, वही, पृ०सं० 126-127
16. महाभारत; सभापर्व, अध्याय 31
17. स्टडीज इन द कल्चरल हिस्ट्री ऑफ इण्डिया, वही पृ०सं० 117
18. वही; भीष्म पर्व, पृ०सं० 450, कण पर्व, पृ०सं० 347
19. कृष्ण कुमार; वही, पृ०सं० 358
20. बी०के० मजूमदार; पृ०सं० 30

21. सभापर्व, 5, 20 (अनु० पी० सी० रे)
22. Dikshitar; War in Ancient India, 51-52
23. एन०एन० लॉ; इण्टर स्टेट रिलेशन्स इन एन्शियन्ट इण्डिया, पृ०सं० 44
24. कार्ये कर्माणि निदिष्टि यो बहून्यापि साधयेत।
पूर्व कार्याविरोधेन सकार्य कर्तूमीहते॥ रामायण, सुन्दरकाण्ड, 41-5, महाभारत : उद्योग पर्व, 37, 27
25. गावो गन्धेन पश्चन्ति शस्त्रैः पश्यन्ति पण्डिताः।
चारै पश्चन्ति राजानश्चक्षभ्यामितरे जनाः। उद्योग पर्व 34, 34 महाभारत; शान्तिपूर्व 86, 19
26. कौटिल्य का अर्थशास्त्र, 9, 3, 7
27. कृष्ण कुमार, वही, अध्याय 13, 3, पृ०सं० 386
28. प्राश पट्टिषनिस्त्रिंध पर वधगदाधरा।
भुषुण्डिमुद्गरायष्टि शतघ्नी परिधायुधाः 116, 73, 13
29. महाभारत, उद्योग पर्व पृ०सं० 450-452, स्टडीज इन द कचरल हिस्ट्री ऑफ इण्डिया, वही, III पृ०सं० 131
30. महाभारत, शन्तिपर्व, 86, 5
31. वही, भीष्म पर्व, पृ०सं० 60, 61, 185, 209, 259, 293, द्रोण पर्व, पृ०सं० 112
32. स्टेट एण्ड गर्वनमेन्ट इन इन्शियन्ट इण्डिया, पृ०सं० 298
33. कृष्ण कुमार; वही, अध्याय 12(7, 1, 3) पृ०सं० 373–4
34. कृष्ण कुमार; वही, अध्याय—(ii) (ii) पृ०सं० 359
35. मनुस्मृति, 91-93
36. रथी च रथिना योध्यो गजेन च गजधूर्गतः।
अश्वेनावी पदातिच पादातेनैव भारत॥ क्षीणशस्त्रो विवर्माच न हन्तव्य कदाचन्॥ महाभारत 12, 29, 31
37. रामायण; सुन्दरकाण्ड, 41, 5 महाभारत, उद्योगपर्व, 5, 70, 79, 81, 5, 70, 88
38. कृष्ण कुमार; वही, पृ०सं० 381
39. रामायण, महाभारत
40. महाभारत, प्रथम, 63, 17
41. दीक्षितार; वही, पृ०सं० 370, 371
42. वही, पृ०सृ० 371, 373
43. बाल रामायणः 4, 82
44. हतो वा प्राप्यासि स्वर्गम। भगवतगीता 2, 37

❖❖❖

4

Food Importance in Indian Culture

Dr. Deepika Mehra
H.O.D. Home Science,
College of Educaiton P.G. College Bilaspur,
Greater Nodia (U.P.)

Abstract

This body is dietary and can not survive due to lack of food, so give food to the person is like giving life to person. Since life has originated on this earth since then, food has been required to feed life. In order to meet this requirement, time to time man has adopted many methods and tools to obtain food.

Slowly these methods are creating discrepancies, taking the role of human diet adversely to "ehlok" and "parlok". This is because in today's society it happened that the food which was the object of running the life of the man, the food is changing its role and man is running behind it.

In English there is a saying that do not dig your grave with your teeth. This also means the same. This is the reason why the country's health has fallen so much today, there has been a severe flood of terrible diseases and death numbers are so high and that too in very young age. It is true that the disadvantage of eating habits and the neglect of the rules

are found in the form of disease, unhealthy and death. But the ignorance of diet is not the only reason for our sufferings.

A Brief History of Diet

Our India has been immersed in the unbroken, divine and grand culture of 6000 years. On this occasion, countless sages of Sage-Munis have demonstrated some empirical principles related to happy and harmonious life through continuous contemplation, meditation, practice and various experiments. In addition to the rules for living a healthy life, as well as for the short-term life of the patient. They have also provided effective measures. It all rules and developed. There scriptures which compiled collected measures they spiritual science, Ayurveda Science and Yogshastra known to you. There is a fundamental difference to the comparison of Indian medicine and modern medicine. In our medical practice, there is no disease in the first place. In this regard, the rules have been given in detail and after this, if there is any disease, there may be a description of his medical treatment. This unique statement proves the importance of our Indian medical science.

The meaning of the word 'shloka' is 'proper proof'. This word has been very dear to the Sage-Munis. Yoga is explained in the words 'Samtoga Yoga high'. In these words, yoga is explained in ***"Shrimadbhagwadgita"***. All these words are related to physical health, hence the first line of the verses is devoted to body health. But Hrisimuni in the second row at the same time verses focus Spirit "nirogattav" generate happiness of mind and sense of the draw. Relationship to the soul is related to the relation of the mind from spirituality to yoga and connecting the senses to the body, this perfect unique interpretation of spiritual, mental and physical health is not seen anywhere except in Indian medical science .Relationship between food and health is known to us through this verse. Knowing the importance of this stanza and the importance of the diet given in it , the mind, the soul, and the senses, we know that the diet is related to spirituality, yoga and Ayurveda . In essence, these sciences are complementary to each other in the form of spirituality, Ayurveda and Yoga. This scripture is not only the sacred heritage of Bharat Bhoomi but it is an invaluable contribution given to the whole world in India .

Saints, pre-principals, doctors, scientists divided diet into three parts: Tamasic meal, Rajasi meal and Satvic meal

Tamasic Diet

Tamasic food means that the food (food) creature is made of mercurial pain, without being discriminated, in which meat, alcohol, honey and kandmula, fruits etc. have been absorbed in such substances, in which a lot of small or large organisms Such a meal is tamasic.

Loss

This food is prepared with a defenseless mind, *i.e.* ending and destroying the lives of the living beings. Similarly, the soul collapses by dissolving the peace of its life.

The person with vengeance, has proved to be a liar for the country, for his own sake, for the family, for the society. Because tamasic diet creates a vengeful mindset, a violent atmosphere.

Rajasik Diet

The food, which becomes a means of luxury without becoming a source of our livelier fulfillment is a rajic diet. The first to eat this type of diet was seen in a few people. But today's era is the era of hotels. By entering which you can inflate your luxury full instinct. Therefore, those who take such food are getting excessive.

Loss

» The food made in hotels is prepared in your absence. You are totally unaware of that abominable process. Such food comes to your table plate. And you become proactive in destroying the senses of your senses and your life.

Rajsi food is expensive. Every person can not afford the ability to do that food. In such a situation, that person goes to the protection of five sins. And by giving shelter to these sins in their life, only through food, they have to go on the path.

Saatvik meal

There is no possibility of any kind of violence in making food, because such food is made to provide peace to the mind through a simple and clean method. So this is a saatvik meal.

Loss

There is no harm to such food because it is used to improve the means of improving the food and livelihood of the people. Rather- such food from the person, the family, the society, the country is extremely beneficial, because the practicing man of such food, through their knowledge reserves, helps in the development of cheritra of society. Their mind is devoid of sin.

Therefore, food will be saatvik and there will be clarity in thoughts. From the cleanness of the fears, peace will be established in the family, in the life of his own. And with the help of this peace it will become a matter of a strong society and the country. So take the saatvik diet apart from Tamasic and Rajasik Diet. That is the feeling. This is the wish.

So make your life awake and by controlling your uncontrolled mind at the time of food, take a true, pure, nutritional plain (Satvik) food and improve your life and your environment. So you are now aware of how many types of food you have.

By which you will understand that which food is best for the welfare of selflessness.

Importance of Food

Exchanges of power in life continues in the form of order. The third is constructed from one to the other and from the other. This sequence of creation we can see in our own body.

There is a saying—"Like food, Neat, like that." The food we eat is our body. It also considers modern medical science. Indian knowledge is also above this. Expression of food is also important because it fosters the mind of the eater. What kind of food was prepared with which spirit, what was fed with the sense of affection and affection, the environment and the atmosphere, which was adopted, by the mood, etc. The direct influence of things falls on the mind.

The person does "karma" to fulfill the wishes of the mind. Desire can not be born with the will of the person It is the person's will to fulfill or not. When the desire arises from any other power and the same person runs our life, then we automatically become auspicious.

Our intelligence system decides plans and directs the body accordingly. The body is involved in the work. It means that the mind is the king; the intellect and body are servants. Therefore, making our mind strong, which is our identity, is our first religion, so that our identities too are the same.

Its simplest and main route - food. The first expression of every happiness in Indian culture is food itself. From birth, marriage, etc. to every happiness of life, food, feast, why not expect any other than the party? Because it is connected with life force. It fills the mind. The environment also contributes to it.

Food makes the juice by reaching the body. Juices make blood, flesh, fenugreek, marrow, bone and semen. The person who survives comes out as a stool-urine. The gross construction here ends. The semen gets converted into the form of energy, from which the mind of a person becomes. The "oz" of the face comes from this. This identifies personality. The importance of Brahmacharya should also be understood in this context.

Attributes of food- Sattva, Raja, Tama become the important part of our personality. Hence food is important from every point of view.

Psychological effect of food

Well, there is a very old saying of India- 'Just like food you eat, be it!' The conclusion of ancient Indian scientists can not be conceived only, but its concrete evidence can not be gathered till now. So we are collaborating with the latest research of modern scientists in search of truth.

Scientists have shown that if our daily diet is lacking in iron element then our temperament becomes irritable and provocative. There is no clear reason for this change; But once the proper fulfillment of the iron element is made in the food, we become calm and cheerful again.

The lack of patience is found in the minds of people who eat more chilli-spices and sharp-flavored substances. Poor food is found lazy and scaly. There are also some vitamins, which are not only our body but also the mind that is severely affected. Undoubtedly this field requires more scientific tests and experiments. Only then can the truth of the above mentioned verse be understood properly.

Our conclusions are only that our food has the balance and the essence of all the essential elements for good health. Diet is called 'unbalanced diet'.

The biggest practical difficulty is that even when we have the power, we ignore the balanced diet due to chatter. On the other hand, poverty or compulsion also keeps us from balanced diet. Those who did not get enough information to balance their diet, were not educated, they were poorly deprived of it.

The second difficulty is in this behavior-world, that we can not determine our food by measuring the quantity of elements, by measuring the weights always. This is an option - we do not eat those which destroy our mental consciousness and physical abilities. We eat for our mental and physical health, just as our behavior is balanced.

Special-those who appear to be irrevocable irritability and anger in their nature, or are frightened or indigested, if they chew a little after the meal, then the iron element will be filled.

References

1. https://shabd.in/post/35984/ahar-sarvsadharan-niyam
2. http://literature.awgp.org/akhandjyoti/1956/July/v2.17
3. https://www.pustak.org/books/bookdetails/2667
4. https://sol.du.ac.in/mod/book/view.php?id=1423&chapterid=1310
5. https://www.jagran.com/editorial/apnibaat-8421917.html
6. https://hindi.speakingtree.in/blog/content-376633
7. http://literature.awgp.org/akhandjyoti/1956/July/v2.17
8. http://jainpuja.com/jain-puja/ahar-ke-bhed.aspx
9. http://jindharma.com/aahardaan

❖❖❖

5

भारतीय संस्कृति एवं पर्यावरण

डॉ० मधुलिका

एसो० प्रोफेसर, इतिहास विभाग,
लाजपत राय महाविद्यालय,
साहिबाबाद, गाजियाबाद

पर्यावरणीय चेतना भारतीय संस्कृति का प्राणतत्व रही हैं। हड़प्पा सभ्यता से ही पर्यावरणीय मूल्यों का विकास हो चुका था। जल पूजा, वृक्ष पूजा, सर्प पूजा इत्यादि के पुरातात्विक साक्ष्य प्राप्त हुए है। इनके माध्यम से प्राकृतिक शक्तियों को महत्त्व दिया जाता था।

हड़प्पा सभ्यता के अवसानोपरान्त अस्तित्व में आयी वैदिक संस्कृति में भी प्रकृति तथा पर्यावरण को देवतुल्य स्थान दिया गया। सभी प्राकृतिक शक्तियों का दैवीकरण करके उनकी उपासना की गयी। ऋग्वेद का प्रथम मंत्र ही अग्नि की उपासना से प्रारम्भ होता है—

अग्निमीले पुरोहितम् यज्ञस्य देव ऋत्विजम्।
होतारं रत्नघातम्।।

अग्नि की स्तुति प्राकृतिक शक्ति के रूप में अग्नि के प्रति श्रद्धा और समर्पण की भावना व्यक्त करती है। ऋग्वेद के प्रथम मंडल में ही पृथ्वी को माता तथा आकाश को पिता कह कर सम्बोधित किया गया है। इसी की पुनरावृत्ति अथर्ववेद के पृथ्वीसूक्त में हुयी है। स्वाभाविक है जिस समाज मे प्रकृति के प्रति ऐसे मूल्य विकसित हुए हो, वहाँ पर्यावरण को कोई क्षति नहीं पहुँच सकती। लेकिन हमारे मनीषियों ने भविष्य में पर्यावरण को कोई क्षति नहीं पहुंचे , इसकी चिंता भी व्यक्त कर दी थी। ऋग्वेद (१०.१०४.१०) में वर्णित है की जो व्यक्ति भोजन , गौ या घोड़े के मूल को क्षति पहुँचाता है, वह एक डकैत है, जो स्वयं तथा अपने बच्चों को विनाश कि खाई में डालता है।

गुप्तकालीन महान खगोलविद वराहमिहिर ने "वृहदसंहिता" में पर्यावरणीय असंतुलन के विषय में लिखा है कि निरंतर प्रकृति के विरुद्ध कार्य करने से ही उत्पात होते हैं। बृहस्पति ने लिखा है कि दांतून के लिए पेड़ की टहनियों को १२ अंगुल से अधिक बड़ा नहीं तोड़ना चाहिए।

भारतीय मनीषियों ने पर्यावरण के प्रति संवेदनशील मूल्यों के विकास के लिए पर्यावरण की अवधारणा को ही व्यापक सन्दर्भ में स्वीकार किया है। वेदों में पर्यावरण के दो प्रकारों की चर्चा मिलती है—बाह्य एवं आन्तरिक। सभी स्थूल वस्तुएं बाह्य पर्यावरण के अन्तर्गत आती हैं जब कि मानव शरीर के अंदर व्याप्त सूक्ष्म तत्व, जैसे मन एवं आत्मा आन्तरिक पर्यावरण का हिस्सा है। बाह्य पर्यावरण में घटित सभी घटनायें मन में पैदा हुए विचारों का ही प्रतिफल होती हैं। भगवद्गीता (६.३४) में मन को अत्यधिक चंचल बताया गया है। महर्षि पतंजलि ने भी योगदर्शन में योग–क्रियाओं के माध्यम से चित्तवृत्तियों के निरोग होने की बात की है तथा इसकी सम्पूर्ण विधि का वर्णन किया है।

भारतीय संस्कृति में भौतिकतावादी जीवन शैली की अपेक्षा अध्यात्म को प्राथमिकता दी गयी है और अध्यात्म के माध्यम से आन्तरिक पर्यावरण की शुद्धता पर बल दिया गया है। आन्तरिक मन में पर्यावरण हितैषी मूल्यों की स्थापना हो गयी तो बाह्य पर्यावरण स्वतः शुद्ध रहेगा।

आधुनिक वैज्ञानिक अध्ययन की यही समस्या रही कि इसने पर्यावरण को मात्र भौतिक संघटक स्वीकार किया और इसी के संरक्षण की नीतियों की चर्चा की। प्राचीन ऐतिहासिक ग्रन्थ पर्यावरणीय संरक्षण तथा सतत विकास हेतु अमूल्य निधि है। वर्तमान आवश्यकता इस बात की है कि प्राचीनतम पर्यावरणीय ज्ञान की परम्परा को पुनर्जीवित करें और उस ज्ञान को आत्मसात करके पर्यावरणीय संकट को कम करें।

❖❖❖

6

भारतीय संस्कृति सम्पूर्ण विश्व की अद्वितीय संस्कृति

डॉ० पंकज शर्मा
एसो० प्रोफेसर इतिहास विभाग
एन० ए० एस० कॉलिज, मेरठ

ललित कुमार
शोधार्थी (इतिहास विभाग)
एन० एस० कॉलिज, मेरठ

भूमिका—भारतीय संस्कृति विश्व की सर्वाधिक प्राचीन एवं समृद्ध संस्कृति है। इसे विश्व की सभी संस्कृतियों की जननी माना जाता है। जीने की कला हो या विज्ञान और राजनीति का क्षेत्र, भारतीय संस्कृति का सदैव विशेष स्थान रहा है। अन्य देशों की संस्कृतियाँ तो समय की धारा के साथ—साथ नष्ट होती रही है किन्तु भारत की संस्कृति आदि काल से ही अपने परम्परागत अस्तित्व के साथ अजर—अमर बनी हुई है।

आज के समय में सभ्यता और संस्कृति को एक—दूसरे का पर्याय समझा जाने लगा है जिसके फलस्वरूप संस्कृति के संदर्भ में अनेक भ्रांतिया पैदा हो गयी है। लेकिन वास्तव में संस्कृति और सभ्यता अलग—अलग होती है। सभ्यता का सम्बन्ध हमारे बाहरी जीवन के ढंग से होता है यथा—खान—पान, रहन—सहन, बोलचाल जबकि संस्कृति का संबन्ध हमारी सोच, चिन्तन और विचारधारा से होता है।

संस्कृति का क्षेत्र सभ्यता से कही व्यापक और गहन होता है। सभ्यता का अनुकरण तो किया जा सकता है लेकिन संस्कृति का अनुकरण नहीं किया जा सकता है। हम पेंट—कोट पहनकर और अंग्रजी बोलकर पाश्चात्य सभ्यता का अनुकरण करते है न कि पाश्चात्य संस्कृति का।

संस्कृति शब्द का अर्थ—संस्कृति किसी भी देश, जाति और समुदाय की आत्मा होती है। संस्कृति से ही देश, जाति या समुदाय के उन समस्त संस्कारों का बोध होता है जिनके सहारे वह अपने आदर्शों, जीवन मूल्यों आदि का निर्धारण करता है संस्कृति का साधारण अर्थ होता है—संस्कार, सुधार, परिष्कार, शुद्धि, सजावट आदि।

भारतीय प्राचीन ग्रंथों में संस्कृति का अर्थ संस्कार से ही माना गया है। कौटिल्य ने विनय के अर्थ में संस्कृति शब्द का प्रयोग किया गया है। भारतीय

प्राचीन ग्रंथों में भी अंग्रेजी शब्द 'कल्चर' के समान संस्कृति शब्द का प्रयोग होने लगा है। संस्कृति का अर्थ हम भले ही कुछ निकाल लें किन्तु संस्कृति का सम्बन्ध मानव जीवन मूल्यों से है।

भारतीय संस्कृति विश्व की प्राचीनतम संस्कृति है। विश्व की विभिन्न संस्कृतियाँ भारतीय संस्कृति के समक्ष पैदा हुई और मिट गयी। भारतीय संस्कृति में महान समायोजन की क्षमता है। यहाँ पर विभिन्न संस्कृतियों के लोग आए और यहीं पर बस गये। उनकी संस्कृतियाँ भारतीय संस्कृति का अंग बन गयी।

इसी वजह से भारतीय संस्कृति लगातार आगे बढ़ती जा रही है। भारतीय संस्कृति की पृष्ठभूमि में मानव कल्याण की भावना निहित है। यहाँ पर जो भी काम होते है वो "बहुजन हिताय और बहुजन सुखाय" की दृष्टि से ही होते है। यही संस्कृति भारतवर्ष की आदर्श संस्कृति है। भारत की संस्कृति की मूल भावना वसुधैव कुटुम्बकम के पवित्र उद्देश्य पर आधारित है अर्थात सभी सुखी हों, निरोगी हो, सबका कल्याण हो, किसी को भी दुःख प्राप्त न हो ऐसी पवित्र भावनाएँ भारतवर्ष में सदैव से रही हे।

भारतीय संस्कृति की प्राचीनता—भारतीय संस्कृति संसार की प्राचीनतम संस्कृतियों में से एक है। मध्य प्रदेश के भीमबेटिका में पाए गए शैलचित्र, नर्मदा घाटी में की गई खुदाई तथा कुछ अन्य नृवंशीय एवं पुरातत्वीय प्रमाणों से सिद्ध हुआ है कि भारत की भूमि आदि मानव की प्राचीनतम कर्मभूमि रही है।

सिंधु घाटी सभ्यता के विवरणों से यह ज्ञात होता है कि आज के समय से लगभग पांच हजार साल पहले उत्तरी भारत के बड़े भाग में एक उच्च कोटि की संस्कृति का विकास हो चुका था। इसी तरह से वेदों में परिलक्षित भारतीय संस्कृति न सिर्फ प्राचीनता का एक प्रमाण है बल्कि वह भारतीय अध्यात्म और चिन्तन की भी सर्वश्रेष्ठ अभिव्यक्ति है। उपलब्ध प्रमाणों के आधार पर भारतीय संस्कृति को रोम और यूनानी संस्कृति से प्राचीन तथा मिस्र, सीरिया एवं बेबीलोनिया जैसी संस्कृतियों के समकालीन माना गया है।

भारतीय संस्कृति की निरंतरता—भारतीय संस्कृति की एक महत्वपूर्ण विशेषता यह है कि हजारों सालों के बाद भी यह अपने मूल स्वरूप में जीवित है जबकि मिस्र, सीरिया, यूनान और रोम की संस्कृतियाँ अपने मूल स्वरूप को विस्मृत कर चुकी हैं। भारत में नदियों, वट, पीपल जैसे वृक्षों, सूर्य तथा प्राकृतिक देवी–देवताओं की पूजा करने का क्रम शताब्दियों से चला आ रहा है।

देवताओं की मान्यता, हवन और पूजा–पाठ की पद्धतियों की निरंतरता आज के समय तक अप्रभावित रही है। वेदों में और वैदिक धर्म में करोड़ों भारतीयों की आस्था और विश्वास आज भी उतना ही है जितना हजारों साल पहले था। गीता और उपनिषदों के संदेश हजारों साल से हमारी प्रेरणा और क्रम का आधार रहे है।

किंचित परिवर्तनों के बाद भी भारतीय संस्कृति के आधारभूत तत्वों, जीवन

मूल्यों और वचन पद्धति में एक ऐसी निरंतरता रही है कि आज भी करोड़ों भारतीय खुद को उन मूल्यों एवं चिंतन प्रणाली से जुड़ा हुआ महसूस करते है और इससे प्रेरणा प्राप्त करते है।

आध्यात्मिकता पर बल और भौतिकता का समन्वय–भारतीय संस्कृति का मूल मंत्र आध्यात्मिकता है। भारतीय संस्कृति की आध्यात्मिकता का आधार ईश्वरीय विश्वास होता है। यहाँ पर विभिन्न धर्मों और मतों में विश्वास रखने वाले लोग आत्मा–परमात्मा के अस्तित्व में विश्वास रखते है। उनकी दृष्टि में भगवान ही इस संसार का रचयिता एवं निर्माता है।

वही संसार का कारण, पालक और संहारकर्ता है। त्याग और तपस्या भारतीय संस्कृति के प्राण है। भारतीय संस्कृति के प्रमुख तत्व त्याग की वजह से मनुष्य में संतोष गुण परिपूर्ण रहता है। त्याग की भावना की वजह से मनुष्य के मन में दूसरो की सहायता सहानुभुति जैसे गुणों का विकास होता है और स्वार्थ और लालच जैसी बुरी भावनाओं का नाश होता है।

यहाँ पर त्याग की भावना में जन कल्याण की भावना छिपी रहती है। काम में संयम भारतीय संस्कृति की प्रमुख विशेषता है। भारतीय संस्कृति में उन्मुक्त अथवा स्वच्छन्द सुख भोग का विधान नहीं है। मुक्त सुख भोग से मानव में लालच प्रवृति का उदय होता है और व्यक्ति हमेशा असंतोषी बना रहता है।

इसी वजह से भारतीय संस्कृति काम में संयम का आदेश देती है। भारतीय संस्कृति में धर्म में निष्ठा का भी आदर्श है। भारत में विभिन्न धर्म के लोग रहते है। वे सभी अपने–अपने धर्मों में विश्वास और निष्ठा रखते है और दूसरों के धर्म के प्रति सम्मान भी करते है। यही भारतीय संस्कृति में धार्मिक आदर्श प्रस्तुत किया गया गया है।

भारतीय संस्कृति में आश्रम व्यवस्था के साथ धर्म, अर्थ और मोक्ष का विशिष्ट स्थान रहा है। इन्हीं ने भारतीय संस्कृति में आध्यात्मिकता के साथ–साथ भौतिकता का एक अद्भुत समन्वय कर दिया है। हमारी संस्कृति में जीवन के ऐहिक और पारलौकिक दोनों पहलुओं से धर्म का सम्बन्ध रखा गया था।

धर्म उन तत्वों, सिद्धांतों और जीवन प्रणाली को कहा जाता है जिससे मानव जाति परमात्मा प्रदत्त शक्तियों के विकास से अपना लौकिक जीवन सुखी बना सके तथा मृत्यु के पश्चात् जीवात्मा शांति का अनुभव कर सके। शरीर नश्वर होता है आत्मा अमर होती है यह अमरता मोक्ष से जुड़ी हुई है।

इस मोक्ष को पाने के लिए अर्थ और काम का पुरूषार्थ करना भी जरूरी होता है। इस तरह से भारतीय संस्कृति में धर्म और मोक्ष आध्यात्मिक संदेश एवं काम और अर्थ की भौतिक अनिवार्यता में परस्पर सम्बन्ध होता है। आध्यात्मिकता और भौतिकता के इस समन्वय में भारतीय संस्कृति की वह विशिष्ट अवधारणा परिलक्षित होती है। जो मनुष्य के इस लोक और परलोक को सुखी बनाने के लिए

भारतीय मनीषियों ने निर्मित की थी। सुखी मानव जीवन के लिए ऐसी चिंता संसार की अन्य संस्कृतियाँ नहीं करती है।

अनेकता में एकता–भौगोलिक दृष्टि से भारत विविधताओं का देश है। फिर भी सांस्कृतिक रूप से एक इकाई के रूप में इसका अस्तित्व प्रचीन समय से ही बना हुआ है। इस विशाल देश में उत्तर का पर्वतीय भू–भाग जिसकी सीमा पूर्व में बह्मपुत्र और पश्चिम में सिन्धु नदियों तक विस्तृत है।

इसके साथ गंगा, जमुना, सतलज की उपजाऊ कृषि भूमि, विन्ध्य और दक्षिण का वनों से आच्छादित पठारी भू–भाग, पश्चिम में थार का रेगिस्तान, दक्षिण का तटीय प्रदेश तथा पूर्व में असम और मेघालय का अतिवृष्टि का सुरम्य क्षेत्र सम्मिलित है। भौगोलिक विभिन्नता के साथ इस देश में आर्थिक और सामाजिक भिन्नता भी पर्याप्त रूप से विद्यमान है। इन विभिन्नताओं की वजह से ही भारत में अनेक सांस्कृतिक उपधाराएँ विकसित होकर पल्लवित और पुष्पित हुई है।

अनेक विभिन्नताओं के बाद भी भारत की पृथक सांस्कृतिक सत्ता रही है। हिमालय पूरे देश के गौरव का प्रतीक रहा है। गंगा, यमुना और नर्मदा जैसी नदियों की स्तुति यहाँ के लोग प्राचीनकाल से करते आ रहे है। राम, कृष्ण और शिव की आराधना यहाँ पर सदियों से की जाती है।

यहाँ भाषाओं की विविधता जरूर है लेकिन फिर भी संगीत, नृत्य और नृत्य के मौलिक स्वरूपों में आश्चर्यजनक समानता है। यहाँ ही संस्कृति में अनेकता में भी एकता स्पष्ट रूप से झलकती है। भारतीय संस्कृति स्वाभविक रूप से शुद्ध है जिसमें प्यार, सम्मान, दूसरों की भावनाओं का मान–सम्मान और अहंकार रहित व्यक्तित्व अंतर्निहित है।

गुरू का सम्मान–गुरू का सम्मान भी हमारी संस्कृति का ही एक रूप कहा जा सकता है। भारतवर्ष में शुरू से ही गुरू का सम्मान किया जाता है। गुरू द्रोणाचार्य के मांगने पर एकलव्य ने अपने हाथ का अंगूठा दान में दिया था। भारतीय संस्कृति के अनुसार गुरू का स्थान और सम्मान भगवान से भी बढ़कर होता है।

बड़ों के लिए आदर और श्रद्धा भारतीय संस्कृति का एक बहुत बड़ा सिद्धांत है। बड़े खडें हो तो उनके सामने न बैठना, बड़ों के आने पर स्थान को छोड़ देना, उनको सबसे पहले खाना परोसना जैसी क्रियाओं को अपनी दिनचर्या में देखा जा सकता है जो हमारी संस्कृति का एक अभिन्न अंग है।

हम लोग देखते है कि युवा कभी भी अपने बुजुर्गों का नाम लेकर संबोधन नही करते है। सभी बड़ों, पवित्र पुरूषों और महिलाओं का आशीर्वाद प्राप्त करने और उन्हें मान–सम्मान देने के लिए हम उनके चरणों को स्पर्श करते है। छात्र अपने शिक्षकों के पैर छूते है।

मन, शरीर, वाणी, विचार, शब्द और कर्म में शुद्धता हमारे लिए बहुत

महत्वपूर्ण है। शून्य की अवधारणा और ऊँ (ओमकार) की मौलिक ध्वनि भारत द्वारा ही संसार को दी गयी है। हमें कभी भी कठोर और अभद्र भाषा का प्रयोग नहीं करना चाहिए तथा अपने शरीर को स्वच्छ और स्वस्थ रखना चाहिए। दूसरों को बाएँ हाथ से कोई भी वस्तु देना अपमान माना जाता है। देवी देवताओं को चढ़ाने के लिए उठाए जाने वाले फूलों को सूंघना नही चाहिए।

उपसंहार—भारतीय संस्कृति एक विचार, एक भाग अथवा जीवन मूल्य है जिनको जीवन में अपनाकर जीवन के विकास को प्राप्त किया जा सकता है। भारतीय संस्कृति का उद्देश्य मनुष्य का सामूहिक विकास है। उसमें "वसुधैव कुटुम्बकम्" और "सर्वे भवन्तु सुखिनः" के भाव सर्वत्र विद्यमान है।

शोध सारांश

भारतीय संस्कृति एक महान जीवनधारा है जो प्राचीनकाल से सतत् प्रवाहित है। इस तरह से भारतीय संस्कृति स्थिर एवं अद्वितीय है जिसके संरक्षण की जिम्मेदारी वर्तमान पीढ़ी पर है। इसकी उदारता और समन्वयवादी गुणों ने अन्य संस्कृतियों को समाहित तो किया है किन्तु अपने अस्तित्व के मूल को सुरक्षित रखा है। एक राष्ट्र की संस्कृति उसके लोगों के दिल और आत्मा में बसती है। सर्वांगीणता, विशालता, उदारता और सहिष्णुता की दृष्टि से अन्य संस्कृतियों की अपेक्षा भारतीय संस्कृति अग्रणी स्थान रखती है।

सन्दर्भ ग्रन्थ सूची

1. राधाकृष्णन, सर्वपल्ली—भारतीय संस्कृति कुछ विचार, राजपाल प्रकाशन
2. वेदालंकार, हरिदत्त—भारत का सांस्कृतिक इतिहास, आत्माराम एण्ड सन्स।
3. कपूर, सुदर्शन कुमार—भारतीय सांस्कृतिक विरासत, एन0बी0टी0 इण्डिया।
4. रहीस सिंह—भारतीय कला एवं संस्कृति, मैक्ग्रा हिल प्रकाशन।

7

भारतीय संस्कृति के महान पुरोधा : पं० दीनदयाल उपाध्याय

डॉ० शुचि

शिक्षक सहायक (इतिहास विभाग)

चौ० चरणसिंह विश्वविद्यालय परिसर मेरठ

वैदिक ग्रन्थ ऐतरेय ब्राह्मण के मंत्र "चरैवेति चरैवेति" की डोर से बधें व भारतीय अस्मिता, संस्कृति, नीति–नैतिकता को राष्ट्रवाद के सूत्र में पिरोने वाले राजनीतिज्ञ ऋषि, वैदिक साहित्य के प्रकाण्ड पण्डित श्री दीनदयाल उपाध्याय जी के लिये सभी उपागम छोटे महसूस होते हैं, क्योंकि यह स्थान उन्होंने मात्र एक दिन में प्राप्त नहीं किया था वरन् वर्षों की तपस्या का परिणाम था। दीनदयाल जी ने बचपन से ही प्रकृति द्वारा प्रदत्त सभी परीक्षाओं में स्वयं को चर जगत का सर्वश्रेष्ठ मानव सिद्ध किया, बचपन से ही माँ प्रकृति ने उनके महामानव बनने की प्रक्रिया आरम्भ कर दी थी।

आश्विन कृष्ण त्रयोदशी संवत् 1973, दिनांक 25 दिसम्बर, 1916, को ब्रजभूमि में मथुरा जिले के नगला चन्द्रभान ग्राम में श्री भगवती प्रसाद के घर दीनदयाल जी का जन्म हुआ। उन्हें बचपन में 'दीना' नाम से संबोधित किया जाता था, उनके लालन–पालन की जिम्मेदारी नाना के परिवार द्वारा की गई। उनके नाना श्री चुन्नीलाल शुक्ल राजस्थान के धनविया ग्राम में स्टेशन मास्टर थे। बाल्यावस्था से युवावस्था तक पहुँचते–पहुँचते प्रकृति के क्रूर हाथों द्वारा माता–पिता, नाना सभी को छीन लिया गया। ढाई वर्ष की अवस्था में पिताजी और सात वर्ष की अवस्था में उनकी माता रामप्यारी 'राम' को प्यारी हो गयीं। दो वर्ष बाद नाना चल बसे। उसके बाद मामा और मामी भी चल बसीं। आर्थिक सम्पन्नता से कोसों दूर रह कर भी दीनदयाल उपाध्याय अध्ययन से विमुख नहीं हुए। अपनी बौद्धिक कुशाग्रता के आधार पर सम्पूर्ण शिक्षा प्रथम श्रेणी में पास की। हाईस्कूल की परीक्षा में सन् 1935 में प्रथम आने पर, सीकर के महाराजा कल्याण सिंह ने उन्हें स्वर्णपदक, दस रुपये मासिक छात्रवृत्ति तथा पुस्तकों के लिए रु० 250 की राशि भेंट की। सन् 1937 में इण्टर की परीक्षा पिलानी के उच्चशिक्षा संस्थान से प्रथम श्रेणी में उत्तीर्ण की।

घनश्याम दास बिड़ला ने भी उन्हें एक स्वर्ण पदक 10 रुपये मासिक छात्रवृत्ति तथा पुस्तकों के लिए रु० 250 नकद भेंट किये। सन् 1939 में संनातन धर्म कालिज कानपुर से प्रथम श्रेणी में बी.टी. की परीक्षा उत्तीर्ण की। एम.ए. (पूर्वार्द्ध अंग्रेजी) को प्रथम श्रेणी में करने के बाद बहन की बीमारी के कारण उत्तरार्द्ध की परीक्षा नहीं दे पाये और बाद में बी.टी. की परीक्षा हेतु प्रयाग चले गये।

सन् 1939 में कानपुर में शिक्षा ग्रहण करते–करते वह राष्ट्रीय स्वयं सेवक संघ से जुड़ गये और जीवन के अन्तिम क्षण तक राष्ट्रीय स्वयं सेवक संघ के सक्रिय कार्यकर्ता बने रहे। सन् 1955 में राष्ट्रीय स्वयं सेवक संघ के उत्तर प्रदेश के सहप्रांत प्रचारक के रूप में निरन्तर घूमते रहते थे, यही वह समय था जबकि दीनदयाल जी ने आजीवन ब्रह्मचर्यव्रत धारण किया। प्रशासनिक परीक्षा भी उत्तीर्ण की, किन्तु राष्ट्र सेवा की अपार लगन के कारण उन्हें न सरकारी नौकरी रास आई और न विवाह–बंधन। गांधी हत्याकांड के समय संघ पर प्रतिबंध लगाया गया। इस प्रतिबंध के विरुद्ध सर्वत्र सत्याग्रह दायित्व दीनदयाल जी के कन्धों पर था, जिसका निर्वहन इन्होंने बड़ी सफलता के साथ पूर्ण किया और अन्ततः सत्याग्रह की व्यापकता के कारण प्रतिबंध हटाया गया।

वर्ष 1950 में स्व० श्यामाप्रसाद मुखर्जी ने ''**नेहरू–लियाकत समझौते**'' को अस्वीकार करने का आग्रह किया। केन्द्रीय सरकार के उद्योगमंत्री के रूप में उनका यह आग्रह वस्तुस्थिति से मेल खाता था किन्तु श्री जवाहर लाल नेहरू ने प्रधानमंत्री के रूप में उनके आग्रह को अस्वीकार कर दिया। श्री मुखर्जी ने मंत्रीमंडल से त्याग पत्र देकर 21 अक्टूबर, 1951 को दिल्ली में अखिल भारतीय सम्मेलन बुलाकर जनसंघ को अखिल भारतीय रूप दिया। राष्ट्रीय स्वयं सेवक संघ की ओर से पं० दीनदयाल उपाध्याय को इससे जोड़ा गया। 1952 में कश्मीर के भारत में पूर्ण विलय के प्रश्न को लेकर जब सत्याग्रह की व्यापक रूपरेखा बनाने के लिए कानपुर में जनसंघ का अधिवेशन हुआ तब उसके अध्यक्ष स्व० श्यामाप्रसाद मुखर्जी ने पं० दीनदयाल को अखिल भारतीय महामंत्री घोषित किया, वह निरंतर 17 वर्ष तक वह इसी पद पर बने रहे। 18 वें वर्ष में वह जनसंघ के अध्यक्ष चुने गये। दिसम्बर, 1967 वर्श में कालीकट के अधिवेशन को उन्होंने अध्यक्ष के रूप में सम्बोधित किया। लेकिन 11 फरवरी, 1968 को रेलयात्रा में अज्ञात हत्यारों ने उनकी जीवन लीला समाप्त कर दी। उनका शव मुगलसराय स्टेशन पर पाया गया, नश्वर देह को समाप्त किया गया, किन्तु दीनदयाल ने तो जीते ही अपना व्यक्तित्व विगलित कर लिया था, वे अनश्वर तत्व के प्रतीक थे, अतः वे अमर हो गये। अतः भारती मनीषा ने घोषणा की है "वयं अमृतस्य पुत्रः।" भारतीय राजनीति में अस्मिता, संस्कृति और मूल्यों को एक साथ बांधकर चलने वाले राजनीतिज्ञ–ऋषि, मनीषी, श्री दीनदयाल उपाध्याय जी मन, वचन, कर्म और व्यवहार से आदि से अंत तक भारतीय परिवेश के सहारे अपने गंतव्य की ओर बढ़ें। धोती, कुर्त्ता, सदरी, पांवों में साधारण चप्पल

मात्र इसी पहनावे के साथ उन्होंने राष्ट्र निर्माण की अकथनीय कहानी को लिखा–पढ़ा। उन्होंने बनावटी चादर ओढ़ने की कभी चेष्टा नहीं की। वह सदैव भारतीय दर्शन, संस्कृति, मूल्यों, परम्पराओं, व्रतों, संकल्पों और आस्थाओं की धरोहर लेकर गाँव–गाँव, गली–गली घूमते रहे। अनिकेत और परिग्राही के लिए मात्र उनकी वेशभूषा ही प्रमाण नहीं थी, बल्कि वह भारतीय जीवन–मूल्य थे जिसमें मानवता, सौम्यता, सह्रदयता, अहंकार शून्यता और दार्शनिकता के भाव स्वतः स्फूर्त थे। वह कहीं भी गये सदैव इन मूल्यों को धरोहर के रूप में सहेजा और उनका पोषण किया। भारतीय इतिहास, भारतीय संस्कृति, भारतीय दर्शन और भारतीय सामाजिक, धार्मिक और आर्थिक परिवेश उनके आस–पास उसी प्रकार रहा जिस तरह वातावरण में वायु का प्रवेश है। वह भारत के संदर्भ को भारतीय दृष्टिकोण से देखते थे, उनकी मान्यता थी।

"सीमित जनसंख्या, न्याय, वर्ग और वर्णभेद का उन्मूलन ही समाजवाद है, जो एक स्वरूप और समर्थ समाज का जनक बन सकता है। सम्पूर्ण व्यवस्था का अन्तिम लक्ष्य है लोक मंगल, जनकल्याण समाज का निर्माण जिसमें धर्म ही समाज का निर्माण करेगा और समाज, राष्ट्र का निर्माण करेगा, जिसका प्राथमिक बिन्दु परिवार होगा"।

पण्डित दीनदयाल जी ने सदैव जोर देकर कहा कि विदेशियों की नीतियों व संस्कृति के अनुकरण में भारत माँ की प्रगति निहित नहीं है। भारत की सामाजिक एवम् आर्थिक प्रगति, भारतीय संस्कृति एवम् यहाँ के प्राकृतिक परिवेश पर आधारित है।

''पण्डित दीनदयाल जी ने सबसे पहले घोषित किया कि परिवार का टूटना ही राष्ट्र का टूटना है।''

"मेरा और केवल मेरा" अब यह शब्द अधिसंख्य परिवारों में सुनाई देता है, इसका कारण है संयुक्त सोच व संयुक्त रहन–सहन का अभाव इसका परिणाम हुआ खण्ड–खण्ड होता परिवार। मतलब एक संयुक्त राष्ट्र के लिए जिस ऊर्जा की जरूरत है उसका ह्रास। जब तक अधोमुखी बनी परिवार व्यवस्था उर्ध्वमुखी एवं राष्ट्रानुकूल नहीं बन जाती, तब तक हमारी नाना प्रकार की समस्याओं का समाधान नहीं हो पाएगा। उल्टे नयी–नयी समस्याएं हमारे सम्मुख मुँहबाएं खड़ी होती जाएंगी। परिवार शब्द में केवल पति–पत्नी और उनकी संतान का ही समावेश नहीं होता है। यह परिकल्पना पश्चिमी परिकल्पना की भांति इतनी सीमित नहीं है। पति और पत्नी का एक नाता होता है, किन्तु उनके साथ भारतीय परिवार की अवधारणा में परिवार में भाई–बहन, माता–पिता, भाभी, चाचा, ताऊ, मामा, दादा–दादी, बहू, दामाद ससुर आदि बीसियों नाते–रिश्ते भी होते हैं। ये सब आप्तजन या परिवारजन होते हैं, उनका अपना एक समष्टि जीवन होता है।

इस समष्टि–जीवन में स्नेह, सहयोग, पारस्परिक एकता, दुर्बल घटकों के प्रति आत्मीय सहानुभूति, एक दूसरे के लिए कुछ त्याग करने की प्रवृत्ति, एक दूसरे के सुख–दुख में सहभागी होने की स्वाभाविक तत्परता, अतिथि सत्कार की भावना आदि नाना गुणों का विकास अपेक्षित होता है। परिवार के लोग इन गुणों से युक्त हों तो परिवार के बाहर के समाजिक जीवन पर भी उनका प्रभाव पड़े बिना नहीं रहता। हमारे यहाँ परिवार–व्यवस्था को सामाजिक सुरक्षा योजना का ही एक भाग माना जाता है। मनुष्य अपंग हो गया, रोगग्रस्त हो गया, अस्थायी रूप से बेकार हो गया अथवा कोई अनपेक्षित विपदा आ गयी तो भी वह परिवार का प्रमुख आधार रहता है। समष्टि जीवन की सुव्यवस्थित रचना में परिवार–व्यवस्था की महत्वपूर्ण भूमिका होती है। द्रव्यार्जन, कामतृप्ति, स्नेहाभिव्यक्ति की आंतरिक अभिलाशा, अपनेपन की सुखद भावना, व्यक्ति विकास आदि बातें पारिवारिक जीवन का प्राथमिक आधार होती हैं। इस घटक को नष्ट करने का अर्थ है राष्ट्र की सबसे छोटी ईकाई की नींव को ही समाप्त कर देना।

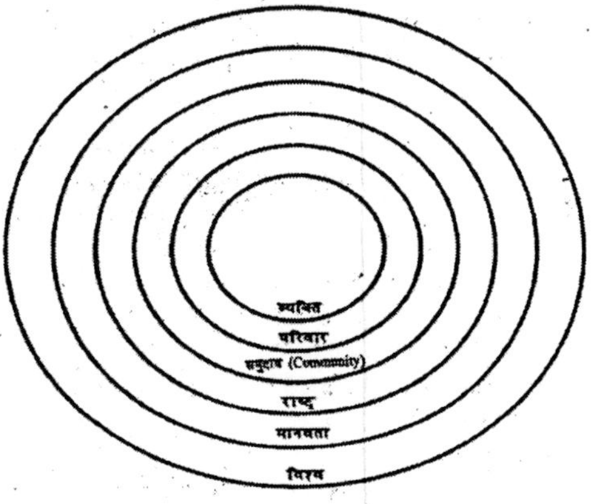

संकेन्द्री रचना

भारतीय परिवार की, संकेन्द्री रचना में व्यक्ति केन्द्र–बिन्दु है और उसे केन्द्र मानकर ही क्रमशः भारतीय परिवेश की इस बढ़ती जाने वाली त्रिज्याओं के वृत्त रचे गये हैं। इससे स्पष्ट होता है कि परिवार, जाति, विश्व–मानव आदि इकाईयों का विचार व्यक्ति को केन्द्र–बिन्दु मानकर ही उन्होंने किया है। किन्तु इस रचना का और उसमें निहित विचार–प्रणाली का दोश यह है कि सभी वृत्त यद्यपि संकेन्द्री हैं, तो भी एक दूसरे से विलग हैं। यह वृत्त अधिकाधिक व्यापक होते जाते हैं, यह उन्हें भी मान्य है, किन्तु उनके एक–दूसरे के साथ आन्तरिक सम्बन्ध हैं, वे सर्वथा विलग वृत्त नहीं हो सकते, प्रत्युत् मानव के अन्तःकरण में दूसरों के प्रति रहने वाली आत्मीयता के विकास के ही वे बढ़ते चरण हैं।

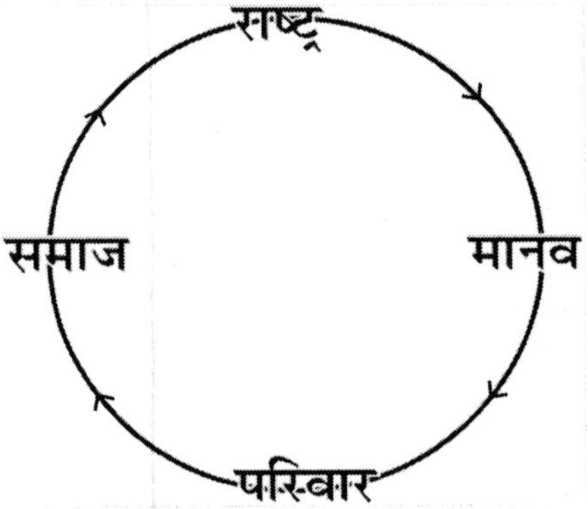

(पूरी प्रक्रिया को चक्र के माध्यम से समझा जा सकता है।)

यह चक्र गतिशील है, इसकी एक भी कड़ी की टूटन पूरी सभ्यता का सर्वनाश कर देती है। इस मर्म को कोई साधारण मानव उद्घाटित कर ही नहीं सकता था। इस कार्य की व्याख्या मात्र महामानव द्वारा ही की जा सकती है कि समाज अनेक व्यक्तियों का समुच्चय होता है। "धुतिः क्षमा दमोष्श्स्तेयम्" में सामान्य धर्म–लक्षण और व्यक्ति के पुरुषार्थ का अन्तर्भाव छिपा है। अतः समष्टि धर्म का मूल विचार है–**"धर्मों धारयति प्रजाः"** दीनदयाल जी राष्ट्र की परिभाषा को अंतिम रूप से स्पष्ट करते हैं कि **"अहम्" से "वयम्"** की ओर गमन ही एकात्म राष्ट्र की नींव है। समिष्टि जीवन का विश्लेषण करते हुए पंडित दीनदयाल जी ने कहते है–"भारतीय राजनीतिज्ञों की सबसे बड़ी भूल यह है कि वे भारत के भाषिक, धार्मिक, आर्थिक आदि समाज–जीवन के विविध क्षेत्रों में विविध वर्गों का स्वतंत्र अस्तित्व मानकर चलते हैं। ऐसी परिस्थिति में जिनका स्वतंत्र अस्तित्व मान लिया गया है उन विविध वर्गों में एकता एवं सामंजस्य कैसे निर्मित किया जायेगा, इन वर्गों का स्वतंत्र अस्तित्व मानकर उनके तुष्टिकरण की नीति पर चलते हुए राजनीतिक क्षेत्रों के लोग उनकी अस्मिता एवं स्वार्थ को जब तक बढ़ावा देते हैं, तब तक राजनीति गलत दिशा में ही चलती रहेगी, सत्य यह है कि सम्पूर्ण भारत एक है।

विजयवाड़ा अधिवेशन के कोई तीन महीने बाद मुम्बई में 'जनसंघ के सिद्धान्त और नीति' विषय पर दीनदयाल जी के चार भाषण हुए। पहला प्रस्ताविक भाषण एक अर्थ में 'एकात्म जीवन दर्शन' की अभिव्यक्ति की पृष्ठभूमि विशद करने वाला था। उस भाषण में उन्होंने एकात्म दर्शन की व्याख्या करते हुये कहा था–

"जब तक अंग्रेजों का हमारे देश पर साम्राज्य था, देश में चले सभी आन्दोलनों एवं राजनीति का लक्ष्य स्वराज्य प्राप्त करना ही था। स्वराज्य मिल जाने के बाद हमारा स्वरूप क्या होगा, हम किस दिशा की ओर चलेंगे आदि विषयों का किसी ने कोई विचार नहीं किया था। हम किस भारत को स्वतंत्रत कराना चाहते हैं, इसका बिल्कुल ही विचार नहीं हुआ था–गाँधी जी ने 'हिन्द स्वराज्य' में लिखकर स्वाधीनता के बाद भारत का चित्र कैसा रहेगा, इस सम्बन्ध में अपने विचार व्यक्त किये थे। उससे पहले लोकमान्य तिलक ने 'गीता–रहस्य' लिखकर स्वाधीनता आंदोलन की तात्त्विक भूमिका का विवेचन किया था। इसके अतिरिक्त काँग्रेस और अन्य राजनीतिक दलों के विचार प्रकट हुए थे। परन्तु इस विषय का जितनी गम्भीरता से अध्ययन होना आवश्यक था, वह नहीं हुआ था। इसका एक कारण था। सबके सामने एक ही बात थी कि पहले अंग्रेजों को यहाँ से भगा दें, उसके बाद अपने घर की रचना कैसी हो, यह सोचते रहेंगे। संभवतः देश के स्वाधीन होते ही, अब देश के मार्ग क्रमण की दिशा क्या हो इसका विचार हमारे सम्मुख आना चाहिए था, किन्तु आश्चर्य की बात यह है कि इस प्रश्न का गम्भीरता से उतना विचार नहीं हुआ जितना कि होना चाहिए था। आज देश स्वाधीन हुए 16–17 वर्ष बीत गये हैं और अब भी देश के भविष्य की दिशा निश्चित् हो गयी है, ऐसा दृढ़ता से नहीं कहा जा सकता।"

"वस्तुतः प्रत्येक राष्ट्र के लिए अपने 'स्व' का विचार करना आवश्यक होता है। स्वत्व के बिना स्वराज्य का कोई अर्थ नहीं होता। आखिर प्रत्येक राष्ट्र अपनी प्रकृति के अनुसार प्रयासरत रहते हुए सुखी और सम्पन्न जीवन व्यतीत कर सकने के लिए ही स्वतंत्रता की अभिलाषा रखता है। यही तत्व पं० दीनदयाल जी को मानव से महामानव की ओर ले जाते हैं–मानव और राष्ट्रधर्म का कोई भी पक्ष ऐसा नहीं था, जिस पर उन्होंने लेखनी न चलायी हो। आत्म स्वरूप का चिंतन कैसे हो इस पर दीनदयाल जी ने कहा।

"कुछ गहराई में जाकर सोचें तो हमारे ध्यान में आयेगा कि मानव–मानव में एकता का अनुभव कराने वाला और सभी मानवों का जीवन सुखी हो–ऐसी जो मानव मात्र की इच्छा दिखाई देती है, उसका प्रेरक, निश्चय ही इस दृश्यमान जगत् से निराला कोई इंद्रियातीत परमतत्त्व अवश्य ही होगा। वह तत्त्व इस दिखाई देने वाले जगत् में व्याप्त है और वही हर प्राणी के अन्तःकरण में सम्पूर्णताः एकात्मता की भावना का निर्माण करता है, इस शक्ति को आप चाहे जो नाम दे दें, एक बात स्पष्ट है कि उसी के साथ स्वरूप होने की दिशा में प्रत्येक मनुष्य जाने–अनजाने

में चलता रहता है। मानव मात्र के कल्याण की भावना किसी स्वार्थ–भावना का परिणाम नहीं है। वह आत्मानुभूति की इच्छा और बोध का परिणाम है। मनुष्य अज्ञानवश उस आत्मशक्ति को संकुचित करने का प्रयास करता है, किन्तु उस परम तत्त्व की सर्वात्मकता उसका यह अज्ञान दूर करने के लिए निरंतर प्रयत्नशील रहती है।" यह वह समय था जबकि दीनदयाल जी मानव से महामानव बनने की प्रक्रिया के द्वितीय चरण में पहुँच चुके थे और राष्ट्र के स्वरूप को लेकर मुखर रूप से अपने विचार प्रचारित कर रहे थे।

दीनदयाल जी बार–बार व्यक्तिवादी राष्ट्रवाद को लेकर उसने विचार वैदिक परम्पराओं के अनुसार व्यक्त कर रहे थे, जिसमें "व्यक्ति शरीर, मन, बुद्धि और आत्मा का समुच्चय है। व्यक्ति के सर्वांगीण विकास की बात करते हुए इन चारों बातों की ओर ध्यान दिया जाना आवश्यक है। शरीर–मन–बुद्धि–आत्मा के सुख क्रमशः निर्वाह के साधन, शांति, ज्ञान तथा तादात्म्य–भाव के सहारे प्राप्त होते हैं।" यहाँ आत्मा के सुख का संबंध तादात्म्य–भावना के साथ जोड़ा गया हैं। इसमें ही एकात्म मानवदर्शन की मूल भावना छिपी है यही एकात्म मानवदर्शन की नींव भी है। जैसे विविध क्षेत्रों में कार्य करने वाले लोग अपने कर्मों से ही समाज की नाना आवश्यकताएँ पूर्ण करते हैं और समाज की धारणा को जन्म देते हैं। शिक्षा, कर्म, योगक्षेम एवं यज्ञ, यह धारणाचक्र इस प्रकार अखंड रूप से चलता रहता है। अर्थात् यह कर्म केवल आवश्यक योगक्षेम या उपभोग की दृष्टि न रखते हुए कर्तव्य–भावना तथा समर्पण–वृत्ति से किया जाये, तभी वह सही अर्थों में यज्ञ बनता है। कर्तव्य–भावना

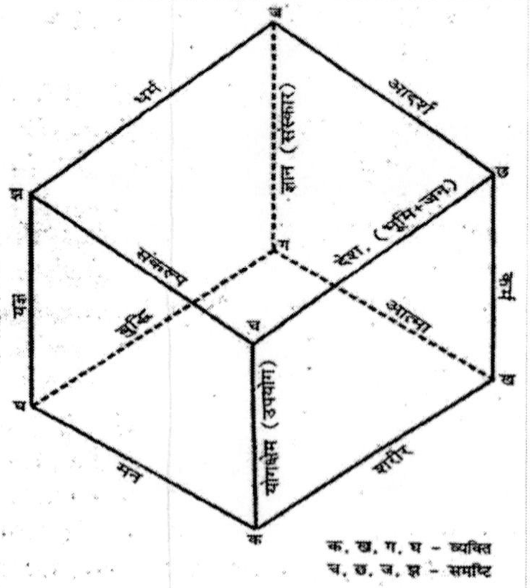

से किये गये ऐसे कर्मयज्ञ के कारण व्यक्ति का योगक्षम तो भली भाँति चलता ही है, साथ ही उसकी नैतिक एवं आध्यात्मिक उन्नति भी होती है। इसके अतिरिक्त

वह कर्म भी उत्तम होकर समाज को भी सभी अंगों से पुष्ट एवं उन्नत करता है। इस प्रकार शिक्षा, कर्म, उपभाग (योगक्षेम) एवं यज्ञ, इन चारों बातों से व्यक्ति एवं समाज आपस में जुड़े होते हैं। एक घन की आकृति के माध्यम से यह संबंध स्पष्ट किया जा सकता है। शिक्षा समाज से व्यक्ति की ओर, कर्म व्यक्ति से समाज की ओर, उपभोग समाज से व्यक्ति की ओर और यज्ञ व्यक्ति से समाज की ओर, ऐसी यह संरचना है। इसका अभिप्राय यह हुआ है कि व्यक्ति और समाज को जोड़ने वाली चार बातों में से दो का दायित्व समाज पर तथा देश दो का व्यक्ति पर है।

समाज की ओर से व्यक्ति को सुयोग्य शिक्षा न मिलती हो, शिक्षा प्राप्त होकर भी उसके माध्यम से कर्म (उद्योग–व्यवसाय) उपलब्ध न होता हो, और उद्योग–व्यवसाय प्राप्त होकर भी आवश्यक योगक्षेम समाज से प्राप्त न होता हो, तो समाज कर्तव्यच्युत हो जाता है। इसके अनिष्ट परिणाम व्यक्ति और समाज दोनों को ही भोगने ही होगें।

मानव–एकता का ऐसा विचार मात्र भारतीय संस्कृति की ही विशेषता है। भारतीय संस्कृति ही नहीं वरन् मानव–एकता का ही नहीं, सम्पूर्ण प्राणि–मात्र तथा चराचर सृष्टि की एकता का भी विचार करती है। किन्तु यह विचार पृथगात्मकता की भूमिका से नहीं, विविधता के मूल में विद्यमान एकता के आधार पर किया गया है। इस संसार में ऊपर से कितनी ही विविधता दिखाई देती हों, उस विविधता के मूल में एकता है और सृष्टि की विविधता उसकी आन्तरिक एकता की ही अभिव्यक्ति है, यह भारतीय संस्कृति का मुख्य विचार है। विविधता से विभूषित समस्त सृष्टि में एक ही चैतन्य–तत्त्व समाया है। जो इस विविधता में एकता का प्रमुख सूत्र है। यही कारण है कि भारतीय संस्कृति एकात्मवादी है।

एकात्म जीवन के संबंध में भारतीय संस्कृति की इस धारणा को किसी आकृति द्वारा स्पष्ट करना हो तो वह इस आकृति द्वारा की जा सकती है। इस रचना को कुण्डलिन, सर्पिल या अखण्ड मंडलाकार रचना की संज्ञा दी गयी हैं इसमें प्रत्येक मण्डल उसके आगे तथा पीछे के मण्डल से संबंध रखकर ही विकसित होता है। इस रचना का भी प्रारम्भ व्यक्ति से होता है। किन्तु यह व्यक्ति केवल भौतिक सुख या अर्थ–काम के पीछे लगा न रहकर धर्म, अर्थ, काम, मोक्ष, इन चारों पुरुषार्थों का अर्थात् समग्र और सर्वांगीण जीवन का विचारकरने वाला होता है। साथ ही इन पुरुषार्थों की सिद्ध के लिये निरंतर प्रयत्नशील रहता है। व्यक्ति के बाद अगला मण्डल परिवार का है। परिवार का मण्डल व्यक्ति से प्रारम्भ होता है, किन्तु उसका संबंध न छोड़ते हुए उसके चारों ओर विकसित होता हुआ आगे बढ़ता है और जातिमण्डल का सूत्रपात करता है। जातिमण्डल विकसित होकर आगे चलकर राष्ट्रमण्डल में परिणित होता है, और इसी क्रम में आगे बढ़ता हुआ सम्पूर्ण मानव–समूह का तथा विश्व का मण्डल तैयार होता है।

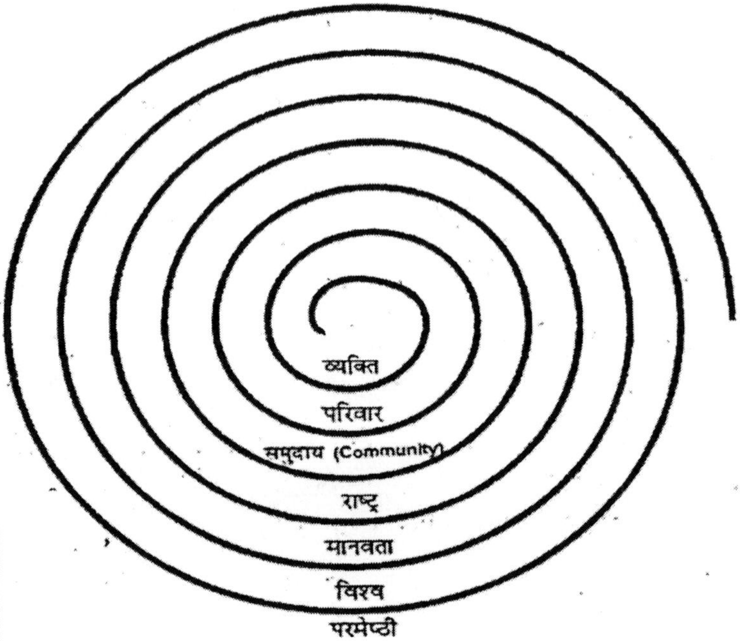

अंखड मंडलाकार रचना

किन्तु भारतीय चिन्तन यहीं पर नहीं रुकता। इस चिंतन ने इसके भी आगे के एक मण्डल का विचार किया है। वह मण्डल है परमेष्ठी तत्त्व का मण्डल। यह मण्डल उससे पहले के सभी मण्डलों को अपने में समा लेता है। यही नहीं, उनमें स्वयं भी व्याप्त रहता हैं कारण यह है कि परमेष्ठी तत्त्व सर्वातीत है तथा सर्वव्यापी सर्वान्तर्यामी और सर्वमय भी है। यह सर्वान्तर्यामी, सर्वव्यापी परमतत्त्व एकात्म मानव दर्शन की आत्मा है। समन्वयात्मक अवधारणा में एकात्मक अथवा समन्वयबोध इस प्रकार गुंथा है कि व्यक्ति अर्थ, काम, धर्म और मोक्ष में उचित समन्वय और संतुलन रखकर गतिशील रहेगा। दन्तोपंत ठेंगडी ने इस विवेचना को इस प्रकार प्रस्तुत किया है, "सबकी भौतिक आवश्यकताओं की पूर्ति इतनी होनी चाहिए कि उसके कारण अपना पेट पालने के लिए व्यक्ति को 24 घंटे चिंता करने की आवश्यकता न हो। उसे पर्याप्त अवकाश मिल सके, जिससे वह संस्कृति, कला, साहित्य और भगवान के बारे में चिन्तनशील हो सकते व्यक्ति को विनाश से बचाने के लिए, समाज को विघटन से बचाने के लिए, व्यक्ति के परम उत्कर्ष को प्राप्त करने के लिए सार्वजनिक एवं सार्वदेशिक नियमों के प्रकाश में जो व्यवस्था उन्होंने बनायी उसके समुच्चय को धर्म कहा गया। इस धर्म के अंतर्गत अर्थ और काम की पूर्ति का भी विचार हुआ। हर एक व्यक्ति परम सुख यानि मोक्ष प्राप्त कर सके इसका

चिन्तन हुआ। इस प्रकार धर्म और मोक्ष के मध्य, अर्थ और काम को रखते हुए चतुर्विधि पुरुषार्थ की कल्पना अपने यहाँ रखी गयी है। इस समन्वयात्मक संगठित और एकात्मवादी कल्पना में व्यक्ति का व्यक्तित्व विभक्त नहीं हुआ। वह आत्मविहीन एवम् मानसिक दृष्टि से अस्वस्थ प्राणी न बन सका। इस चतुर्विधि पुरुषार्थ ने प्रत्येक व्यक्ति को अपनी शाारीरिक, मानसिक आध्यात्मिक बौद्धिक क्षमताओं के अनुसार अपना जीवनादर्श चुनने का अवसर दिया।

दीनदयाल उपाध्याय ने सुदृढ़ आर्थिक लोकतंत्र को प्रधानतः निम्न बिन्दुओं के रूप में स्वीकार किया है क्योंकि मानव दर्शन व राष्ट्र निर्माण की प्रक्रिया सुदृढ़ अर्थप्रणाली के अभाव में निष्क्रिय हो जायेगी। अतः राष्ट्र निर्माण के लिए यह बिन्दु स्वीकार करने ही होगें

(अ) संयमित उपभोग–भारतीय संस्कृति का आधार–बोध।

(ब) प्रत्येक व्यक्ति को श्रम–प्रत्येक व्यक्ति के जीवित रहने का मूल मंत्र।

(स) 'समता के अनुरूप काम और आवश्यकता के अनुरूप दम्य' (सयंमित उपयों को दृष्टिगत रखते हुए)

(द) कुटीर उद्योगों/लघु उद्योगों को विस्तार–बेरोजगारी को समाप्त करने के सदर्भ में।

(य) उद्योगों के विकेन्द्रीयकरण के पक्षघर।

(र) उद्योगों के अनुरूप कृषि भूमि का विकेन्द्रीयकरण।

(ल) आर्थिक असन्तुलन की समाप्ति अपरिहार्य–1 : 20 का अनुपात होना चाहिए।

(व) श्रमिक भागीदारी का सिद्धान्त।

(ह) ज × क × य = ई (व्याख्या–ई = समाज की प्रभावी इच्छा का द्योतक, जिसकी पूर्ति की उसमें शक्ति है। ज = समाज में काम करने योग्य व्यक्तियों की संख्या। क = काम की अवस्था और व्यवस्था। य = यंत्र।)

"इस सूत्र के अनुसार अगर हम चाहते है कि 'ज' निश्चित रहे जो प्रत्येक काम के सिद्धान्त के अनुसार आवश्यक है, तो 'ई' के अनुपाल में 'क' और 'य' को बदलना होगा। आर्थिक क्षेत्र की तीन मूलभूत वस्तुओं 'मनुष्य', 'श्रम' और 'मशीन' तीनों का समन्वय ही अर्थव्यवस्था का उद्देश्य है। जिस अर्थव्यवस्था में यह समन्वय नहीं होगा, वहाँ समन्वयहीनता के परिणामस्वरूप विषमता जन्म लेगी।"

दीनदयाल उपाध्याय के आर्थिक विश्लेषण में जहाँ एक ओर विषमताओं और शोषण से मुक्ति का आहवान है वहीं मानवीय संवेदनाओं से ओतप्रोत अर्थशास्त्र की उस मानवीय परत को स्पर्शित करने का अवसर मिलता हैं जिसमें यह अपेक्षा निरन्तर बनी हुई है कि हम अपनी प्राथमिकताओं के निर्धारण में गरीब और गरीबी को न भूल जायें। इस गरीब देश की आवश्यकताएँ क्या हैं? कितनी हैं? कैसी हैं? यह सुनिश्चित हो जाने पर ही उत्पादन प्रक्रिया एवम् अर्थव्यवस्था का निर्धारण हो सकेगा।

भारतीय जनसंघ के कालीकट अधिवेशन में उन्होंने अपनी आर्थिक सोच को स्पष्ट करते हुए जनसंघ कार्यत्ताओं और देश से आहवान किया था, ".......वे लोग, जिनके सामने रोजी–रोटी का सवाल है। जिन्हें न रहने के लिए मकान है और न तन ढकने को कपड़ा, अपने मैले–कुचैले बच्चों के बीच जो दम तोड़ रहे हैं, गाँवों और शहरों के उन करोड़ों निराश भाई–बहनों को सुखी और सम्पन्न बनाना हमारा लक्ष्य है। दीनदयाल जी का सम्पूर्ण चिंतन, ऐसा विशद् स्वरूप है, जिसे सूक्ष्म लेखनी में बाँधना सम्भव ही नहीं है। यह उनकी एकात्म मानववाद की अलौकिक अवधारणा। सामाजिक समरसता के अन्तर्गत समग्र विकास के विचार आर्थिक चिन्तन के अन्तर्गत अत्त्योदय और अंततः वाद और वादों से ऊपर राष्ट्र और राष्ट्रीयता, यही तो हर मानव, समाज व राष्ट्र का अन्तिम बिन्दु है–इस चिंतन पर यही अखण्ड भारत एक राष्ट्र का निर्माण हो पाया, तो वह दिन दूर नहीं, जबकि हम पुनः गुरू, की भूमिका में खड़े होंगे, और अखंड भारत पुनः व्यष्टि, समष्टि, सृष्टि और परमेष्टि के कल्याण का केन्द्र बिन्दु बनेगा।

एवमस्तु, एवमस्तु, एवमस्तु...........

दीनदयाल जी के एकात्म मानववाद के प्रमुख तत्व

मूल भावना

1. एकात्मक सूत्र– "मरण प्रकृतिः शरीरिणाम् विकृति जीर्वनमुच्येत"
2. एकांगी सुखकल्पना– "तृष्णा ने जीर्णा वयमेय जीर्णा
3. इन्द्रीयजनित सुख
4. बुद्धि सुख– सत्यम् शिवम् सुन्दरम्
5. आत्म स्वरूप– अहम् ब्रहास्मि
6. स्थूल से सूक्ष्म की ओर
7. 'समष्टि से परमेष्ठि' की अवधारणा

सन्दर्भ ग्रन्थ सूची

पं० महेशचन्द उपाध्याय – लोकतंत्र के पुरोधा
प० दीनदयाल सूचना एवं जन सम्पर्क विभाग
उत्तर प्रदेश, लखनऊ सितम्बर 1991,
पृ०–7

शुक्ल रंजना – पं० दीनदयाल उपाध्याय के प्रमुख प्रेरणा स्त्रोत मंत्र
उ०प्र० संदेश (पण्डित दीनदयाल उपाध्याय विशेषता) पृ०–3
सूचना एवं जनसम्पर्क विभाग 1991

लोहनी, आचार्य भास्करानन्द–	लेख, दीनदयाल जी का दार्शनिक चिंतन– उत्तर प्रदेश, सितम्बर, पृ० 69
केसरी, डॉ० अर्जुन दास–	लेख, भारतीय संस्कृति के प्रबल समर्थक पण्डित दीनदयाल उपाध्याय उत्तर प्रदेश संदेश–सितम्बर 1991 पृ० 82
पण्डित दीनदयाल उपाध्याय लेख –	पांच्चजन्य पत्रिका पुनः प्रकाशित, पृ० 24 21 मार्च, 1993, 28 जनवरी 2015
नेने, वासुेव विनायक–	पण्डित दीनदयाल उपाध्याय विचार दर्शन खण्ड–2 एकात्म मानव दर्शन पृ० 82
ठेंगड़ी, दत्तोपंत–	लेख, एकात्म मानववाद की अवधारणा उत्तर प्रदेश– संदेश पत्रिका
शुक्ल, डॉ0 प्रभाकर–	उपाध्याय जी अर्थ क्षेत्र में समन्वयवादी थे उत्तर प्रदेश, संदेश सितम्बर 1991 पृष्ठ– 79–80
मिश्र, शिवशंकर	लेख–किसको समर्पित करूं वह संगमी संध्या उत्तर प्रदेश, संदेश सितम्बर, 1991 पृष्ठ – 73
मित्तल देवकीनन्दन	लेख त्याग और तपस्या की प्रतिभूति उत्तर प्रदेश संदेश सितम्बर 1991 पृष्ठ – 78

❖❖❖

8

वर्तमान समय में योग की प्रासंगिकता

डॉ० दीपक कुमार तोमर

पी०डी०एफ०

इतिहास विभाग

चौ0 चरण सिंह विश्वविद्यालय, मेरठ।

वर्तमान युग में परम्परागत भारतीय दर्शन योग की महत्ता नये सिरे से स्वीकार्य एवं प्रचलित हो रही है। आदिकाल में योग को गूढ़ एवं सामान्य मनुष्य के लिए अत्यन्त कठिन समझा जाता था, परन्तु पिछले दो दशकों में योग के बहुआयामी प्रचलन ने इसे जन सामान्य तक ले जाने का कार्य किया है। ऐसे में योग दर्शन की विविध अवधारणायें भिन्न–भिन्न रूपों में सामने आ रही हैं तथा योग के वास्तविक अर्थ, लक्ष्य एवं प्रणालियों के स्वरूप का गहन एवं स्पष्ट अध्ययन आवश्यक हो गया है।

योग के दो महान दार्शनिकों के विचारों का अध्ययन करते समय ऐतिहासिक पृष्ठभूमि के साथ ही योग के मुख्यतः चार प्रकार– हठयोग, राजयोग, अष्टांगयोग एवं इनके समन्वित सर्वोत्कृष्ट सर्वांग योग की पद्धतियों पर प्रकाश डालने का प्रयास किया गया है। दोनों दार्शनिकों के योग सम्बन्धी विचारों का अध्ययन, तुलनात्मक दृष्टिकोण से इस उद्देश्य से किया गया है ताकि उनकी पद्धतियाँ समानता भिन्नता के दृष्टिकोण से स्पष्ट करते हुए पतंजलि से अरविन्द के सर्वांग योग की अवधारणा के विकास को समझा जा सके।

योग शब्द की व्युत्पत्ति की दो परम्परायें युजिर योगे एवं युज् समाधौ की व्याख्या करते हुए इसके भावात्मक अर्थ जैसे संयोजन, मिलन, संयमन, कार्यप्रर्वणता तथा समाधि के अर्थ में व्याख्या की गई है। इस सन्दर्भ में पुराण, उपनिषद् एवं गीता में उपलब्ध योग के विमर्श का भी संक्षिप्त विवेचन प्रस्तुत करने का प्रयास किया गया है। पातंजल योग सूत्र में उपलब्ध योग के स्वरूप को 'योगश्चित्तवृत्तिनिरोधः' के रूप में विवेचित करने का प्रयास किया गया है।

पतंजलि योग सूत्र के विषय–वस्तु का समाधिपद, साधनपाद, विभूतिपाद एवं कैवल्यपाद के माध्यम से प्रस्तुत करने का प्रयास किया गया है। साथ ही इसमें उपलब्ध दार्शनिक पृष्ठभूमि को यथासम्भव संक्षिप्त में प्रस्तुत करने का प्रयास किया

गया है जिसमें मुख्यतः चित्तवृत्तियों का निरूपण, क्रियायोग के मुख्य पक्ष, क्लेश, कर्म, कर्मविपाक तथा चतुर्दुःख का उल्लेख है परन्तु संक्षेप में यहाँ पर ध्यान, धारणा व समाधि की प्रक्रिया के साथ व्याख्या, कैवल्य प्राप्ति की प्रक्रिया की ओर भी आगे बढ़ता है।

योग के व्यवहारिक एवं क्रियात्मक पक्ष पर प्रभाव का वर्णन करते हुए व्यक्ति के अन्तिम लक्ष्य निर्धारित करने के लिए मनोवैज्ञानिक विवेचनों एवं विश्लेषणों की सहायता ली गई है। इस अंश में पंचक्लेश के मूल में अविद्या को स्वीकार करते हुए उसका चित्तवृत्तियों पर दुष्प्रभाव एवं उनसे मुक्ति के लिए अष्टांग योग को साधन के रूप प्रस्तुत करने का प्रयास किया गया है तथा इस मार्ग से स्वास्थ्य लाभ एवं आध्यात्मिक उन्नति की प्रबल संभावना को स्पष्ट करने का प्रयास किया गया है।

भारत में वेद, उपनिषद्, गीता तथा सांख्ययोग विवेचित योग के स्वरूप ही व्याख्या ऐतिहासिक पृष्ठभूमि स्पष्ट करने के दृष्टिकोण से किया गया है। वैदिक परम्परा में योग के उस स्वरूप का विवेचन किया गया है। जिसमें वह प्रमुख रूप से ब्रह्म विद्या या आध्यात्म विद्या के रूप में सम्बन्धित होने के साथ ही मानसिक प्रबलता एवं समस्याओं से मुक्ति का मार्ग हो, इस रूप में स्थापित करने का प्रयास किया गया है। उपनिषदों में विवेचित योग के स्वरूप की व्याख्या करने के लिए पंचकोष–अन्नमय, प्राणमय, मनोमय, विज्ञानमय, आनन्दमय पंचकोष को आधार बताया गया है। इस अंश में योग के सैद्धान्तिक पक्ष के लिए श्वेताश्वर उपनिषद् में विवेचित योग को परंमसाक्षात्कार के साधन के रूप में तथा क्रियात्मक एवं व्यवहारिक पक्ष को विवेचित करने के लिए ध्यान बिन्दु उपनिषद् के अनुसार प्रणवध्यान, त्रिमूर्तिध्यान, चक्र, नाड़ी, मुद्रा, नादानुसंधान के द्वारा आत्मअवबोधन की प्रक्रिया के उपदेशों को स्पष्ट करने का प्रयास किया गया है। गीता में योग का विवेचन स्पष्ट करते हुए, श्री कृष्ण व अर्जुन का सन्दर्भ देते हुए चित्त की चंचलता को नियंत्रित करने के लिए अभ्यास व वैराग्य को महत्वपूर्ण बताने का प्रयास किया गया है। योग के अन्तर विभागों की विवेचना करते हुए ज्ञानयोग, कर्मयोग एवं भक्तियोग के मूल आधारों को स्पष्ट करने का प्रयास किया गया है। सांख्य एवं योग दर्शन में योग के स्वरूप को स्पष्ट करने के लिए त्रिविध दुःखों से मुक्ति पाने की इच्छा को प्रेरक तत्व के रूप में स्वीकार करते हुए वृत्तियों के निरोध के मार्ग पर प्रकाश डालने का प्रयास किया गया है तथा मोक्ष एवं अपवर्ग की इसी संदर्भ में व्याख्या करने का प्रयास किया गया है।

हठयोग की ऐतिहासिक पृष्ठभूमि में मूलरूप से पतंजलि योग दर्शन में हठयोग के आधारों को रेखांकित करने का प्रयास किया गया है तथा अरबिन्द के योग समन्वय में हठयोग का महत्व कहाँ तक है, यह स्पष्ट करने का प्रयास किया गया है। पतंजलि योग सूत्र से हठयोग के पक्ष में हठप्रदीपिका एवं घेरण्ड संहिता में विवेचित हठयोग की प्रणालियों का विकास कैसे हुआ? इस पर प्रकाश डालने

का प्रयास किया गया, तो अरविन्द के योग समन्वय में कर्मयोग, भक्तियोग एवं तंत्र योग में हठयोग की महत्वपूर्ण भूमिका को स्पष्ट करते हुए इसके मुख्य साधनों के रूप में आसन एवं प्राणायाम के नाम ही अरविन्द द्वारा जोड़े गये। तंत्र साधना के पक्षों को भी दैवीय अनुभूतियों में सहायक मार्ग के रूप में विवेचित करने का प्रयास किया गया है, पंतजलि एवं अरविन्द के द्वारा प्रस्तुत योग एवं लक्ष्य की प्रणालियों की तुलना करते समय यह स्पष्ट किया गया है कि पंतजलि का चित्तवृत्तिनिरोध मूलक योग कैसे अरविन्द के सर्वांग योग में सम्पूर्ण जीवन का नियामक और निर्देशक बन जाता है। पतंजलि का लक्ष्य समाधि एवं कैवल्य होता है तो अरविन्द के योग का लक्ष्य चेतना के सर्वोत्कर्ष एवं सर्वांगीण विकास के साथ दैवीय सत्ता का साक्षात्कार या तद्रूप हो जाता है। दोनों महान दार्शनिकों के ग्रन्थों में जहाँ–तहाँ विवेचित व्याधियाँ एवं रोग का निदान योग के द्वारा किस प्रकार सम्भव है, इस पर भी प्रकाश डालने का प्रयास किया गया है।

राजयोग की ऐतिहासिक पृष्ठभूमि में राजयोग की ऐतिहासिक पृष्ठभूमि के अन्तर्गत उपासना का अर्थ बतलाते हुए उसके दो अन्तर्विभाग किये गये हैं। उपासना शब्द के दो अन्तर्विभाग हैं–सहजयोग (राजयोग) तथा हठयोग। हठयोग की परिणति राजयोग में बताई गयी है। इनको विविध आसन, विविध कुम्भक तथा विविध उत्कृष्ट मुद्राओं के रूप में विवेचित करने का प्रयास किया गया है। स्वशक्ति साधना तथा परशक्ति साधना के अन्तर्गत ईश्वर शरणगति, उसका स्वरूप आदि के द्वारा समाधि लाभ प्राप्त होता है, इसका वर्णन किया गया है तथा अरविन्द को भक्ति एवं आत्मसमर्पण का, समन्वय में सत् एक है परन्तु एकता असीम है। उपनिषद् के समान श्री अरविन्द ने सच्चिदानंद को परम् सद्वस्तु माना है एवं भक्ति योग की अवस्था में श्रवण, कीर्तन, स्मरण, अर्चना तथा आत्मनिवेदन के द्वारा आत्मसमर्पण का प्रयास किया गया है।

पतंजलि के अष्टांग योग की ऐतिहासिक पृष्ठभूमि में ऋग्वेद जिसका अधिष्ठान व्योम है तथा दार्शनिक पृष्ठभूमि में पतंजलि ने दुःख ही हेय है तथा कर्मसंस्कार के द्वारा जिनका विपाक होता है उसके वर्णन का प्रयास किया गया है। योग के मनो–शारीरिक अवधारणाओं में मन के तीन पक्षों–चेतन मन, अवचेतन मन तथा अचेतन मन को बतलाने का प्रयास किया गया है। योग मार्ग के इच्छुक साधन को अष्टांग योग के द्वारा आठ पद यम, नियम, आसन, प्राणायाम, प्रत्याहार, धारणा, ध्यान तथा समाधि को बताया गया एवं अष्टांग योग द्वारा मानसिक आरोग्य की निम्नलिखित छः मूढ़, विक्षिप्त, यातायात, श्लिष्ट, सुलीन एवं निरुद्ध। इनके द्वारा मानसिक आरोग्य को प्राप्त करने का किया गया है।

सर्वांग योग में श्री अरविन्द द्वारा योग समन्वय में वर्णित उनके विचारों को तथा उनकी प्रणालियों, योग विषयक प्रयोजन को रखने का प्रयास किया गया है। श्री अरविन्द के अनुसार तांत्रिक साधना योग, राजयोग व हठयोग तथा त्रिमार्ग–कर्म,

ज्ञान व भक्ति के द्वारा उनके तत्वमीमांसीय चिंतन में वे ईश्वर, प्रकृति और मानव आत्मा अधिक गहन भाषा में इसे परस्पर सत्ता, वैश्वसत्ता और व्यक्ति भी कह सकते हैं। अरविन्द की क्रियात्मक दृष्टि के अनुसार योग की सम्पूर्ण विधि ही मनोवैज्ञानिक है। ऐतिहासिक पृष्ठभूमि, उसके अर्थ, लक्ष्य एवं प्रणाली के अन्तर्गत उनकी क्रियायें आसन एवं प्राणायाम हैं, इस सम्बन्ध में रखने का प्रयास किया गया है। उनका दर्शन उपनिषदों, द्वैत, अद्वैत और विशिष्टाद्वैत को अपनाकर अरविन्द सर्वांग दर्शन के द्वारा मानसिक आरोग्यता को प्राप्त करता है, इसको रखने का प्रयास किया गया है।

योग का आयुर्वेदिक पक्ष में चिकित्सा पद्धति को योगाभ्यास में तथा जन साधारण के लिए महत्वपूर्ण स्थान प्राप्त है क्योंकि आयुर्वेद में वात, पित्त व कफ का प्रावधान है। जिससे शरीर की कार्यप्रणाली का दोष उत्पन्न होता है। आयुर्वेद में 'शरीरेन्द्रिय सत्त्वात्मसंयोग' के रूप में वर्णन है। यही योग सत्त्व व चेतना का विज्ञान है, इस दृष्टि से आयुर्वेद पक्ष को रखने का प्रयास किया गया है।

योग व तंत्र में यह बताया गया है कि तंत्र का मूल वेद है। इसके दो मत हैं–शैव मत और शाक्त मत। जिसको शिव तथा शक्ति के नाम दिये गये हैं। तंत्र साधना का सम्पूर्ण विषय शक्ति की साधना है और शिव व शक्ति के मिलन को ही योग कहते हैं।

योग का शिक्षा के क्षेत्र में योगदान में योग का मन पर नियंत्रण व अपने चरित्र व व्यक्तित्व को निखारने में योग किस प्रकार से महत्वपूर्ण है, इसको स्पष्ट करने का प्रयास किया गया है क्योंकि पतंजलि ने पाँच अवस्थायें–चित्त की मूढ़, क्षिप्त, विक्षिप्त, एकाग्र व निरूद्ध को अभ्यास व वैराग्य के द्वारा इन अवस्थाओं पर नियंत्रण करना बतलाया है।

प्रस्तुत पत्र में पतंजलि व अरविन्द के विषयों, उनकी पद्धति व प्रणालियों पर प्रकाश डालने का प्रयास किया गया है। योग में बताये गये अष्टांग योग का पालन कर ईश्वर के सिद्धान्त को अपनाकर साधक समाज व विश्व का कल्याण कर सकता है। अरविन्द का सम्पूर्ण योग उन पद्धतियों को अपनाकर चलता है जो ज्ञान, भक्ति तथा कर्म के द्वारा निम्नतर से उच्चतर की ओर प्रेरित होता है।

वर्तमान समय में योग का चिकित्सा पद्धति में महत्व आज के परिप्रेक्ष्य में मुख्य भूमिका निभा रहा है तथा समाज को आरोग्यता प्रदान कर ध्यान के द्वारा मस्तिष्क तनाव जो आज की भागदौड़ भरी जिंदगी में सब पर हावी है उसको दूर रखते हुए शान्ति प्रदान कर रहा है जो शारीरिक व मानसिक दोनों स्तर से लाभ पहुँचा रहा है, इसको स्पष्ट करने का प्रयास किया गया है।

योग के सैद्धान्तिक एवं क्रियात्मक व व्यवहारिक पक्ष को जानने के लिए योग की परिभाषा, अर्थ, दार्शनिक व व्यवहारिक पक्ष के विषय में ज्ञान प्राप्त करते हुए स्वास्थ्य व आध्यात्मिक महत्व का जान पड़ता है। अरविन्द का सर्वांग योग इन योग की सभी पद्धतियों व प्रणालियों के द्वारा मोक्ष मार्ग व सिद्धि का मार्ग बतलाता है।

जो सामान्य मनुष्य मात्र के लिए नहीं, बल्कि विशेष व्यक्ति के लिए है।

योग एक अनुशासित जीवन है। इसलिए हर कोई जीवन में योग को अपनाना चाहता है। योग के नियमित अभ्यास से शरीर, सुन्दर, लचीला, स्वस्थ और स्वस्थ जीवन शक्ति से भरा बनता है। यम, नियम, आसन और प्राणायाम का पालन दिमाग के विकास के लिए सहायक है, लेकिन प्रत्याहार, धारणा, ध्यान का विशेष महत्व है। ये पद्धतियाँ मन की अस्थिरता को हटाती है और एकाग्रता प्रदान करती है। मन अवांछनीय विचारों से दूर स्वस्थ होता है। जीवन तनाव और दबाव से मुक्त हो जाता है।

योगासन शरीर, मन और आत्मा तीनों को ही धो–मांजकर चमकाने का काम करते हैं। इनके नियमित अभ्यास करने से शरीर के बाह्य और आंतरिक विकार नष्ट होते हैं। भोजन का शरीर में पाचन सही रहता है और रोग कोसो दूर रहते हैं। वर्तमान में प्रचलित योग का एक प्रमुख अंग प्राणायाम है। प्राण का आयाम अर्थात् नियंत्रण ही प्राणायाम है। हमारे शरीर की हर क्रिया का प्राण से प्रत्यक्ष या परोक्ष संबंध होता है। प्राणायाम करने से मन पर जमी परेशानी और दुख खत्म हो जाते है। मन एकाग्र होता है और यही हर सफलता का मंत्र है। प्राणायाम से फेंफड़े मजबूत होते हैं, रक्त संचार सुधरता है, और उम्र लम्बी होती है। नियमित प्राणायाम करने से चिन्ता, क्रोध, निराशा, भय जैसी बातों पर काबू पाया जा सकता है। इतना ही नहीं इसे करने से स्मरण शक्ति बढ़ती है और दूरदर्शिता की शक्ति आ जाती है।

प्राचीन काल में आत्मा परमात्मा का साक्षात्कार स्थापित कर, पुरुष का त्रिगुणात्मक दृश्य से पृथक होकर मोक्ष की प्राप्ति ही योग का प्रमुख ध्येय माना जाता था। योग के द्वारा केवल शारीरिक विकास ही नहीं होता बल्कि आध्यात्मिक विकास भी होता है।

सन्दर्भ सूची

1. राजकुमारी पाण्डेय–भारतीय योग परम्परा के विविध आयाम, 4378/4 बी, अंसारी रोड़ दरियागंज नई दिल्ली, राधा पब्लिकेशन, 1993
2. पं0 हरिकृष्णशास्त्री दातार, योग सिद्धान्त एवं साधना, चौखम्बा सुरभारती प्रकाशन, वाराणसी, 1998
3. विष्णुपुराण।
4. पातन्जल योग सूत्र–1/2
5. सांख्यदर्शनम्।
6. भगवद्गीता–2/48
7. अमरकोश–3 काण्ड, नानार्थ 22
8. कठोपनिषद्– 2/3/10–11
9. धम्मपद– 12/4

10. डॉ0 पीताम्बर झा, योग परिचय, गुप्ता प्रकाशन, डी–35, साउथ एक्सटैशन भाग–एक, नई दिल्ली, 1989
11. डॉ0 रामनाथ शर्मा, भारतीय मनोविज्ञान, एटांलिक पब्लिशर्स एण्ड डिस्ट्रीब्यूटर्स, नई दिल्ली।
12. परम हंस निरंजानन्द, योगदर्शन, स्वामी सत्यसदानन्द सरस्वती, श्रीपंचदशनाम परमहंस अलखबाड़ा, पनियारगार, रिखिया, बिहार, 1994
13. प्रो0 रामहर्ष सिंह, योग एवं यौगिक चिकित्सा, चौखम्बा संस्कृत प्रतिष्ठान दिल्ली, 1999
14. मनुस्मृति।

9

भारतीय संस्कृति में विज्ञान परम्परा

कु० विक्टोरिया
शोध छात्रा, इतिहास विभाग
एम०एम०एच० कॉलिज, गाजियाबाद

डॉ० अनिता प्रकाश झा
एसोसिएट प्रोफेसर, इतिहास विभाग
एम०एम०एच० कॉलिज, गाजियाबाद

संस्कृति एक अमूर्त पद है जिसे वैज्ञानिक पदों की भाऋति परिभाषा की सीमा में बाँधना समीचीन प्रतीत नहीं होता। मनुष्य के जीवन का मापदंड दो पदों में परिभाषित होता है, "सभ्यता व संस्कृति"। सभ्यता जहाँ मनुष्य के भौतिक विकास को दर्शाती है वहीं संस्कृति उसे संस्कारों व मौलिक विकास के दर्शन कराती है। संस्कृति एक ऐसा पर्यावरण है जिसमें रहकर व्यक्ति एक सामाजिक प्राणी बनता है और प्राकृतिक पर्यावरण को अपने अनुकूल बनाने की क्षमता अर्जित करता है। संस्कृति एक ऐसी व्यवस्था है जिसमें हम जीवन के प्रतिमानों, मानव व्यवहार के तरीकों, अनेक भौतिक व अभौतिक प्रतीकों, परंपराओं, विचारों, सामाजिक मूल्यों, मानवीय क्रियाओं और आविष्कारों को शामिल करते हैं। सर्वप्रथम वायु पुराण में धर्म, अर्थ, काम तथा मोक्ष विषय मानवीय घटनाओं को संस्कृति के अंतर्गत समाहित किया गया है। श्री जवाहरलाल नेहरू के अनुसार संस्कृति का अर्थ "मनुष्य का आंतरिक विकास और उसकी नैतिक उन्नति है, पारस्परिक सद्व्यवहार है, और एक-दूसरे को समझने की शक्ति है।" सामान्य व्यक्तियों में सीखे हुए व्यवहारों की पूर्णता एवं किसी समाज में निहित उच्चतम मूल्यों की चेतना जिसके अनुसार वह समाज अपने जीवन को ढालना चाहता है संस्कृति कहलाती है।

प्रारंभ से ही भारतीय संस्कृति में विज्ञान तत्व की प्रधानता देखी जा सकती है या यूं कहें कि भारतीय संस्कृति विज्ञान की गति का उत्कृष्टतम स्वरूप है जिसे प्राचीन भारतीय ऋषियों व नीति नियंताओं ने भारतीय मानस के सामने आध्यात्मिक रूप में रखा। आध्यात्मिक मार्ग एक ऐसा मार्ग है जो विकसित होकर संसार के भौतिक व अभौतिक तत्वों का ज्ञान मनुष्य के समक्ष रखता है ताकि मनुष्य प्रकृति द्वारा निर्मित इस संसार की रचना के आंतरिक कारणों को भली-भाँति समझ सके। वह स्वयं को उसके अनुसार ढालकर प्रकृति के साथ तदात्मय स्थापित कर सके। हीगल का मत है कि "संसार की प्रत्येक वस्तु अपूर्ण है और पूर्णता के मार्ग पर अग्रसर है" अतः पूर्णता प्राप्ति के मार्ग को हम विज्ञान एवं पूर्णता के उच्च बिंदु को अध्यात्म कह सकते हैं जहाँ पहुँचकर यात्रा समाप्त हो जाती

है। स्वामी विवेकानंद कहते हैं "विज्ञान एकत्व की खोज है, खोज के सिवाय कुछ नहीं है ज्यों ही कोई विज्ञानशास्त्र पूर्ण एकत्व तक पहुँच जाता है त्योंहि उसका और आगे बढ़ना रूक जाएगा, क्योंकि तब वह अपने लक्ष्य को प्राप्त कर चुकेगा। उदाहरणार्थ रसायन शास्त्र यदि एक बार उस एक मूल द्रव्य का पता लगा लेगा जिससे और सब द्रव्य बन सकते हैं, जिससे अन्य शक्तियाँ बाहर निकलती हैं तो वह आगे नहीं बढ़ सकेगा तब वह पूर्णता पर पहुँच जाएगा वैसे ही धर्मशास्त्र भी उस पूर्णतया को प्राप्त हो जाएगा जब वह उस मूल कारण का जान लेगा जो इस मृत्यु लोक में एकमात्र अमृत स्वरूप है, जो इस नित्य परिवर्तनशील जगत का एक मात्र अचल अटल आधार है, जो एकमात्र परमात्मा है व अन्य सभी आत्माएँ जिसके प्रतिबिंब स्वरूप है। इस प्रकार अनेकेश्वरवार, द्वैतवाद आदि में से होते हुए इस अद्वैतवाद की प्राप्ति होती है धर्मशास्त्र इससे आगे नहीं जा सकता, यही सारे विज्ञानों का चरम लक्ष्य है।"

वर्तमान जगत में विज्ञान को भिन्न-भिन्न अर्थों में परिभाषित किया गया है। जो कि सम्पूर्ण सृष्टि को अनेक भागों में बाँटकर उसके अलग-अलग भागों से संबंधित ज्ञान को प्राप्त करने के लिए भिन्न-भिन्न मार्गों का चयन करता है लेकिन भारतीय संस्कृति में हमारे प्राचीन ऋषियों ने विज्ञान की सभी शाखाओं को एक मार्ग पर समाहित कर उसे अध्यात्म का नाम दिया है। आधुनिक वैज्ञानिक जिन नवीन सिद्धान्तों व प्राकृतिक नियमों के ज्ञान की खोज का दावा वर्तमान में प्रस्तुत करते हैं उसे हमारे प्राचीन दृष्टाओं ने हजारों वर्ष पूर्व ही प्राप्त कर लिया था। धीरे-धीरे आधुनिक विश्व ने भी इस तथ्य को स्वीकार किया है एवं अपने व्याख्यानों के माध्यम से स्पष्ट कर दिया है कि भारतीयों का प्राचीन ज्ञान किसी भी अर्थ में आज की अपेक्षा कम नहीं था।

भारतीय संस्कृति सहस्त्रों वर्षों से चली आ रही एक विचारधारा है जिसका विकास हिंदू, बौद्ध, जैन आचार्य एवं ऋषियों ने अपने मौलिक चिंतन के माध्यम से किया है। इसकी वैज्ञानिकता और ताजगी का सबसे बड़ा प्रमाण यह है कि उसे कभी भी एक या दो ग्रंथों में कैद नहीं किया जा सकता। हिंदू चिंतकों एवं आधुनिक वैज्ञानिकों के निष्कर्षों में अपूर्व समानता के कारण भारतीय संस्कृति की अनेक मान्यताओं में गंभीर वैज्ञानिकता के दर्शन होते हैं अब हिंदू आध्यात्मिक प्रतीकों संकल्पनाओं और मान्यताओं के वैज्ञानिक आधार की भूमिका बन चुकी है जिसका आधार गंभीर वैज्ञानिक विश्लेषण हैं। बीसवीं शताब्दी के प्रसिद्ध वैज्ञानिक स्टीफन हॉकिंस ने सिद्ध किया था कि आज के ब्रह्मांड की उत्पत्ति एक ऐसे "श्याम विवर" (ब्लैकहोल) के महाविस्फोट से हुई है जिसमें द्रव्यमान असहनीय सीमा तक संघनित हो गया था जिसे विज्ञान की भाषा में ब्रह्मांडीय अंडा कहा गया है इसी सिद्धांत को अगर वह भारतीय सांस्कृतिक हिंदू धार्मिक ग्रंथों में टटोलने का प्रयास करें तो निश्चित ही निराशा नहीं होगी क्योंकि ऋग्वेद में सम्पूर्ण सृष्टि (ब्रह्मांड) का उदगम् हिरण्यगर्भ से माना गया है अतः स्टीफन के "ब्लैक होल" एवं "हिरण्यगर्भ" में

समानता देखी जा सकती है। भारतीय संस्कृति का वह रूप जो सभी को आडंबर एवं अंधविश्वास होने का भान कराता है, वह वास्तव में एक गहन वैज्ञानिक सोच व चिंतन का परिणाम है। जिसे गंभीरता से मनन करने पर इस अतुल ज्ञान कोष के संदर्भ में भी पुरातन हिंदुत्व की असंदिग्ध प्रासंगिकता सूर्य की प्रथम रश्मियों की भाँति उजागर होने लगती है। भौतिकशास्त्री फिटजोफ कैप्रा अपनी पुस्तक "ताओ ऑफ फिजिक्स" में लिखते हैं कि बीसवीं शताब्दी के भौतिक शास्त्र के दो शिलाधार "क्वांटम सिद्धांत" तथा "सापेक्षवाद", विवश कर देते हैं कि हम इस विश्व को उसी प्रकार से परखें जैसा कि हिंदू, बौद्ध एवं ताओ दार्शनिकों ने अनुभव किया।

इसी प्रकार का व्याख्यान परमाणु भौतिकी के पुरोधा जूलिया रॉबर्ट ओपेनहेग ने किया है कि "परमाणु भौतिकी के स्तंभकारी अनुसंधान किसी भी तरह सर्वथा नये नहीं कहे जा सकते उनकी बीज निश्चित रूप से हमारी प्राचीन संस्कृतियों हिंदू व बौद्ध में पहले से ही विद्यमान हैं।" भारतीय संस्कृति और विज्ञान के घनिष्ठ संबंधों पर प्रकाश डालते हुए भौतिकविद फिटजॉफ कैप्रा ने बताया है कि "क्योंकि मैं एक भौतिकशास्त्री हूँ इसलिए मुझे पृथ्वी पर ब्रह्मांड से अनवरत बरसती कॉस्मिक किरणों का ज्ञान है और एक दिन समुद्र किनारे बैठे हुए मैंने अद्‌भुत अनुभूति प्राप्त की, जो अकथनीय है परन्तु जब मैं शिव तांडव का प्रतीक नटराज की मूर्ति को देखता हूँ तो वह अनुभूति साकार हो उठती है, शिव के दो हाथों में "डमरू व ज्वाला" दोनों ही ध्वंस का प्रतीक हैं और बाकी शेष हाथों की कलात्मक मुद्राएँ सर्जन का प्रतीक है जो इस सतत गतिशीलता को संचालित करने वाला असंख्य प्राकृतिक मूलभूत घटनाओं की लयबद्ध एकत्व को तथा इस तथ्य को उजागर करता है कि वे सब एक दूसरे से उपजती हैं और फिर एक-दूसरे में ही विलीन हो जाती हैं अर्थात् सृष्टि की उत्पत्ति, विकास व अंत। उन्होंने आगे लिखा कि ऐसे विश्व का उच्च कोटि का प्रतीक शिव तांडव ही हो सकता है जो आभास देता है उस महान सत्य का कि ब्रह्मांड में सभी कुछ स्थिर है, चलायमान है, और अनवरत परिवर्तनशील है, मूलभूत कणों की आपस में प्रक्रिया कर कणों को जन्म देना अथवा अपने ही को ध्वंस कर लेने की अकुलाहट ही तो सब एटॉमिक वर्ल्ड की पहचान है।" मायकैल टैलवाट के अनुसार "शिव के मस्तक की केस राशि तथा मैग्नेटिक लाइन ऑफ फोर्स की गुथी हुई लकीरों में निर्मित जालक में अद्‌भुत समानता है।"

यह क्रम यही पर समाप्त नहीं हो जाता जो कि भारतीय संस्कृतिक मान्यताओं एवं परम्पराओं में छिपे गूढ़ वैज्ञानिक कारणों एवं विश्लेषणों पर आधारित है। भारत में मां का दर्जा प्राप्त गंगा नदी भले ही आज अपने प्राचीन शुद्ध रूप को खो चुकी हो लेकिन यह कथन सत्य है कि गंगा नदी भारत में सबसे पवित्र वह पूजनीय इसीलिए मानी जाती थी क्योंकि उसका पानी शुद्धता की उत्कृष्टता को छूता था। लोगों का यह मत है कि गंगा में स्नान करने से रोग दूर हो जाते हैं महज अंधविश्वास नहीं है आज वैज्ञानिक प्रयोग एवं

अनुसंधानों के द्वारा यह बात सिद्ध हो चुकी है कि गंगाजल में जीवाणुओं एवं अन्य सूक्ष्म जीवों को नष्ट करने वाला विषाणु (वायरस) पाया जाता है जिसे वैज्ञानिक विज्ञान की भाषा में रोगाणुभौजी कहते हैं। गंगा जल में ऑक्सीजन सदैव उच्च मात्रा में घुला होता है जिस कारण यह जल अधिक समय तक रखने पर भी दूषित नहीं होता और इसी कारण गंगाजल कुछ बीमारियों के लिए अत्यधिक उपयोगी होता है। पाश्चात्य वैज्ञानिकों द्वारा इस तथ्य की खोज की गई है कि गंगा जल में हैजा के जीवाणु छोड़ने पर वह स्वतः ही समाप्त होने लगते हैं और इसीलिए उसे जल न मानकर अमृत रूप माना गया है और उस की शुद्धता को बचाए रखने के लिए एवं उसके प्रति सम्मान प्रकट करने के लिए भारतीय प्राचीन ऋषियों व नीति-नियंता ने गंगाजल की पूजा का विधान रखा। अतः कह सकते हैं कि उनकी सोच वैज्ञानिक रही होगी और उन्होंने आधुनिक वैज्ञानिकों के समान ही गहन शोध एवं प्रयोगों के आधार पर इस प्रकार की मान्यताएँ बनाई जो कि आज हजारों वर्षों बाद भी प्राचीन काल के समान ही अपनी वैज्ञानिकता एवं वास्तविकता पर तटस्थ है। कोई भी प्राचीन मान्यता निरर्थक नहीं है। हिंदू धर्म में वर्णित अवतारवाद में भी भौतिक विज्ञान के तत्व देखे जा सकते हैं। आधुनिक वैज्ञानिक प्रयोगों के माध्यम से सत्य तक पहुँचने पर बल देते हैं परंतु इलेक्ट्रॉन, प्रोटॉन, विद्युत चुंबकीय क्षेत्र, गुरुत्वाकर्षण बल आदि को अपनी पांच ज्ञानेंद्रियों से सीधे-सीधे नहीं देख पाते वे लोग केवल इनके प्रभावों को ही देख कर उन तर्कों के आधार पर ही उनका अस्तित्व सिद्ध करते हैं, तो क्या इसी प्रकार अवतारवाद भी एक ऐसा ही प्रभाव नहीं हो सकता। निर्गुण इंद्रियातीत ईश्वर है या नहीं, उसका स्वरूप क्या है, गुण धर्म क्या है, गुण धर्म क्या है, कौन देख सकता है लेकिन उसको द्वितीय प्रभाव "अवतारवाद" के रूप में समझा जा सकता है सगुण रूप उस निर्गुण को पहचानने का माध्यम है।

गोस्वामी तुलसीदास जी लिखते हैं कि "सगुणोपासक कभी कैवल्य नहीं प्राप्त कर सकते क्योंकि उनकी आत्मा परमात्मा से एकाकार नहीं हो सकती। उसकी व्याख्या इस प्रकार की जा सकती है कि द्वितीय प्रभाव के माध्यम से सत्य का आभास तो किया जा सकता है परंतु उस का साक्षात्कार नहीं।" जिस प्रकार भौतिक जगत का आधार अणु है जो कि एक है उसी प्रकार जगत का आधार ईश्वर एक है विज्ञान में अणुओं के अनुनादी रूपों पर बेंजीन के कम से कम 2 चित्रात्मक रूप अत्यधिक प्रचलित हैं क्योंकि एक चित्र के माध्यम से अणु को तथ्यात्मक रूप में प्रदर्शित करना असंभव है इसलिए एक से अधिक चित्रों का सहारा लेना पड़ता है उसी प्रकार हिंदुत्व में बहुदेववाद की संकल्पना की गई है जो कि ब्रह्मा, विष्णु, महेश जगत के रचनाकार, पालनहार, विध्वंसक के रूप में हैं। ईश्वर को एक रूप में समझना केवल कैवल्य के ही अधिकार क्षेत्र में है सामान्य मनुष्य इसे विभिन्न रूपों के माध्यम से ही समझ सकता है। एक अन्य प्रसिद्ध धारणा "अहम् ब्रह्मास्मि" की व्याख्या भी विज्ञान के संदर्भ में की जा सकती है। विश्व में सर्वत्र एक ही

ऊर्जा विद्यमान है और विज्ञान कहता है कि संपूर्ण विश्व की भाँति हमारा शरीर समान प्रकार के मूल कणों से बना है तथा सभी कुछ एक ही ऊर्जा से संचालित है हिंदू संस्कृति इसी ऊर्जा को आत्म मानता है जो कि छोटे से छोटे एवं बड़े से बड़े सभी जीवों में उपस्थित होता है यही अहम् ब्रह्मास्मि को प्रदर्शित करता है।

बीसवीं शताब्दी के प्रारंभिक वर्षों में वैज्ञानिकों ने फोटोग्राफी के क्षेत्र में एक नवीन चेतन पदार्थ खोज निकाला, जिसे प्रभामंडल कहा गया है। वैज्ञानिकों का मानना है कि पृथ्वी पर उपस्थित प्रत्येक चेतन पदार्थ का अपना एक प्रभामंडल होता है, क्योंकि इस तथ्य की खोज डॉक्टर किरलियन ने की थी इसलिए इसे किरलियन प्रभाव कहते हैं। किरलियन ने अपने प्रयोगों व शोधों से सिद्ध कर दिया कि व्यक्ति के शरीर के चारों तरफ कुछ प्रकाशपुंज के समान होता है जिसे यंत्रों की सहायता से देखा जा सकता है किरलियन के अनुसार किसी भी पदार्थ का प्रभाव मंडल उसके ऊर्जा पक्ष को प्रदर्शित करता है। जीवों के शरीर के संबंध में कहा जा सकता है कि वस्तुतः उनके दो शरीर होते हैं "दैहिक शरीर" और "जैविक शरीर" (ऊर्जा शरीर)। ऊर्जा शरीर संभवत दैहिक शरीर से बड़ा होता है इसलिए दैहिक शरीर से थोड़ा बाहर निकला होता है ऊर्जा शरीर का यही भाग प्रभामंडल कहलाता है। किरलियन कहते हैं कि जब दैहिक शरीर बीमारी से ग्रस्त होता है तो उससे पूर्व ही उसका प्रभामंडल प्रभावित हो जाता है यह प्रयोग उन्होंने स्वयं अपने मित्र पर ही किया था। भारतीय अध्यात्मवादियों के लिए प्रभामंडल कोई नई वस्तु नहीं है प्राचीन काल से ही न केवल हिंदू देवी-देवताओं एवं साधु संतों के चित्रों में उनके मस्तिष्क के पीछे चारों ओर प्रभामंडल दिखाया जाता रहा है, बल्कि अन्य धर्मावलंबियों ने भी धार्मिक चित्रों में प्रभामंडल का प्रयोग किया है। इतना ही नहीं थियोसोफिकल सोसाइटी के सदस्य भी प्रभामंडल के अस्तित्व में विश्वास रखते हैं।

1979 में मद्रास के सरकारी अस्पताल के न्यूरो सर्जरी विभाग के अध्यक्ष डॉक्टर पी० नरेन्द्र ने भी इस क्षेत्र में शोध कार्य प्रारंभ किया। उन्होंने एक ऐसी मशीन बनाई जिसकी सहायता से प्रभामंडल को स्पष्ट देखा जा सकता था। उनके इस प्रकार के लेख विदेशों में भी प्रकाशित किए गए। पिछले वर्षों में महर्षि दयानंद विश्वविद्यालय के भौतिक विभाग के प्रधानाध्यापक डॉक्टर बी० आर० गोयल तथा डॉक्टर ए० के० शर्मा ने भी इस क्षेत्र में अनुसंधान किए। आकाशवाणी रोहतक को दिए अपने एक इंटरव्यू में उन्होंने बताया कि "निर्जीव वस्तुओं का प्रभामंडल मंद दीप्ति वाला एवं सदा एक सा बना रहने वाला होता है इसके विपरीत प्राणवान का प्रभामंडल अतिशय ज्योतिष किरणों से बना होने के कारण चकाचौंध उत्पन्न करने वाला होता है एवं स्वास्थ्य एवं दैहिक परिवर्तनों के साथ परिवर्तित भी होता रहता है।" प्रभामंडल के छायांकन का अध्ययन एवं महत्व निर्विवाद है। रोगों की पहचान में तो इसकी उपयोगिता स्पष्ट ही है शायद इनके उपचार में भी यह कारगर हो सके।

भारतीय सांस्कृतिक मान्यताओं एवं अवधारणाओं को भले ही प्रारंभ में पाश्चात्य देशों ने आडंबर मानकर नकार दिया हो लेकिन वर्तमान में इन मान्यताओं के वैज्ञानिक स्वरूप को सभी ने निर्विवाद रूप से स्वीकार किया है। भारतीय परंपरा एवं आधुनिक विज्ञान प्रारंभ में इसलिए अलग-अलग दिखते रहे क्योंकि सत्य को प्रकट करने के ढंग भिन्न-भिन्न थे जैसा कि जैन धर्म में स्यादवाद सिद्धांत के माध्यम से कहा गया है कि सत्य इतना व्यापक है कि उसे किसी एक मार्ग द्वारा सिद्ध नहीं किया जा सकता। उसके लिए अनेक मार्ग भी हो सकत हैं और सभी सही भी हो सकते हैं अतः सत्य को परिसीमा में बाँधकर दूसरे के मत को बिना समझे व परखे नकार देना मूर्खता ही होगी। भारतीय मुनियों ने विज्ञान के मूल सिद्धांतों की चर्चा आध्यात्मिक प्रतीकों की भाषा में की है कि जोकि किंचित ही गूढ़ है, देखने में अनेकार्थी है, श्लेष युक्त है और दूसरी और विज्ञान ने इन्हें गणित के कठिन सूत्रों की भाषा में निकटतम शुद्धता तक प्रस्तुत करने का प्रयास किया है। भारतीय संस्कृति एवं वैज्ञानिक निष्कर्षों की समानता पर कोई भी मनुष्य दांतों तले उंगली दबा ले। यह हमारा दुर्भाग्य ही था कि समय के साथ चिंतन का प्रभाव अवरूद्ध होने लगा और गंभीर विचारों की गंगोत्री एक बंधे हुए जलाशय में बदल गई। स्वाभाविक था कि हिंदुत्व का प्रथम और प्रांजल स्वरूप लुप्त होने लगे, परंतु सत्य दीर्घकाल तक आवरण में नहीं रह सकता, समय फिर बदल रहा है और साथ ही प्राचीन संस्कृति की वैज्ञानिक प्रासंगिकता उजागर होने लगी है। सितंबर 2005 में भारत दर्शन के लिए आए एक दर्शन मंडल ने मीडिया के समक्ष आश्चर्य प्रकट करते हुए कहा था कि "भारत की जड़े अत्यन्त गंभीर व सशक्त हैं फिर भी यहां के लोग पश्चिम की भौंड़ी नकल करने को आतुर क्यों हैं?"

विज्ञान का क्षेत्र "क्या है" और "क्यों है" में ही सीमित है जबकि धर्म शास्त्रों एवं अध्यात्म का क्षेत्र "क्या होना चाहिए" की दृष्टि देता है इस तरह विज्ञान धर्म के क्षेत्र में उपगमिता करता हुआ प्रतीत होता है। आइंस्टीन ने सच कहा था कि "थोड़ा सा विज्ञान हमें धर्म से दूर ले जाता है और बहुत अधिक विज्ञान हमें वापिस अपने धर्म की ओर ले आता है"। अतः यह तथ्य स्वीकार कर लेने में कोई आपत्ति नहीं होनी चाहिए कि भारतीय संस्कृति की मान्यताओं के पीछे भी भारतीय मनीषियों की एक गंभीर शोध परंपरा रही होगी। इतने सटीक प्रमाण जो आज 21वीं सदी में भी पूर्णतः प्रमाणित है और भविष्य में भी अपनी प्रमाणिकता को प्रदर्शित करते रहेंगे, निश्चित ही ये एक गंभीर शोध परम्परा के बाद दिए गए प्रमाणित निष्कर्ष है। भारतीय संस्कृति का क्षेत्र अति व्यापक है उसे कुछ एक ग्रंथों में समाहित करना संभव नहीं और ना ही कुछ उदाहरणों से इसका संपूर्ण विवरण प्राप्त किया जा सकता है जब प्रतीत होता है कि जिन वैज्ञानिक खोजों की प्राप्ति की चर्चा वर्तमान वैज्ञानिक करते हैं उनका ज्ञान हमारे प्राचीन मुनियों को पहले से ही रहा था फिर वह चाहे गणित हो, चिकित्साशास्त्र हो, ज्योतिष विज्ञान हो, भौतिकशास्त्र हो, रसायनशास्त्र अथवा वास्तुशास्त्र आदि सभी क्षेत्रों में हमारे पूर्वज ऋषियों को उत्कृष्ट कोटि का ज्ञान प्राप्त था जिसकी प्रसांगिकता तब से अब तक कम नहीं हुई है। अतः यह कह सकते हैं कि दर

से ही सही परन्तु भारतीय संस्कृति की वैज्ञानिकता को अब विश्व ने पहचाना है और अगर यह कहे कि पशिचत का विज्ञान कहीं तक प्राचीन भारतीय ग्रंथों एवं पांडुलिपियों को ही आधार मानकर गतिशील है तो यह अतिशयोक्ति नहीं होगी, क्योंकि प्राचीन काल से ही पाश्चात्य यात्री भारत में ज्ञान पिपासा की शांति हेतु आते रहे हैं और यहां के साहित्य को अपने साथ ले जाते रहे हैं जो उनके ज्ञान का आधार बना। प्राचीन काल से ही धर्म ग्रंथ एवं भारतीय पांडुलिपियों को भारत से अपने देश ले जाने का सिलसिला ब्रिटिश काल तक जारी रहा।

सन्दर्भ ग्रन्थ सूची

1. शर्मा, आचार्य श्री राम-भारतीय संस्कृति के आधारभूत तत्व प्रकाशक अखण्ड ज्योति संस्थान मथुरा, द्वितीय संस्करण 1998, पृ०सं० 130
2. शर्मा, राजेन्द्र प्रसाद व श्याम नारायण भारतीय संस्कृति स्पेकट्रम बुक प्रा०लि०, सन् 291 प्रथम तल जनकपुरी–110058, पृ० 2
3. स्वामी विवेकानन्द, शिकागो वृतान्त, प्रकाशक स्वामी ब्रह्मास्पानन्द राम कृष्ण मठ नागपुर तेइसवा संस्करण 2018, पृ०सं० 42
4. अग्रवाल, डॉ० ओम प्रकाश-प्राचीन भारत अध्यात्म और विज्ञान सुरुची प्रकाशन नई दिल्ली प्रथम संस्करण 2013 पृ०सं० 34
5. वही, पृ०सं० 38

   हिरण्यगर्भः समवर्तताग़े, भूतस्यजातः पतिरेक आसीत् स दाधारंपृथ्वी धामुतेमा कस्मै देवाय हरिषा विधेम्।
6. वही, पृ०सं० 32
7. वही, पृ०सं० 29
8. वही, पृ०सं० 30
9. भारत सरकार पर्यावरण व जलवायु मंत्रालय परिवर्तन मंत्रालय पत्रिका अंक 68 मार्च 2017, डॉ० राजेश कुमार, पृ०सं० 34
10. शर्मा, आचार्य राम प्रसाद चरण—भारतीय संस्कृति के आधारभूत तत्व प्रकाशक अखण्ड ज्योति संस्थान मथुरा द्वितीय संस्करण 1998 पृ०सं० 47
11. अग्रवाल, डॉ० ओम प्रकाश—प्राचीन भारत अध्यात्म और विज्ञान सुरूचि प्रकाशन नई दिल्ली प्रथम संस्करण 2013, पृ०सं० 34
12. वही, पृ०सं० 36
13. वही, पृ०सं० 62
14. द्विवेदी, डॉ० भोजराज भारतीय मान्यताओं का वैज्ञानिक आधार, प्रकाशक डायमंड बुक प्रा०लि०।

15. अग्रवाल, डॉ० ओम प्रकाश—प्राचीन भारत अध्यात्म और विज्ञान सुरूचि प्रकाशन नई दिल्ली प्रथम संस्कारण 2013, पृ०सं० 26
16. जैन, डॉ० नन्द लाल सर्वोदयी जैनतंत्र, प्रकाशक पोतद्वार धार्मिक एवं पारमार्मिक न्यास टीकमगढ़, पृ०सं० 38
17. प्रसाद, डॉ० राजेन्द्र, संस्कृति व संस्कृति प्रभात, प्रकाशक दिल्ली पृ०सं० 47

❖❖❖

10

रामायण और महाभारत : मिथक नहीं इतिहास

डॉ० कुलदीप त्यागी

मुख्य उप-सम्पादक

हिन्दुस्तान समाचार बहुभाषी संवाद समिति, मेरठ

भारत को महज सपेरों का देश कहने वाले अंग्रेजों की धारणा को उत्तर प्रदेश के बागपत जनपद में स्थित सिनौली गांव की धरती से निकली वैदिक सभ्यता ने झूठा साबित कर दिया है। इससे साबित हो जाता है कि रामायण और महाभारत महज मिथक नहीं, बल्कि हमारा समृद्ध और गौरवशाली इतिहास है। प्राचीन भारत निर्माण और इसके पुरातात्विक महत्व को लेकर बेकार बताने वाले वामपंथियों के तर्क भी खुदाई में निकले पुरावशेषों से भौथरे पड़ गए हैं। सिनौली उत्खनन से साबित हो गया है कि सरस्वती नदी के किनारे विकसित हुई सभ्यता ही प्राचीन वैदिक सभ्यता थी। इस समृद्ध सभ्यता को ही वामपंथियों ने सिंधु घाटी सभ्यता करार दिया था। खुदाई में निकले सारे पुरावशेषों ने हमारे वेदों में लिखी बातों को सिद्ध कर दिया है कि आर्य कहीं बाहर से नहीं आए थे और दुनिया की सबसे प्राचीन और विकसित सभ्यता भारत की 'वैदिक सभ्यता' थी। इससे साफ है कि रामायण और महाभारत हमारा गौरवशाली इतिहास है।[1]

वेदों में गंगा, यमुना और सरस्वती नदियों का वर्णन है। इन नदियों के किनारे पर ही वैदिक सभ्यता विकसित हुई, लेकिन अंग्रेजों ने भारतीयों को उनके गौरवशाली इतिहास की परंपरा से वंचित करने के लिए पूरा इतिहास ही बदल दिया। अंग्रेजी सभ्यता में पोषित हुए वामपंथी इतिहासकारों ने भारत के मूल निवासी आर्यों को बाहरी आक्रमणकारी बताया। यह बातें भारत में बच्चों को लंबे समय से पाठयपुस्तकों में पढ़ाई जा रही है। इसमें आर्यों को भारत पर आक्रमण करके नई सभ्यता की स्थापना करने वाला बताया जा रहा है। वामपंथियों ने तो सरस्वती नदी के अस्तित्व को ही नकार दिया। उत्तर प्रदेश के बागपत जनपद स्थित सिनौली गांव में भारतीय पुरातत्व सर्वेक्षण (एएसआई) द्वारा किए गए

उत्खनन ने वामपंथियों का प्राचीन भारतीय इतिहास को दोएम दर्जे का बताने का पूरा षडयंत्र उजागर हो गया है।[2]

सिंधु घाटी सभ्यता ही वैदिक सभ्यता

बड़ौत में पुरावेषों को संरक्षित रखने वाले शहजाद राय प्राच्य शोध संस्थान के निदेशक व वरिष्ठ इतिहासकार अमितराय जैन का कहना है कि वामपंथी इतिहासकारों ने जिस सभ्यता को सिंधु घाटी सभ्यता कहा है, असल में वहीं वैदिक या महाभारतकालीन सभ्यता है। पूरे उत्तर भारत में वैदिक सभ्यता के अवषेश धरती के अंदर है और अब वह उत्खनन में सामने आ रहे हैं। सिनौली से उत्खनन में मिले लकड़ी के रथ पर बड़े पैमाने पर तांबे का इस्तेमाल मिला है। इसके साथ ही मुट्ठे वाली तलवार, तांबे की कीले, कंघी "कॉपर होर्ड कल्चर" का प्रतिनिधित्व करती है। रथ के लकड़ी का हिस्सा तो मिट्टी हो चुका है, लेकिन तांबा जस का तस है। उत्खनन से मिला ताबूत और उसके आसपास मिला सामान प्रमाणित करता है कि यह शवाधान केंद्र किसी राज परिवार का रहा होगा। इससे पता चलता है कि अंग्रेजों द्वारा गढ़ा गया इतिहास पूरी तरह मनगढ़ंत और मिथ्या है।

सिनौली में निकले वैदिक काल के प्रमाण

सिनौली गांव में 2005 में एएसआई द्वारा कराई खुदाई के क्षेत्रीय संयोजक व वरिष्ठ इतिहासकार डॉ. कृष्णकांत शर्मा का कहना है कि बागपत की धरती से निकल रहे पुरावशेष वैदिक सभ्यता के ही है। वैदिक सभ्यता उस समय भी पूर्ण विकसित थी। सिनौली में हो रहे उत्खनन से निकले ताम्रजड़ित रथ, तांबे के हथियार और अन्य सामान वैदिक काल में बहुतायत से प्रयोग होते थे। वेदों में शवों को जलाने और दफनाने दोनों प्रकार से अंतिम क्रिया करने का उल्लेख है। सिनौली में मिले विशाल शवाधान केंद्र में भी शवों को दफनाया और जलाया जाता रहा है। शवों को दफनाने के प्रमाण के रूप में 177 कंकाल और जलाने के प्रमाण के रूप में राख के ढेर उत्खनन में मिले। सिनौली में मिले कंकालों की कार्बन डेटिंग पद्धति से जाँच पड़ताल से साबित हुआ कि वह चार से पांच हजार वर्ष पुराने है। ऐसे में रथ का इन कंकालों के साथ मिलना अंग्रेजों के सिद्धांत को पूरी तरह से पलट रहा है।[3]

अंग्रेजों ने गढ़ा, रथों में बैठकर आए थे आर्य

सेंटर फॉर आर्म्ड फोर्सेज हिस्टोरिकल रिसर्च नई दिल्ली के फेलो डॉ. अमित पाठक का कहना है कि अंग्रेजों ने अभी तक भारतीयों को बताया है कि आर्यों ने ईसा से 1500–2000 वर्ष पूर्व भारत पर आक्रमण किया था। आर्य रथों

में बैठकर आए थे और भारत की सभ्यता को रौंदकर नई सभ्यता की नींव रखी। अंग्रेजों का दावा था कि आर्यों से पहले तक यहां बैलगाड़ी थी, घोड़ा गाड़ी नहीं। अब सिनौली में हुए उत्खनन से साबित हो गया कि रथ यहां पर प्राचीन काल से प्रयोग में आते थे और आर्य भी बाहरी नहीं थे। आर्कियो–जेनेटिक्स से भी साबित हो चुका है कि भारतीयों के डीएनए, क्रोमोजोम में पिछले 12 हजार वर्ष में कोई परिवर्तन नहीं हुआ है।[4]

भगवान श्रीकृष्ण ने रखा था बागपत का नाम

इतिहासकार डॉ. कृष्णकांत शर्मा का कहना है कि सिनौली में उत्खनन के दौरान मिले रथ और ताबूत फिर से महाभारत कालीन संस्कृति की तरफ इशारा करते हैं। महाभारत के उद्योग पर्व में वर्णन है कि कौरवों से संधि वार्ता के लिए जाते वक्त भगवान श्रीकृष्ण वृकस्थल नामक जगह पर ठहरे थे। इस क्षेत्र के आतिथ्य और वाकपटुता से खुश होकर श्रीकृष्ण ने क्षेत्र को वाकप्रस्थ नाम दिया। मान्यता है कि तब का वाकप्रस्थ ही आज का बागपत है। उत्खनन में पांच हजार साल पुरानी सभ्यता इस बात की पुष्टि करती है कि तब भी इस क्षेत्र के लोग तांबे और सोने के बड़े जानकार थे और महाभारत के धर्मयुद्ध का इस पूरे क्षेत्र से जुड़ाव रहा है।

यमुना नदी के किनारे से बने रास्ते या जंगल से भगवान श्रीकृष्ण छपरौली क्षेत्र में पहुंचे। यहां वाकप्रस्थ अब बागपत से होते सीधे हस्तिनापुर गए। कुरुक्षेत्र का मैदान भी यहीं से नजदीक है और बरनावा का लाक्षागृह भी इसी क्षेत्र के आसपास पड़ता है। इससे यहां महाभारत कालीन संस्कृति की अधिक पुष्टि होती नजर आती है। इतिहासकारों का कहना है कि महाभारत को नकारा नहीं जा सकता है। श्लोकों में दिए गए नाम आज भी मौजूद हैं। तमाम प्रमाण इस बात की तरफ इशारा करते हैं कि वेस्ट यूपी का जुड़ाव सीधे महाभारत काल से है। सिनौली में यह तो साबित हुआ ही है कि पांच हजार साल पहले यह पूरा क्षेत्र सिर्फ आबाद नहीं था, बल्कि बेहद विकसित था। ऐसे में महाभारत से इस क्षेत्र के जुड़ाव को नकारा नहीं जा सकता है।[5]

वाकप्रस्थ का उल्लेख महाभारत के उद्योग पर्व में है :

वृकस्थलं समासाद्य केशवः परवीरहा।
प्रकीर्णरष्मावादित्ये ज्योग्नि घै लोहिशतायति।।20।।
अवतीर्य रथात् तूर्णे कृत्या शौचं यथाविधि।
रथमोचनमादिष्य संध्यामुपविवेश है।।21।।

वामपंथियों का गढ़ बना एएसआई

इतिहासकारों का कहना है कि भारतीय पुरातत्व सर्वेक्षण समय–समय पर भारत के विभिन्न क्षेत्रों में उत्खनन करता रहा है। इस उत्खनन में प्राचीन भारतीय सभ्यताओं के अवशेष भी मिले, लेकिन एएसआई के पुरातत्वविदों ने वामपंथी विचाराधारा के होने के कारण अपनी रिपोर्ट में वैदिक सभ्यता का उल्लेख नहीं किया। एएसआई में वामपंथी पुरातत्वविदों का वर्चस्व होने के कारण आज तक वैदिक सभ्यता के अवशेषों की अनदेखी की जाती रही और किसी भी रिपोर्ट में इसका उल्लेख नहीं किया गया। बागपत जनपद के कई स्थानों पर मिले पुरातात्विक अवशेषों की प्रारंभिक रिपोर्ट एएसआई को भेजकर उत्खनन की मांग की गई, लेकिन सिनौली और बरनावा में ही खुदाई की गई। इस खुदाई में ही वैदिक सभ्यता के अवशेष मिल गए। इतिहासकारों ने सिनौली में 2005–2007 में हुई खुदाई की समग्र रिपोर्ट सार्वजनिक करने की मांग की। वर्तमान में उत्खनन करने वाले एएसआई के पुरातत्वविद अभी भी इस संस्कृति को वैदिक सभ्यता कहने से बच रहे हैं।

पश्चिमी उत्तर प्रदेश में पहले भी मिल चुके साक्ष्य

एएसआई को उत्खनन में पहले भी वैदिक सभ्यता के अवशेष मिले हैं। उस समय भी एएसआई ने इसे सिंधु घाटी सभ्यता के अवशेष कहा था। सहारनपुर में भी हड़प्पाकालीन सभ्यता के अवशेष मिले थे तो मेरठ के आलमगीरपुर उखलीना गांव में वैदिक सभ्यता के अवशेष मिले। हस्तिनापुर के प्राचीन टीले पर 1953 में वरिष्ठ पुरातत्वविद प्रो. बीबी लाल की खुदाई में महाभारत काल के अवशेष मिले थे। उस समय मिले चित्रित धूसर मृदभांडों को प्रो. बीबी लाल ने महाभारत का करार दिया था।

रावण से भी जुड़ा है क्षेत्र का इतिहास

बागपत के रावण उर्फ बड़ागांव का इतिहास रामायण काल से जुड़ा है। बागपत के इतिहास पर डॉ० कुलदीप त्यागी का कहना है कि लंकापति रावण ने ही रावण उर्फ बड़ागांव की स्थापना की थी। उन्हीं के नाम पर गांव का नाम रावण पड़ा। सरकारी रिकॉर्ड में भी रावण नाम ही दर्ज है। किवदंती है कि गांव से गुजरते समय रावण इस गांव के पास रूका था और वहां एक तालाब में स्नान करके मंशा देवी मंदिर की स्थापना की थी। इस तालाब को आज रावण कुंड के नाम से जाना जाता है। मंशा देवी मंदिर के पास ही इतिहासकारों को कुषाण काल की सभ्यता के बर्तन, शवाधान केंद्र, किले की दीवार मिल चुकी है। यहां के मंशा देवी मंदिर में प्रतिहार वंश की विष्णु की दशावतार की मूर्ति मौजूद है। इस मंदिर के खंभों पर

प्राचीन कला के चिन्ह मिलते हैं। इसके अलावा सिरसलगढ़, रटौल, बामनौली, रंछाड़ आदि गांवों से भी कुषाणकाल, गुप्त काल आदि के अवशेष मिल चुके हैं।

बरनावा में निकले कई सभ्यताओं के अवषेष

एएसआई की खुदाई में बरनावा स्थित लाक्षागृह में कई सभ्यताओं के अवशेष निकले। इतिहासकार इन्हें महाभारत काल, कुषाण काल, गुप्तकालीन सभ्यता के साक्ष्य बता रहे हैं। लाक्षागृह में ही दुर्योधन ने पांडवों को जलाकर मारने का षड़यंत्र किया था।

वेस्ट यू.पी. को आधार बनाकर किया जा रहा शोध

2005 में सिनौली में हुई खुदाई इतिहासकारों के प्रारंभिक सर्वेक्षण का परिणाम रही। इतिहासकारों ने पश्चिमी उत्तर प्रदेश को आधार बनाकर एक टीम का गठन किया। शहजाद राय शोध संस्थान के शोध निदेशकों की टीम जिसमें वरिष्ठ इतिहासकार अमित राय जैन, डॉ० के०के० शर्मा, डॉ० अमित पाठक भी शामिल थे। 2005 में सिनौली उत्खनन ने संपूर्ण विश्व का ध्यान अपनी ओर आकर्षित किया था। विश्व के सबसे बड़े शवाधान केंद्र के रूप में सिनौली स्थल को माना गया क्योंकि वहां से ताम्रनिधि, स्वर्णनिधि के साथ अत्यंत दुर्लभ प्रकार के पुरावशेष प्राप्त हुए थे। 15 फरवरी 2018 से इतिहासकारों के प्रस्ताव पर बरनावा उत्खनन की टीम ने यहां ट्रायल ट्रेंच लगाया तो उन्हें ताम्रयुगीन सभ्यता की तलवारें आदि प्राप्त हुए। उत्खनन का कार्य आगे बढ़ा तो वहां से करीब 5000 वर्ष पुरानी सभ्यता के शवाधान केंद्र जो कि दुर्लभतम श्रेणी में रखा जाएगा, प्राप्त हुआ। अमित राय जैन ने जानकारी देते हुए बताया कि सिनौली उत्खनन से प्राप्त आठ मानव कंकाल एवं उन्हीं के साथ दैनिक उपयोग की खाद्य सामग्री से भरे मृदभांड, उनके अस्त्र–शस्त्र, औजार एवं बहुमूल्य मनकें यह सिद्ध करते हैं कि यहां 5000 वर्ष पुरानी सभ्यता विद्यमान थी। एएसआई के निदेशक को संस्थान द्वारा प्रस्ताव बनाकर भेजा गया है कि अगले सत्र की खुदाई में यहां के काफी बड़े हिस्से को दीर्घ उत्खनन के माध्यम से सामने लाया जाए ताकि पश्चिमी उत्तर प्रदेश संपूर्ण विश्व की मानव सभ्यता का सिरमौर साबित हो सके।

एक कब्र से मिला 5000 साल प्राचीन रथ

सिनौली में एक कब्रगाह से पूर्व लौह युग या कांस्य युग का एक रथ का प्रमाण मिला है। वैसे तो राखीगढ़ी, कालीबंगन और लोथल से पहले भी कई कब्रगाह खुदाई के दौरान मिलें हैं, लेकिन ये पहली बार है जब कब्रगाह के साथ रथ भी मिला है। रथ मिलने के बाद विशेषज्ञों का मानना है कि इससे महाभारत

काल में घोड़े की उत्पत्ति को लेकर भी कई नए तथ्य सामने आ सकते हैं। पहली बार किसी कब्र से रथ मिला है। उस समय मेसोपोटामिया, जॉर्जिया और ग्रीक सभ्यता में रथ पाए जाने के प्रमाण मिलते हैं लेकिन अब भारतीय उप महाद्वीप में इसके साक्ष्य मिलने के बाद हम कह सकते हैं इन सभ्यताओं की तरह ही भारतीय उप महाद्वीप में भी लोग रथों का प्रयोग करते थे। इस रथ की बनावट बिल्कुल वैसी ही है जैसे इसके समकालीन मेसोपोटामिया आदि दूसरी सभ्यताओं में था। इस रथ के पहिए की बनावट ठोस हैं इसमें तीलियां नहीं हैं। रथ के साथ पुरातत्वविदों को मुकुट भी मिला है जिसे रथ की सवारी करने वालों द्वारा पहना जाता रहा होगा। इससे पता चलता है कि वैदिक सभ्यता केवल भारत ही नहीं, बल्कि विश्व के बड़े भूभाग पर मौजूद रही है।

बेमिसाल थी 5000 साल पहले की तकनीक

पूरी दुनिया के लिए एक मिसाल बन चुकी सिनौली साइट जिस तरह के रहस्य उगल रही है, वे सभी चौंकाने वाले तो हैं साथ ही नए शोध और अध्ययन किए जाने की ओर भी मार्ग प्रशस्त कर रहे हैं। 5000 वर्ष पहले जिस तरह से लोगों द्वारा सोने, ताम्र समेत अन्य धातुओं का प्रयोग किया जाता था, वह अपने आप में बेहद महत्वपूर्ण हैं। धातुओं का उस समय किया जाने वाला प्रयोग और तकनीक इतनी अधिक बेहतर और शानदार है कि आज के समय में ऐसा प्रयोग केवल मशीनों के माध्यम से ही संभव है। सिनौली उत्खनन स्थल पर एक ट्रायल ट्रेंच स्थानीय इतिहासकारों की मांग पर एएसआई की महानिदेशक डॉ० उषा शर्मा के निर्देश पर पुराविद डॉ० संजय मंजुल व डॉ० अरविन मंजुल के निर्देशन में लगाया गया था। साढे तीन माह की अवधि के भीतर ही सिनौली उत्खनन से वह सब कुछ प्राप्त हुआ जिसने पूरी दुनिया के इतिहासकारों, पुरातत्वविदों को सोचने और फिर से शोध कार्य करने पर मजबूर कर दिया। यहां से आठ मानव कंकाल व उनके साथ तीन एंटीना शॉर्ड (तलवारें), काफी संख्या में मृदभांड, विभिन्न दुर्लभ पत्थरों के मनकें व सर्वाधिक महत्वपूर्ण प्राप्ति के रूप में 5000 वर्ष प्राचीन मानव योद्धाओं के तीन ताबूत जोकि तांबे से सुसज्जित किए गए हैं। सिनौली में मिली योद्धाओं की तलवारें, उनका शिराश्र (हेलमेट), कवच, ढाल भी प्राप्त होना 5000 वर्ष प्राचीन युद्धकला का स्पष्ट उदाहरण हैं। महाभारत कालीन रथ और योद्धाओं के ताबूत के साथ ऐसी और भी दुर्लभ स्वर्ण एवं ताम्रनिधि भी प्राप्त हुई है। छोटे–छोटे टूल्स (औजारों) की मदद से स्वर्ण के रिंग्स, बिड्स, मनकें तैयार किए जाते थे जो कि सिनौली उत्खनन से प्राप्त भी हुए हैं। सोने की बनी इन रिंग्स की चमक और नक्काशी ऐसी हैं कि आज के समय में भी ऐसी संभव नहीं हैं। रथ समेत अन्य वस्तुओं को तैयार करते समय ज्वाइंट्स को जोड़ने के लिए ताम्र निर्मित कीलों का प्रयोग किया जाता है। ये कीलें भी उत्खनन से पहली बार प्राप्त हुई हैं।

ताबूत पर मौजूद है दुर्लभ कला

सिनौली उत्खनन से जो ताबूत प्राप्त हुए हैं, उनकी ऊपरी सतह पर महीन से लेकर उत्कृष्ठ ताम्र नक्काशी की गई है। एक ताबूत पर आठ मानव आकृतियां मौजूद हैं जिनमें से भगवान पशुपतिनाथ की आकृति भी शामिल हैं। उस समय के लोग निश्चित तौर पर शैव उपासक रहे होंगे तभी उनके द्वारा तैयार की गई नक्काशी में पशुपतिनाथ की आकृति भी शामिल हैं। मानव आकृतियों में उनके हाथों में आयुध (हथियार), पीपल का पत्ता भी मौजूद हैं जो यह दर्शाता है कि 5000 साल पहले की संस्कृति कितनी विशिष्ट रही होगी।

हथियार बनाने में ताम्र धातु का अधिक होता था प्रयोग

महाभारत काल में वैसे तो स्वर्ण, ताम्र धातु का प्रयोग बहुतायत में होने के प्रमाण मिलते रहे हैं, लेकिन सिनौली साइट से प्राप्त पुरावशेषों से यह बात पुष्ट होती है कि युद्ध में प्रयोग किए जाने वाले हथियारों में ताम्र धातु का प्रयोग सबसे अधिक होता था। निश्चित तौर पर हथियार बनाने में विशेष तकनीक का प्रयोग किया जाता था क्योंकि योद्धा के हथियार, कवच, हेलमेट आदि जितनी अच्छी और बेहतर आकृति, फिनिशिंग के साथ तैयार की गई हैं, वह सब सिनौली से प्राप्त पुरावशेषों को देखने भर से हो जाती है। इस बात से भी इंकार नहीं किया जा सकता कि हथियारों को तैयार करने की एक तरह की प्रयोगशाला भी उस समय रही होगी जहां पर इन हथियारों को बनाने में स्वर्ण, ताम्र धातु को गलाने का कार्य किया जाता था।

संदर्भ

1. पांचजन्यडॉटकॉम वेबसाइट।
2. वरिष्ठ पत्रकार अनिता त्यागी का साक्षात्कार।
3. शहजाद राय प्राच्य शोध संस्थान बड़ौत के निदेशक अमितराय जैन का साक्षात्कार।
4. कैंटोन्मेंट हैरीटेज सोसाइटी के पदाधिकारी डॉ० अमित पाठक से वार्ता।
5. वरिष्ठ इतिहासकार डॉ० कृष्णकांत शर्मा का साक्षात्कार।
6. अमर उजाला समाचार पत्र का मार्च से जून 2018 तक का बागपत संस्करण।
7. दैनिक जागरण समाचार पत्र का मार्च से जून 2018 तक का बागपत संस्करण।
8. हिन्दुस्थान समाचार पत्र का मार्च से जून 2018 तक का बागपत संस्करण।

11

वर्तमान भारतीय समाज में संस्कृति का महत्व

पवन कुमार
शोध छात्र (इतिहास विभाग)
दिगम्बर जैन डिग्री कॉलिज
बड़ौत (बागपत)

अशौनी कुमार
शोध छात्र (इतिहास विभाग)
कु० मायावती राजकीय महिला स्नातकोत्तर
महाविद्यालय, बादलपुर (गौतमबुद्धनगर)

डॉ० मुकेश पाल
इतिहास विभाग
चौ० चरण सिंह विश्वविद्यालय परिसर, मेरठ।

भारतीय संस्कृति की धारा में अनेक स्त्रोत आकर मिलते रहे है, इसलिए इसमें रूपों और प्रकारों की विविधता है तथापि युगों–युगों से उनकी आत्मा में एक विशिष्ट एकता परिव्याप्त रही है, इसलिए भारतीय इतिहास में सदा–सर्वदा से सहिष्णुता की भावना के दर्शन होते है। यद्यपि ऐतिहासिक एवं धार्मिक प्रभावों के परिणामस्वरूप भारतीय संस्कृति में कुछ उतार–चढ़ाव भी रहे है जो इसकी प्रगतिशीलता के द्योतक है। अध्ययन के उद्देश्यों में हमने भारतीय संस्कृति से अवगत कराना, भारतीय समाज में संस्कृति के महत्व से अवगत कराना, तथा विशेषताऐं व विविधताओं के साथ भारतीय संस्कृति की वर्तमान समय में प्रासंगिकता से अवगत कराना। शोध अध्ययन में भारतीय संस्कृति व सांस्कृतिक उपलब्धियों से संबधित मूल तथ्यों का विस्तृत व विश्लेषणात्मक अध्ययन के साथ ही लेखों, पुस्तकों, पत्र–पत्रिकाओं का प्रयोग किया गया। निष्कर्ष में भारतीय संस्कृति जीवन के सभी आयामों को भीतर समावेशित किये हुए अतिशय सहनशील एवं सहिष्णु तथा मानवता के उत्थान में रची–बसी है।

प्रस्तावना

संस्कृति एक व्यापक शब्द है जिसमें पांच प्रमुख तत्व पाये जाते है : इतिहास, धर्म, साहित्य, कला तथा लोक परंपरा। नैतिकता, दर्शन, भाषा आदि भी इसी में समाहित है। संस्कृति का शाब्दिक अर्थ है–उत्तम प्रकार से किया गया कार्य। सामान्यतः समाज में रहने वाले शिष्ट मनुष्यों के सभी साहित्यिक, सामाजिक,

राजनैतिक, आर्थिक, नैतिक, आध्यात्मिक एवं कलात्मक विचारों और कार्यकलापों को संस्कृति के अन्तर्गत शामिल किया गया है। संस्कृति व्यक्तिनिष्ठ न होकर अनेक व्यक्तियों द्वारा किया गया एक बौद्धिक प्रयास है, अतः संस्कृति किसी देश के नागरिकों का शताब्दियों में किया गया कार्यपरिणाम है। किसी देश, जाति तथा समाज के विशिष्ट पुरुषों के विचार, कार्य, वचन, आचार, व्यवहार तथा उनके द्वारा स्थापित परम्पराएँ ही उस देश, जाति आदि की संस्कृति का निर्माण करती है। विश्व की विशिष्ट संस्कृतियों में भारतीय संस्कृति का महत्वपूर्ण स्थान रहा है। बाह्य आक्रान्ताओं का लक्ष्य भारतीय संस्कृति को समाप्त कर अपनी संस्कृति को थोपना था। यह क्रिया कई शताब्दियों से चली आ रही है, किन्तु यह मात्र इस धरा विशेष की ही संस्कृति है कि उन विदेशी आक्रान्ताओं को भी पुत्रवत् स्थान देकर उन्हें अपनी सांस्कृतिक विरासत से अभिभूत करके अपने आँचल में समेट लिया है। भारतीय संस्कृति एक ओर जहाँ धार्मिक, प्रतीकात्मक एवं बौद्धिक है, वही दूसरी और यह मानवीय, सामाजिक व अनुभूतिपरक भी है। इसकी एक राष्ट्रीय परम्परा रही है जो सद्विचारों एवं क्रियाओं से पोषित होती है। इसकी सांस्कृतिक विरासत में सामाजिक गुण निहित है क्योंकि यह प्रतिफल विश्वास एवं आस्था का उजास बिखेरती, हताशा को आशा से बदलती, असन्तोष को भस्म करती विश्व उद्यान का सर्वोत्तम पुष्प है। ऋग्वेद काल से लेकर वर्तमान समय तक भारतीय संस्कृति अविच्छिन्न रही है। मात्र भारतीय संस्कृति विश्व में ऐसी अनूठी संस्कृति है जो व्यक्ति को अवसाद में भी निरंतर कर्म के लिए प्रोत्साहित करती है।

अध्ययन के उद्देश्य

1. भारतीय संस्कृति से अवगत कराना।
2. भारतीय समाज को संस्कृति के महत्व से अवगत कराना।
3. भारतीय संस्कृति की विशेषताओं व विविधताओं से अवगत कराना।
4. भारतीय संस्कृति की वर्तमान समय में प्रासंगिकता से अवगत कराना।

भारतीय संस्कृति की परिभाषा

संस्कृति की प्रथम वैज्ञानिक व्याख्या **एडवर्ड टेलर** द्वारा दी गयी। **टेलर** ने संस्कृति एवं सभ्यता में कोई अन्तर नहीं किया। उनके अनुसार "संस्कृति वह जटिल समग्रता है जिसमें ज्ञान, विश्वास, कला, आधार, कानून, प्रथा और ऐसी ही अन्य आदतों एवं क्षमताओं का समावेश रहता है। जिन्हें मनुष्य समाज का सदस्य होने के नाते प्राप्त करता है।"

मैकाइवर ने लिखा है कि "हमारे रहने, विचार करने, प्रतिदिन के कार्यों, कला, साहित्य, मनोरंजन और आनन्द में संस्कृति हमारी प्रकृति की अभिव्यक्ति है।"

टॉलकाट पारसन्स के अनुसार "संस्कृति वह पर्यावरण है, जो मानव–क्रियाओं का निर्माण करने में आधारभूत है।"

के0एम0 मुन्शी "हमारे रहन–सहन के पीछे जो हमारी मानसिक अवस्था, जो मानसिक प्रकृति है, जिसका उद्देश्य हमारे जीवन को परिष्कृत शुद्ध और पवित्र बनाना है तथा अपने लक्ष्य की प्राप्ति करना है, वही संस्कृति है।"

उपाध्याय विधान–दमुनि–"संस्कृति संस्कारों के पुंज का नामान्तर है।"

श्री चक्रवर्ती राजगोपालाचार्य–"किसी जाति अथवा राष्ट्र के शिष्ट पुरुषों में विचार, वाणी एवं क्रिया का जो रूप व्याप्त रहता है, उसी का नाम संस्कृति है। इस प्रकार संस्कृति समस्त भौतिक एवं अभौतिक तथ्यों की वह समग्रता है, जिससे व्यक्ति समाज में सामाजिक कार्य करता है। संस्कृति कोई दैवी शक्ति न होकर मनुष्य की ही स्पष्ट अभिव्यक्ति है और इसका निरन्तर अस्तित्व मनुष्यों द्वारा अतीत की विरासत के प्रतीकात्मक संचार पर निर्भर है। वह भिन्न–भिन्न व्यवहारों का समूह मात्र ही नहीं है, अपितु व्यवहारों के पारस्परिक सम्बन्धों और संगठन द्वारा बनी हुई नवीन व्यवस्था है।

भारतीय संस्कृति की विशेषताएँ

1. **सहिष्णुता एवं महानता**–भारतीय संस्कृति की महत्वपूर्ण विशेषता उसकी सहिष्णुता एवं महानता है। अनेक जातियों, प्रजातियों एवं धर्म के लोगों ने भारत में प्रवेश किया और भारत में बिना किसी भेदभाव के उन सभी के साथ सहिष्णुता एवं प्रेम भाव प्रदर्शित किया।

2. **समन्वय एवं सम्मिश्रण**–भारतीय संस्कृति की महानता के कारण ही विभिन्न संस्कृतियों का यहाँ समन्वय एवं सम्मिश्रण हो पाया है। भारतीय संस्कृति के महासागर ने विभिन्न धर्मों, प्रणालियों एवं सम्प्रदायों को अपने में समाहित कर लिया एवं अपनी संस्कृति को महान बनाया।

3. **अभौतिकता एवं आध्यात्मिकवाद**–भारतीय संस्कृति भौतिक की अपेक्षा अभौतिक वस्तुओं पर अधिक ध्यान देती है। आध्यात्म को भारत ने प्रारम्भ से ही अत्यंत महत्त्व प्रदान किया और आध्यात्म ही भारतीय संस्कृति का प्राण है।

4. **पुरूषार्थ**–परम्परागत भारतीय जीवन प्रणाली को सुव्यवस्थित करने में पुरूषार्थ का अत्यधिक महत्वपूर्ण स्थान रहा है। व्यक्ति के सम्पूर्ण जीवन को प्रभावित करने और उसके प्रमुख कर्तव्यों को कुछ विशेष वर्गों में विभाजित किया गया है। जोकि हमारी संस्कृति का एक भाग है।

5. **कर्म एवं पुनर्जन्म**–भारतीय जीवन को कर्म एवं पुनर्जन्म ने जितना प्रभावित किया है शायद किसी अन्य अवधारणा ने नहीं किया। यहाँ व्यक्तियों को संसार में रहते हुए फल की इच्छा किए बिना कर्म करते रहने पर जोर दिया गया है।

6. **ऋण**–हिन्दू जीवन पद्धति में व्यक्ति को प्रमुखतः पाँच ऋणों से युक्त माना गया है– देवऋण, ऋषिऋण, पितृऋण, अतिथिऋण एवं भूतऋण। भारतीय संस्कृति में इन दायित्व का निर्वाह करके वह इस ऋण से मुक्त हो सकता है।

7. **संस्कार**–'संस्कार' वस्तुतः भारतीय जीवन की एक सामाजिक–धार्मिक

अवधारणा है जो व्यक्तियों के शुद्धीकरण से जुड़ी है। ''डॉ0 एस0पी0 नागेन्द्र'' ने लिखा है, ''संस्कारों की उत्पत्ति के मूल में मानवीय प्रवृत्तियों का हाथ है। पाण्डे ने लिखा है ''संस्कार वह है जिसके करने से कोई पदार्थ उपयोगी बन जाता है।''

8. **वर्ण–व्यवस्था**–भारतीय समाज एवं संस्कृति में व्यक्तियों के सामाजिक जीवन को प्रकार्यात्मक रूप से उपयोगी बनाने हेतु वर्ण व्यवस्था महत्वपूर्ण बतायी गयी है। भारत में वह सामाजिक स्तरीकरण की एक व्यवस्था के रूप में मानी जाती है, वर्ण और जाति को बिल्कुल दो पृथक धाराओं की तरह ही समझना एवं विवेचित किया जाना चाहिए।

9. **जाति–व्यवस्था**–जाति व्यवस्था भारतीय समाज एवं संस्कृति की एक विशिष्ट विशेषता है। भारत में प्रत्येक भाषायी क्षेत्र में आज लगभग तीन हजार जातियों एवं उपजातियाँ है जाति व्यवस्था मनुष्य का जन्म के आधार पर निर्धारण करती है। वर्तमान में जाति व्यवस्था के स्वरूप एवं कार्यों में विभिन्न परिवर्तन आए है फिर भी यह भारतीय सामाजिक स्तरीकरण की अपनी विशिष्ट विशेषता है।

10. **संयुक्त परिवार**–भारतीय संस्कृति की एक और महत्वपूर्ण विशेषता संयुक्त परिवार है। के0एम0 पन्नीकर के अनुसार **''यहाँ हिन्दू समाज की इकाई व्यक्ति न होकर संयुक्त परिवार है।''** श्रीमती इरावती कर्वे ''यदि हम भारत में किसी भी सांस्कृतिक तथ्य को समझना चाहते है तो हमें तीन बातों का ज्ञान आवश्यक है–भाषायी क्षेत्र की संरचना, जाति–संस्था और पारिवारिक संगठन।

भारतीय संस्कृति में विभिन्ताएँ

भारतीय समाज एवं संस्कृति में विभिन्न सांस्कृतिक तत्वों का एक अनुपम समन्वय दृष्टिगोचर होता है। भारतीय समाज अनेक विविधताओं से युक्त है। विश्व की विभिन्न संस्कृतियाँ, धर्म, दर्शन, विचारों, प्रजातियों, भाषाओं आदि को भारतीय समाज ने अंगीकृत किया है। परिणामस्वरूप प्रत्येक दृष्टिकोण से भारतीय समाज विभिन्नताओं एवं विविधताओं की लीला–भूमि बन गया है इन्हीं विभिन्नताओं के परिणामस्वरूप कुछ विद्वानों ने यह माना कि भारत विभिन्न जातियों, प्रजातियों, धर्मों, भाषाओं, आचार–विचारों, प्रथाओं, परम्पराओं का एक विचित्र संगम है एवं इसकी संस्कृति में एकता का अभाव है।

1. **भौगोलिक विभिन्नता**–भारतीय समाज के भौगोलिक स्वरूप से यह स्पष्ट है कि भारत भौगोलिक दृष्टि से अनेक विभिन्नताओं वाला एक राष्ट्र है। भारत के उत्तर में विराट हिमालय की गगनचुम्बी बर्फ मण्डित श्रृंखलाएँ है तो दक्षिण में फैला हुआ विशाल समुद्र है। यहाँ गंगा, यमुना और सिन्धु का विशाल उपजाऊ मैदान भी है तो दूसरी और राजस्थान का विशाल फैला हुआ मरुस्थल तथा अनेक पहाड़ पठार एवं वन प्रदेश है।

2. **प्रजातीय विभिन्नता**–भारत को प्रजातियों का अजायबघर कहा जाता है। भारत में बहुत नाटे कद वाले नीग्रिटो प्रजाति के निवासी है वही लम्बे कद वाले

नॉड्रिक प्रजाति के लोग भी है। यहाँ पीले रंग वाले मंगोलायड़ भी रहते है तो दूसरी और चॉकलेटी रंग वाले प्रोटो आस्ट्रेलायड भी है। अतः भारतीय संस्कृति में यह प्रजातीय विभिन्नता देखने को मिलती है।

3. धार्मिक विभिन्नता–भारत धर्मों का देश है। यहाँ एकाधिक धर्म और उनके अनुयायी कितने ही वर्षो से साथ–साथ रहते है। यही कारण है कि हिन्दू धर्म के अगणित रूपों और सम्प्रदायों के अतिरिक्त इस देश में बौद्ध, जैन, सिक्ख, इस्लाम, ईसाई आदि धर्मों का प्रचलन है। केवल हिन्दू धर्म के ही विविध सम्प्रदाय व मत सारे देश में फैले हुए है।

4. सांस्कृतिक विभिन्नता–सांस्कृतिक दृष्टिकोण से भारत देश में अनेक प्रथाओं, परम्पराओं, खान–पान, रहन–सहन, भाषा, वेशभूषा, कला साहित्य आदि को अनुभव किया जा सकता है। यहाँ पर प्रत्येक क्षेत्र के लोगों की अपनी विशिष्ट सांस्कृतिक विशेषताएँ होती है।

5. भाषायी विभिन्नता–भारतवर्ष में 1652 मातृ भाषाओं का प्रचलन है, जिन्हें 826 भाषाओं के अन्तर्गत रखा जा सकता है। यहाँ पर हिन्दी भाषा बोलने वालों की संख्या सर्वाधिक है। भाषायी आधार पर भी भारतीय संस्कृति में विभिन्नता देखने को मिलती है। इन भाषाओं को चार अलग–अलग भाषा परिवारों–आर्यन, द्राविड़यन, आस्ट्रिक और चीन तिब्बती भाषा परिवार से सम्बद्ध किया जा सकता है।

भारतीय संस्कृति की वर्तमान में प्रासंगिकता

वर्तमान समय में भी भारतीय संस्कृति की धारा में अनेक स्त्रोत आकर मिलते रहे है, इसलिए इसमें रूपों और प्रकारों की विविधता देखने को मिलती है। इस क्षमता का एक आधार यह भी है कि भारतीय इतिहास में सदा–सर्वदा से सहिष्णुता की भावना के दर्शन होते हैं। वर्तमान समय में भी भौगोलिक एकता के रूप में हमें ये लक्षण दिखाई देते हैं। "हुमायुँ कबीर" के अनुसार "भारत की सहिष्णुता की भावना का श्रेय प्रत्यक्ष और परोक्ष रूप से भूगोल को जाता है। प्रत्यक्ष रूप से इस देश की विशालता और जलवायु पर भूगोल का प्रभाव पड़ता रहा है। भारतीय संस्कृति पर एक दूसरा प्रभाव सांस्कृतिक एकता का भी पड़ता है। वर्तमान समय में भी अनेकों धर्मों के होते हुए सभी धर्मों में वसुधैव कुटुम्बकम" की भावना नजर आती है। जो हमारी संस्कृति को कायम किये हुए है "फिलिप मैसन" के अनुसार "सम्बन्धों की विविधता एवं अन्य समुदायों के प्रति जागरुकता ने भारतीयों में एकता को जन्म दिया है।" भारतीय समाज में आर्थिक विभिन्नताओं का भी पर्याप्त समावेश है, लेकिन आधुनिक औद्योगिक क्षेत्र में भी भारतीय संस्कृति किसी भी रूप में पीछे नहीं है। प्राचीन कृषि पद्धति व व्यापार से होते हुई वर्तमान समय में भी अपने चरमोत्कर्ष पर पहुँच रही है। राजनीतिक एकता के रूप में भी हमारी संस्कृति पीछे नहीं है। जनता द्वारा शासित यह व्यवस्था विश्व के पटल पर नजर आती है। वर्तमान समय में अनेको धर्मों के होते हुए भी सभी संस्कृति की मात्रा के रूप में

नजर आते है। सामाजिक व धार्मिकता की बात करें तो भारतीय संस्कृति के मूल के रूप में ये नजर आती है। सभी सम्प्रदायों के लोग प्रत्येक सम्प्रदाय के साथ–साथ चलते है। यही लक्षण है कि भारतीय संस्कृति वर्तमान समय में भी कायम है। विज्ञान और प्रौद्योगिकी के इस युग में जहाँ कुछ ही समय में मनुष्य एक जगह से दूसरी जगह जा सकता है। वहाँ भी भारतीय संस्कृति ने अपने आप को सिद्ध किया है। आज भी भारतीय संस्कृति विश्व के ज्यादातर देशों में नजर आती है। भारतीय संस्कृति ने अनेकों संस्कृतियों के उज्ज्वल पक्ष को ग्रहण करके स्वयं को और समद्ध बनाकर संस्कृतियों की जननी बनकर इस देश को जगद्गुरु के पद पर प्रतिष्ठित किया है।

भारतीय संस्कृति की वर्तमान प्रासंगिकता को कुछ शब्दों में निरुपित या सीमाबद्ध करना यदि असम्भव नहीं तो कठिन अवश्य ही है, कारण, इसमें अन्तर्निहित अकूत समृद्धि हमारे देश की नहीं अपतु सम्पूर्ण विश्व के लिए प्रकाश स्तम्भ है जिसके माध्यम से ही व्यष्टि तथा समष्टि के संकटों का उद्धार संभव है। यह जीवन के सभी आयामों शारीरिक, मानसिक, आत्मिक और आध्यात्मिक को अपने भीतर समावेशित किये हुए है। अतिशय सहनशील एवं सहिष्णु, विश्व पटल के लिए प्रासंगिक एवं मानवता के उत्थान तथा संस्कृति को गढ़ने में इसका अनमोल योगदान प्रभावी सिद्ध हो सकता है। आज वर्तमान युवा पीढ़ी पूर्णतः अपनी संस्कृति से अपरिचित होती जा रही है। ऐसी स्थिति में हमारा परम, पुनीत एवं पवित्र दायित्व यह है कि आध्यात्मिक, नैतिक व मानवीय मूल्यों की उपादेयता को जनमानस तक पहुँचाया जाये तभी हम अपनी संस्कृति की रक्षा करने में समर्थ हो सकेंगे।

सन्दर्भ सूची

1. अग्रवाल, चन्द्र मोहन : भारतीय संस्कृति की अस्मिता, राहुल पबि0 हाउस, शास्त्रीनगर, मेरठ, प्रथम संस्करण, 2015, पृ0 1–6
2. शर्मा, नरेन्द्र कुमार : भारत समाज एवं संस्कृति, आस्था प्रकाशन, जयपुर, प्रथम संस्करण, 2014, पृ0 1–34
3. वाजपेयी, अनुराग : भारतीय संस्कृति कोष, राज पब्लिकेशन हाउस, जयपुर, प्रथम संस्करण, 2010, पृ0 3–15
4. देव, प्रणय : इतिहास एवं संस्कृति के विविध आयाम, आर0बी0एस0ए0 पब्लिकेशन जयपुर, प्रथम संस्करण, 2010, पृ0 4–9
5. चट्टोपाध्याय, देवीप्रसाद : प्राचीन भारत में विज्ञान और समाज, ग्रन्थ शिल्पी पब्लिकेशन दिल्ली, प्रथम हिन्दी संस्करण, 2001, पृ0 12–15
6. शर्मा, के0एल0 : भारतीय सामाजिक संरचना एवं परिवर्तन, रावत पब्लिकेशन जयपुर, द्वितीय संस्करण, 2012, पृ0 23
7. मिश्रा, डॉ0 भारतेश : भारतीय सभ्यता एवं संस्कृति का इतिहास, शिवांक प्रकाशन, नई दिल्ली, प्रथम संस्करण, 2011, पृ0 1–37

8. ठाकुर, उपेन्द्र : साहित्य और संस्कृति : कुछ चिन्तन, वाई0के0 पब्लिशर्स, आगरा, 1998, पृ0 6
9. सिंह, रामधारी दिनकर : संस्कृति के चार अध्याय, उदयाचल, पटना, 1962
10. अग्रवाल, विजय कुमार : गीतोपनिशद् : श्रीमद्भगवतगीता के सार, पुस्तक महल, दिल्ली, 2007
11. अग्रवाल, देवी दयाल : मानस में शिष्टाचार, कावेरी बुक्स, नई दिल्ली, 1998
12. Ramchandra, CE & Raman K.V. Aspects of Indian History and Culture, Books & Books, New Delhi, 1984
13. बॉशम, ए0एल0 : द वन्डर दैट वाज इंडिया, लंदन, 1954
14. अग्रवाल, देवी दयाल : श्रीमद्भागवत में शिष्टाचार, कावेरी बुक्स, नई दिल्ली, 1998

❖❖❖

12

भारतीय संस्कृति का समन्वयवादी रुप

योगेश कुमार

शोध छात्र; इतिहास विभाग,

चौ० चरण सिंह विश्वविद्यालय, मेरठ

संस्कृति की अनेक परिभाषाएं हैं। मानव वैज्ञानिक, जो संस्कृति के अध्ययन के विशेषज्ञ हैं, किसी एक परिभाषा पर एकमत नही है। हाँ, सभी इस तथ्य से अनभिज्ञ नहीं हैं कि संस्कृति ज्ञानोन्मत व्यवहार है अर्थात् वह व्यवहार जो उसके पूर्वजों ने ज्ञान की परिधि में उन्मुक्त भाव से अपने आदिजनों से ग्रहण कर उदारतापूर्वक अपने वंशजों को विरासत में दिया। उत्खनन से प्राप्त अवशेषों के अध्ययन के आधार पर पुरातन संस्कृतियों एवं सभ्यताओं का अनुमान लगाया जा सकता है।[1] संस्कृति का जन्म मानव के प्रादुर्भाव से संबंधित है। मानव वैज्ञानिकों का विश्वास है कि आधुनिक मानव के शरीर की संरचना जिस स्वरूप में आज है, वह तीस हजार वर्ष पूर्व के मानव शरीर से भिन्न है। जिस प्रकार शारीरिक रचना गतिमान है उसी प्रकार मानव संस्कृति भी परिवर्तनशील है। गुफाओं और कन्दराओं में रह, जंगली जानवरों का शिकार कर जीविकोपार्जन करने वाले मानव और आधुनिक मानव के मध्य निरन्तर संबंध बनाए रखने वाली कड़ी ही संस्कृति है। आज, संस्कृति का क्या स्वरूप है, संभवतः इस पर कोई विशेष चिंतन नहीं किया गया है।

मानव विज्ञान संबंधी साहित्य में संस्कृति की लोकप्रिय परिभाषा है 'मानव के अनुभवों में सहभागिता'। यही अनुभव इसे जाति विकास पथ पर मिले और जिनको उसने अपनी संतानों को दिया। इन्हीं अनुभवों के योगफल पर संस्कृति की नींव पड़ी। आधुनिक युग में राजनीति, धर्म एवं संस्कृति के उन पहलुओं को आधार बना रही है जो धार्मिक एवं सांस्कृतिक निरक्षरता से ओत–प्रोत हैं। जिस प्रकार अक्षर ज्ञान के बिना मानव दूसरों के अनुभवों, विचारों से अनभिज्ञ रहता है उसी प्रकार यदि सांस्कृतिक साक्षरता नहीं है तो वह न केवल जड़ शून्य है, वह कूपमंडूक भी है और 'वसुधैव कुटुम्बकम्' जैसे सिद्धांत के प्रति संज्ञाहीन है।[2]

भारत में अनेक विभिन्न संस्कृतियों की धाराएं उन व्यक्तियों, मानव समूहों के साथ आयीं जो भिन्न–भिन्न ध्येय लेकर इस भूमि पर अन्य देशों, क्षेत्रों से आये। ये

अपने साथ उन सांस्कृतिक परम्पराओं को भी ले आए जो उनके समाज, जाति की धरोहर थीं। इस प्रकार स्थानीय एवं सीमा से पार की संस्कृतियों के मध्य आचार–विचार का विनिमय हुआ। फलस्वरूप नई परम्पराओं का जन्म हुआ, रीति–रिवाजों की नींव पड़ी और एक मिश्रित संस्कृति का विकास हुआ। नूतन समाज की संरचना हुई। सांस्कृतिक मतभेदों, विवादों, असमानताओं एवं कुण्ठाग्रस्त भावनाओं से ऊपर उठकर, सह–अस्तित्व का लक्ष्य साधकर एक दूसरे के विषय में जानने की रूचि को प्रोत्साहित किया। हमारी मिश्रित संस्कृति का सूत्रपात इसी धुरी पर आश्रित है। यह सांस्कृतिक साक्षरता का परिणाम था कि रामायण, महाभारत का फारसी भाषा में अनुवाद हुआ।[3]

वेद में निहित दर्शन के विस्तार हेतु उनका भी अनुवाद किया गया। फारस एवं मध्य एशिया मूल के शासकों ने जिस प्रकार भारत में प्रचलित संस्कृत भाषा में लिखे ग्रंथों का अनुवाद करवाया उसी प्रकार अंग्रेज शासकों ने भारतीय दर्शन एवं संस्कृति को समझने के लिए फारसी एवं संस्कृत में अनुवादित ग्रंथों का अंग्रेजी में अनुवाद किया।[4] हिंदू धार्मिक एवं बुद्धि जैविक चिन्तन की मुख्य धारा के स्रोत संस्कृत साहित्य में विद्यमान हैं। इस साहित्य में म्लेच्छ जैसे शब्दों का शाब्दिक अर्थ था 'वह जो स्थानीय नहीं हैं'। मुसलमान शब्द की अनुपस्थिति इस तथ्य की परिचायक थी कि इस काल के साहित्य में इस्लाम धर्म पर अथवा मुसलमान पर कोई टीका–टिप्पणी नहीं की गई थी।

संस्कृत साहित्य की रचना मुख्यतः दक्षिण भारत एवं राजपूत शासकों के संरक्षण में हुई। आस्थाओं एवं विश्वास से संबंधित साहित्य संकीर्णवाद से प्रेरित था। इस साहित्य में अधिकतर पुराणों पर धर्मशास्त्रीय टीकाओं तथा टिप्पणियों के अतिरिक्त माधव का दर्शनशास्त्रीय साहित्य भी था। इनके साथ–साथ चिकित्सा शास्त्र, ज्योतिषशास्त्र, भाषा शास्त्र, शब्द कोष संकलन, पद्य, संगीत एवं श्रृंगार/प्रेम जैसे लोकप्रिय विषय भी थे, जिनमें साहित्य रचना हो रही थी। इस रचनात्मक प्रक्रिया में मुसलमानों का योगदान एवं संरक्षण लगभग नगण्य था। अकबर के पूर्व तक यथास्थिति बनी रही।

ऐसा विश्वास है कि हिन्दू साहित्य में मुसलमानों का योगदान आरम्भ हुआ गजनी के महमूद से, जिसने कालिंजर के चंदेल राजा को परास्त करने पर स्वयं के अभिनंन्दन में लिखी गयी कविताओं के लेखकों को किले भेंट में दिए तथा सम्मान पत्र दिए।[5] गजनी के विध्वंसक अलाउद्दीन जहाँसोज के दरबार में केदार (1150 ई) कवि की उपस्थिति के विषय में प्रमाण उपलब्ध है।[6] जलालुद्दीन खिलजी (1290–96) संभवतः प्रथम सुलतान था जिसके शासन में हिंदू शास्त्रों एवं संस्कृत साहित्य में अनुवादकों की रूचि देखने को मिलती है। मुहम्मद बिन तुगलक हिंदू योगी एवं जैन संतों के संपर्क में था।[7] इसके शासन में (1330 ई.) जमालुद्दीन नक्शाबी ने 52 संस्कृत कथाओं का फारसी में अभियोजन कर 'तूतीनामा' (शाब्दिक

अर्थ 'तोते की पुस्तक') शीर्षक से पुस्तक लिखी।[8] फारसी साहित्य में इसी धारा पर अनेक रचनाएं की गईं जो तुर्की और प्रारम्भिक उर्दू साहित्य में भी अपनी पहचान बनाने लगीं। एक ओर नक्शाली ने कुछ कहानियों में हिंदू तत्व एवं लोकाचार बनाए रखा वहीं फारसी एवं उर्दू भाषा में इस धारा की रचनाओं में नाम तथा स्थानों को पैगम्बर मुहम्मद के जीवन की घटनाओं से जोड़ दिया।

फिरोज़ तुगलक की धार्मिक नीतियों के बाद भी संस्कृत शिक्षा के क्षेत्र में राजकीय संरक्षण अबाधित रहा। उसने संस्कृत में उपलब्ध चिकित्सा शास्त्र संबंधी पुस्तकों का फारसी में 'दलाइले फीरोज़शाही' शीर्षक के अंतर्गत अनुवाद करवाया।[9] इसके अतिरिक्त संगीत एवं मल्लयुद्ध जैसी कलाओं पर पुस्तकें अनुवाद की गई। अकबर के शासन काल में यह सांस्कृतिक आदान–प्रदान विस्तीर्ण हुआ। इसी काल में राजा मनोहर दास उर्फ टोडरमल (1528–89ई.) ने भगवतपुराण का फारसी में अनुवाद किया।[10] अकबर के दरबार में अन्य मुसलमान सभासद जैसे अब्दुलरहीम ख़ानेख़ाना, अबुल फज़ल और फैज़ी संस्कृत का ज्ञान रखते थे। इससे पूर्व कश्मीर के सुल्तान जैनुल आबिदीन (1420–70) ने संस्कृत के प्रसिद्ध ग्रंथ राजतरंगिनी की रचना में प्रसिद्ध चिकित्सक श्रीभट्ट एवं संस्कृत के अन्य पंडितों की सहायता की, जिन्होंने महाभारत का अनुवाद कश्मीरी में किया।[11]

इस प्रकार अनुवाद का सिलसिला आरम्भ हुआ और उस समय के कुछ प्रसिद्ध अनुवादक थे इब्राहीम सरहिन्द, बदायूंनी, ताकिब ख़ान, मुल्ला शाह, मोहम्मद सुल्तान थानेशरी। कृष्ण जोशी, गंगाधर, महेश महानन्द, देवी मिश्रा, संत वधवा, मधुसूदन मिश्रा, चतुर्भुज और भवन जैसे संस्कृत पंडितों ने इन अनुवादकों की सहायता की। महाभारत, रामायण और पुराण का प्रभाव अमीर हमज़ा के प्रसिद्ध काव्य दास्तान में मिलता है। हितोपदेश का फारसी अनुवाद 'मुफर्री–अल–कुलूब' शीर्षक से ताज्जुलमाली ने किया। अकबर के दरबार से संबंधित जैन साहित्य में प्रमुख है 'हीरा सौभाग्यम्' जिसके लेखक थे देव विमल जिन्होंने अकबर के दरबार में जैन साधुओं के भ्रमण का विवरण दिया था। इसी प्रकार खेमचंद की जीवनी का भी उल्लेख मिलता है जिन्होंने अकबर के दरबार में जैन साधुओं का परिचय दिया था। उनकी इस जीवनगाथा के लेखक थे जयसोम। संक्षिप्त में यह कहा जा सकता है कि इस प्रकार हिंदू एवं मुसलमान बुद्धिजीवी परम्पराएं एक दूसरे की पूरक बन सहवास करने लगीं, किंतु एक दूसरे में विलीन नहीं हुईं। हिन्दू बुद्धिजीवी परम्पराओं ने मुगल परिवारों को प्रभावित किया जिसका ज्वलंत उदाहरण है जहांगीर की रचना 'तुजुक'। इसमें ब्राह्मणाश्रम की चार शाखाओं का समाजशास्त्री आधारित लेख, 'सती प्रथा' पर टिप्पणी एवं सूफीवाद का वेदान्त के समकक्ष प्रतिपादन।[12]

शाहजहाँ के दरबार में जहां सुन्दरदास एवं चिंतामणि नामक कवियों को विशेष सम्मान किया जाता था वहीं दूसरी ओर कविन्द्राचार्य जैसे लेखक का भी सम्मान

होता था जिन्होंने ऋग्वेद की व्याख्या की थी। शाहजहां के दरबारी कवियों में प्रमुख थे कवि जगन्नाथ मिश्र जिन्होंने जहां एक ओर दाराशिकोह के सम्मान में संस्कृत में लिखा, वहीं दूसरी ओर गंगा, यमुना एवं सूर्य की स्तुति भी लिखी। दाराशिकोह संस्कृत का पंडित था। औरंगजेब की कट्टर सुन्नी इस्लाम नीति के रहते हुए भी हरीराम, वाराणसी के चंचूराज तथा पाटन मिश्र जैसे बुद्धिजीवियों ने दारा शिकोह के संरक्षण में वाराणसी तथा प्रयाग जाने वाले तीर्थ यात्रियों पर कर न लगाने की मुगल शासन से गुहार की। औरंगजेब का हिन्दू संस्कृति के प्रति नकारात्मक रवैया होने के बाद भी उसके दरबार में इन्द्रजीत त्रिपाठी तथा सामंत जैसे बुद्धिजीवी एवं कवि की उपस्थिति इस तथ्य को प्रमाणित करता है कि हिंदू एवं मुसलमान संस्कृतियां समभाव, समकक्ष एवं सामंजस्य की स्थिति में थीं। औरंगजेब के एक दरबारी सभासद फज़ल अली ख़ान, कवि जयदेव, सुखदास मिश्र एवं नाथंड के सरपरस्त थे। वर्ष 1695 में मुंशी सुजान राय द्वारा रचित ''खुलासतल तवारीख़'' इतिहास की वह रोचक रचना है जो एक हिंदू ने फारसी भाषा में लिखी है।[13] इसी प्रकार के अनेक उदाहरण भारतीय इतिहास में बिखरे पड़े हैं। इस शोध पत्र में इन सब का समावेश लगभग असंभव है। किंतु ये उदाहरण साक्षी हैं कि भारतीय संस्कृति में हिंदू एवं मुसलमान दोनों की सहभागिता एवं योगदान अभूतपूर्व है।

संदर्भ

1. थापर, रोमिला, आदिकालीन भारत की व्याख्या, ग्रंथशिल्पी, नई दिल्ली, 2001, पेज 06
2. वही, पेज 10
3. अहमद, डॉ. लईक, मध्यकालीन भारतीय संस्कृति, शारदा पुस्तक भवन, इलाहाबाद, 2003, पेज 56 एवं 57
4. गौतम, पी. एल., आधुनिक भारत, राजस्थान ग्रंथ अकादमी, जयपुर, 2004, पेज
5. महाजन, डॉ. विद्याधर, मध्यकालीन भारत, खण्ड–एक, एस. चंद एंड कम्पनी, नई दिल्ली, 1993, पेज 53
6. वही, पेज 41
7. चंद्र, सतीश, मध्यकालीन भारत–दिल्ली सल्तनत, जवाहर पब्लिशर्स एंड डिस्ट्रीब्यूटर्स, नई दिल्ली, 2003, पेज 94
8. वही, पेज 267
9. महाजन, डॉ. विद्याधर, वही,खण्ड–एक, पेज 187
10. महाजन, डॉ. विद्याधर, वही,खण्ड– दो, पेज 143
11. चंद्र, सतीश, वही, पेज 231
12. प्रसाद, बेनी, हिस्ट्री ऑफ जहाँगीर, किताबिस्तान, इलाहाबाद, 1962, पेज 08
13. अहमद, डॉ. लईक, वही, पेज 58

❖❖❖

13

ओ३म् भारतीयसंस्कृतौ नारी

सत्य नारायणः (शोध छात्रः)
संस्कृत विभागः
सनातन धर्म (पी०जी०) महाविद्यालय
मुजफ्फरनगरम् (उत्तर प्रदेश)

वैदिक साहित्यस्यानुशीलनेन विज्ञायते यद् वैदिककाले स्त्रीणां स्थानम् अतीव गौरवास्पदम् आसीत्। स्त्री गृहिणी, गृहस्वामिनी, सहधर्मिणी इत्यादिभिर्विषेशणैः सम्बोध्यते स्म। पत्नी रूपेण सा गृहस्वामिनीपदम् अलमकरोत्। श्वशुरश्वश्रवादिशु तस्या अधिकारो मन्यते स्म। सम्राज्ञी श्वशुरे भव सम्राज्ञी श्वश्र्वां भव। उक्तमपि **''ननान्दरि सम्राज्ञी भव सम्राज्ञी अधिदेवश्षु''**[1]**। जायेदस्तम जाया एवं अस्तं गृहमित्यर्थः**[2] इति ऋग्वेदे प्रतिपाद्यते। एतदेव संस्कृतेऽपि समर्थ्यते यद्– ''**न गृहं गृहमित्याहुर्गृहिणी गृहमुच्यते।**''

ऋग्वेदे कन्यानां शिक्षाया व्यवस्था निर्दिश्यते। पुत्रवत् तासामपि उपनयनादि संस्कारा अभुवन। वेदाध्ययनेऽपि तासामधिकारोऽङ्गीक्रियते स्म। गृहस्थजीवनसम्बद्धविशयेशु तासां योग्यत्वम् अभीष्टमासीत्। वैदुश्यमासाद्य ता यज्ञादिकर्मणि, विद्याविवादे, मन्त्रदर्शनकर्मण्यापि च प्रावर्तन्ते। ऋग्वेदे बह्व्यों मन्त्रदर्शिका ऋषिकाः स्मर्यन्ते। तत्र काश्चन ऋषिकाः सन्ति–श्रद्धा कामायनी, शाची, यमी, इन्द्राणी, अदितिः, अपाला, आत्रेयी, शश्वती, आंगिरसी, विश्ववारा, लोपामुद्रा, रोमशा ब्रहमवादिनी, घोषा, उर्वशी, सूर्यादि प्रभृतयः। मन्त्रदर्शनेन तासां गौरवं वैदुष्यम् आदर्शरुपत्वं च परिलक्ष्यते।

नारी पुरुषस्य सहयोगिनी रूपेणावर्तत। सा पुरुषैः सह यज्ञादिकर्मणि सम्पादयत्। न केवलं सा यज्ञादावेव पुरुषसानिध्यम् अशिश्रियत् अपितु भीषणे समरेऽपि सा सेनानीत्वम् अलंकरोत्। अथर्ववेद वर्णनं प्राप्तः– **संहोत्रं स्म पुरा नारी समनं वाव गच्छति।**[3] इन्द्राण्येतु प्रथमाजीतामुषिता पुरः।[4] वेदेषु स्त्री न 'अबला' इति मन्यते। सा सुवीरा, शूरपत्नी, इन्द्रपत्नी, इत्यादिभिः पदैर्गौरवेणोद्घुष्यते। सा दुर्जनं कामुकं धृष्टं च सुवीरेव शूरपत्नीव घर्षयति घातयति च। **अवीरामिव मामयं शरारूरभि मन्यते। उताहमस्मि वीरिणीन्द्रपत्नी।**[5] स्त्रियाः सौभाग्यवतीत्वं सहृदयत्वम् उद्यमित्वं च प्रशस्यते। **न मत् स्त्री सुभसत्तरा न सुयाशुतरा भुवत्।**[6] स्त्री यथावसरं

संसद्यपि भाषणादिकं व्यदधात्। "वशिनी त्वं विदथमा वदासि[7] सा गार्हपत्यकर्मणि जागरूकताऽभूत्, पुत्रादिलाभेन समृद्धिं चागच्छत्।[8]

स्त्रीणाम् आचार शुद्धिः जागरूकत्वम्, सुसन्ततियुक्तत्वं चाभीष्यते। शुद्धाः पूता योषितो यज्ञिया इमाः।[9] सुसन्तानोत्पत्त्या राष्ट्रहितसम्पादनमपि स्त्रीणां कर्त्तव्यम्। **इदं राष्ट्रं पिपृहि सौभगाय।**[10] अथर्ववेदे स्त्रीगुणानामपि वर्णनं प्राप्यते।[11] तत्र स्त्रीगुणा वर्ण्यन्ते यत् सा तेजोवती, कुलया, पतिहितकारिणी, मृदुभाषिणी, सरला, अक्रोधना, पतिव्रता आज्ञाकारिणी, प्रसन्नचित्ता च स्यात्। सा पतिव्रता स्यात् न च पत्या विरोधम् आचरेत्।[12] मधुमतीं वाचम् उदीरयेत्।[13] पत्युरनुव्रता स्यात्।[14] त्रुट्यर्थ प्रायश्चित्तम् आचरेत्। पुरा नार्यः श्रृङ्गारमकुर्वन् आभूषणानि चाधारयन्। **चक्षुरा अभ्यञ्जनम्**[15]

कन्यानाम् उपनयनसंस्कारो वेदाध्ययनं गायत्री मन्त्रपाठश्च निर्दिश्यन्ते काश्चन आजन्म ब्रहमचर्यव्रतम् अपालयन्। ता ब्रहमवादिन्यो धर्मोपदेशिकाश्च समभूवन्, यथा घोषा—अपालाप्रभश्तयः। पितृसम्पत्तावपि तादृशीनां ब्रहमचारिणीनां पुत्रवत् समानाधिकारो विज्ञायते।[16]

शतपथब्राहमणादिशु ग्रन्थेशु स्त्रीस्वरूपं यथास्थानं प्रतिपाद्यते। तत्र नारी—विषये काश्चन विशिष्टता निर्दिश्यन्ते। तत्र स्त्री सावित्रीरूपेण गौरवास्पदं प्रतिपाद्यते। स्त्रीणां पतिरेव गतिः। पतिवर्त्मानुसरणं तासां कर्त्तव्यम्। ताः कोमलाङ्गत्वाद् अबलाः। न च तास्ताड़नीयाः— **स्त्री सावित्री।**[17] **पतयो ह्येव स्त्रियै प्रतिष्ठा।**[18] **तस्मात् स्त्रियः पुंसोऽनुवर्त्मानो भावुकाः।**[19] **अवीर्या वै स्त्री।**[20] **न वै स्त्रियं घ्नन्ति।**[21] स्त्रियाः परपुरुशगमनं निशिध्दं दोशावहं च। स्त्री पत्युरर्धाङ्गरूपा। अतएव साऽर्धाङ्गिनीशब्देन व्यवह्रियते। पत्नीमन्तरेण न यज्ञस्य पूर्णत्वं स्वीक्रियते। वैदिक विवाहस्याविच्छेद्यत्वं च प्रतिपाघते। जाया गार्हपत्योऽग्निः।[22]

मनुस्मष्तौ योशितां स्वरूपम् अत्युत्कृष्टत्वेन प्रतिपाद्यते। यत्र योशितां समादरस्तत्रैव सर्वक्रियाणां साफल्यम्, तदभावे तु सर्वकृत्यानां निष्फलत्वम्

यत्र नार्यस्तु पूज्यन्ते रमन्ते तत्र देवताः।
यत्रैतासतु न पूज्यन्ते सर्वास्त्रत्राफलाः क्रिया।।[23]

अतएव नारीणां भूषणाच्छादनादिभिः सत्कश्त्यैः सततमेव सत्क्रिया विधेया।[24] योशिति सन्तुष्टिमुपागतायां प्रसन्नायां च सत्यां तत्कुलं रोचते वर्धते च। तदभावे न कुलश्रीवृद्धिः।[25] अतएव मनुना व्यादिश्यते यद् दम्पत्योः सामञ्जस्यं परस्पर—सन्तुष्टिश्च तत्रैव कल्याणाधिवासः।[26] स्त्रियो हि रत्नस्वरूपाः, अतः स्त्रीरत्नं दुष्कुलादपि ग्राह्यम्।[27] स्त्रिया महत्त्वं प्रेक्ष्यैव मनुनोच्यते यत् स्त्रियो रत्नानि विद्या धर्मश्च यत्रैव प्राप्येरन्, तत एवोपादेयानि।[28]

रामायणे महाभारते च स्त्रीणां शिक्षायाः सुव्यस्थाऽवलोक्यते। रामायणे कौशल्या तारा च 'मन्त्रविदौ' कथ्येते।[29] सन्ध्यां कुर्वन्त्या जानक्या वर्णनं प्रात्यते।[30] रामायण उत्तरामचरिते च आत्रेयी वेदान्तविद्यानिष्णाता श्रूयते। **तेभ्योऽधिगन्तुं निगमान्तविद्यां।**[31]

महाभारते सुलभा वेदान्तविद् वर्ण्यते, द्रौपदी च 'पण्डिता' कथ्यते। स्त्रीणां संगीतनश्त्यादिकलानां शिक्षणं वर्ण्यते, अर्जुन उत्तरां तद्गृहे एवं संगीतनृत्यादिकम् अध्यापयामास। रामायणेऽपि एकपत्नीव्रतं प्रतिपाद्यते। अतएव सीतारित्यागानन्तरं न रामो विवाहान्तरं विदधे। **न सीतायाः परां भार्यां ववे स रघुनन्दनः।**[32]

महाभारते भार्याया आकारणं परित्यागो निन्द्यते।[33] महाकाव्यकाले स्त्रीणां गौरवं प्रतिष्ठित् आसीत्। तत्र स्त्रियाः पुरुषाद् अनन्यरूपत्वं च निर्दिश्यते।[34] साऽधड्गिरूपिणी प्रियतमा सखी च गण्यते।[35] मातृरुपेण सा भूमेरपि गुरुतरा।[36] मातृक्लेशकारी न क्वचित् सुखं लभते।[37] महाभारते सा "अवध्या" इति वर्ण्यते।[38] महाभारते वर्ण्यते यत् सत्कृता नार्येव साक्षात् लक्ष्मीभर्वति।[39]

निष्कर्षतः बृहदारण्यकोपनिषदि स्त्रीपुरुषो एकस्यैवात्मनो द्वौ भेदौ वर्ण्येते। स्त्री चाकाशेनापमीयते। स्त्रीपुमांसौ संपरिष्वक्तौ, स इममेवात्मानं द्वेधाऽपातयत्, ततः पतिश्य पत्नी चाभवताम्। **अयम् आकाशः स्त्रिया पूर्यते।**[40] माता एवं पूर्वं शिशुं गर्भे धारयति, ततः प्रसवपीडामनुभवति, तदनन्तरं सैव तं पालयति पोषयति संवर्धयति च। सा स्वयं शिशोर्मूत्रपुरीषप्लुते वस्त्रं स्वपिति तं च स्वच्छे शयने शाययति। इत्थं महानुपकारः खलु मातृर्पुत्रं प्रति निष्कुतिरशक्या। अत एवोक्तमनुना।

यं मातापितरौ क्लेशं सहेते सम्भवे नृणाम।।
न तस्य निष्कृतिः शक्या कर्तु वर्षशतरपि।।[41]

मातापित्रोरूभयोरपि माता एव महयसी। पितुरपेक्षया मातुर्महत्त्वं सहस्त्रगुणं अधिकम्। यथाह मनुः–

उपाध्यायन्दशाचार्य आचार्याणां शतं पिता।
सहस्त्रं तु पितृन् माता गौरवेणातिरिच्यते।।[42] वस्तुतः मातुस्तुलनां नान्यः कश्चिद्धिरोहति। यजुर्वेदे नारीणां गौरवास्पदत्वं स्वीक्रियते। 'तस्मै नमन्तां जनयः सुपत्नीः।[43] ऋग्वेदे इड़ा मानवस्याध्यापिकारूपेण वर्ण्यते। अथर्ववेदे स्त्रियां समस्तपरिवारसुखसन्धातृत्वं प्रतिपाद्यते। सुमंगली प्रतरणी गृहाणां सुशेवा पत्ये श्वसुराय शम्भूः।[44] ऋग्वेदे मुदगलानी नाम्न्याः शौर्य वर्ण्यते[45]। सा शत्रुसेनाम् अजयत्। एवमेव ऋग्वेदे विश्पलाया युद्धे स्त्रियाः शौर्यं वर्ण्यते।[46] अतः नरश्च नारी च द्वाववैतौ सद्गंश्हस्थसुरथस्य चक्रद्वयम्। यथा चक्रेणैकेन न रथस्य गतिर्भवित्री, एवं सर्वार्थसाधिनीं, स्त्रियमन्तरेण न गृहस्थ–रथस्य प्रगति : सुकरा। सति विदुशि नरे सहधर्मचारिणी चेत् सच्छिक्षापरिहीणां, न दाम्पत्यं सुखावहम् एतर्हि पुरुषशिक्षावत् स्त्रीशिक्षाप्यनिवार्याऽवश्यकी च। एवं विज्ञायते यत् प्राचीन भारते नारीणां स्थानं महत्त्वपूर्णम् आसीत्।

सन्दर्भ–सूची

1. ऋग्वेद–10 / 85 / 46
2. ऋग्वेद–3 / 53 / 4
3. अथर्ववेद–20 / 126 / 10

4. अथर्ववेद—1 / 27 / 4
5. अथर्ववेद—20 / 126 / 9
6. अथर्ववेद—20 / 126 / 6
7. अथर्ववेद—14 / 1 / 20
8. अथर्ववेद—14 / 1 / 21 , 7 / 35 / 1
9. अथर्ववेद—6 / 122 / 5
10. अथर्ववेद—7 / 35 / 1
11. अथर्ववेद—1 / 14 / 1 / 14
12. अथर्ववेद—2.36.4
13. अथर्ववेद—3.30.2
14. अथर्ववेद—14.1.42
15. अथर्ववेद—14.1.6
16. ऋग्वेद—2.17.7
17. जै0उ0ब्रा0—4.27.17
18. पृ0ब्रा0—2.6.2.14
19. पृ0—13.2.2.4
20. पृ0 12.5.2.36
21. पृ0 11.4.3.2
22. ऐत0ब्रा0—8.2.4.
23. मनु—3.56
24. मनु—3.59— तस्मादेताः सदा पूज्या भूषणाच्छादनाशनैः।
    भूतिकामैर्नरैर्नित्यं सत्कारेशूत्सवेषु च।।
25. स्त्रियां तु रोचमानायां सर्वं तद् रोचते कुलम्।
    तस्यां त्वरोचमानायां सर्वमेव न रोचते।। मनु. 3.62
26. सन्तुष्टो भार्यया भर्ता भर्त्रा भार्या तथैव च।
    यस्मिन्नेव कुले नित्यं कल्याणं तत्र वै ध्रुवम्।। मनु 3.60
27. स्त्रियो रत्नान्यथो विद्या धर्मः शौचं सुभाषितम्।
    विविधानि च शिल्पानि समादेयानि सर्वतः।। मनु—2.240
28. रामायण — 2.20.75
29. रामायण—5.15.48
30. रामायण—203
31. रामायण—7.97.7
32. महाभारत—12.278.36, 12.58.13
33. अनन्यरूपाः पुरुषस्य दाराः। रामायण— 24.24.34
34. महाभारत—1.74.40

35. माता गुरूतरा भूमेः 1 महा0 4.313.70
36. महा–1.37.4
37. महा–1.158.32
38. महा–13.81.15
39. बृहदा–1.4.3
40. मनु–2.227
41. मनु–2.145
42. यजु0–12.35
43. अथर्व–14.2.26
44. ऋग्वेद–10.102.2
45. ऋग्वेद–1.112.10

❖❖❖

14

भारतीय संस्कृति में विज्ञान परम्परा

डौली एवं अरुण कुमार

शोधार्थी इतिहास विभाग

चौ० चरणसिंह विश्वविद्यालय, मेरठ

"विज्ञान वाव ध्यानाभ्दयो विज्ञानेन व ऋग्वेदं विजानाति यजुवेदसामवेदमाथवर्ण चतुर्थ मितिहासपुराणं पंञ्चम वेदानां वेद . . . चान्नं च रसं चेमं च लोकममु च विज्ञानैनैव विजानाति विज्ञानमुपास्स्वेति"

प्राचीन काल से ही विज्ञान की महत्ता का वर्णन हमें पौराणिक युग से ही मिलता आ रहा है। विज्ञान के महत्व की सराहना पुराणों–वेदों आदि में भी की गई है। चाहे वह किसी भी क्षेत्र में क्यों न हो। हालांकि उस समय सबसे प्रचलित विज्ञान की शाखा ज्योतिष विज्ञान हुआ करती थी जो आज भी प्रचलित है। वर्तमान में सभी अध्ययनों को विज्ञान के साथ जोड़ा जाता है और वैज्ञानिक दृष्टि पर जोर दिया जाता है। सभी अध्ययनों को विज्ञान के साथ जोड़े जाने का एक प्रमुख कारण भी है क्योंकि विज्ञान अर्थात् किसी भी विषय का क्रमबद्ध एवं व्यवस्थित अध्ययन, ज्ञान या विद्या है जो विचार, अवलोकन, अध्ययन व प्रयोग से मिलती है जो किसी अध्ययन के विषय की प्रकृति या सिद्धान्तों को जानने के लिए जाते है तथा जिसकी प्रमुख विधियाँ है–निरीक्षण तथा अनुप्रयोग, अध्ययन का विषय भौतिक जगत है। जिसे वह अनुभव पर आधारित निरीक्षण तथा अनुप्रयोग पर आधारित विधियों द्वारा उनके यथार्थ रूप में जानने का प्रयास करता है। निरीक्षण और अनुप्रयोग को स्वीकार करता है, उन्हें वह स्थायी और निश्चित न मानकर केवल प्रायिक या सम्भाव्य ही मानता है।[1]

भारतीय संस्कृति अपने आप में सब कुछ समेटे हुए है। प्राचीन काल से वर्तमान काल में आने के लिए हमारी भारतीय संस्कृति महत्वपूर्ण रही है। प्राचीन साहित्य में हमें ज्ञान का भण्डार मिलता है। शिक्षा, ज्योतिष, विज्ञान प्रौद्योगिकी, कला भौगोलिक परिदृश्य आर्थिक दृष्टि, दर्शनशास्त्र आदि सभी विषयों के बारे में हमें पौराणिक साहित्य में ही मिल जाते है। विज्ञान के बारे में हमें प्राचीन साहित्य से ही काफी जानकारी मिलती है। आगे चलकर प्रागैतिहासिक काल में बने औजारों से हमे उस समय के लोगों के ज्ञान के बारे में जानकारी मिलती है। पाषाणकाल

को 4 भागों में बांटा गया है। पुरापाषाणकाल, मध्यपाषाणकाल, उत्तरपाषाणकाल और नवपाषाणकाल। अलग–अलग कालों में औजारों के स्वरूप अलग–अलग मिले है जैसे–जैसे मानव को प्रयोग के अनुसार औजारों की जरूरत पड़ती गई वैसे औजारों के अनुसार परिवर्तित होते रहे। सर्वप्रथम औजार भद्दे, अपरिस्कृत थे, परन्तु ज्ञान में वृद्धि होने से औजार नुकीले, चमकीले परिष्कृत हो गए। जानवरों को मारने के लिए नुकीले छोटे औजार बनने लगे। अनजाने में ही सही वो विज्ञान से अपरिचित थे परन्तु वो ज्ञान के माध्यम से आवश्यकतानुसार विश्लेषण करके जाँच परख करके अपने औजारों को बनाने लगे थे। जड़ों को खोदकर निकालने वाले औजार, मास काटने वाले औजार हड्डियों को तोड़ने वाले औजार फसल काटने, अनाज कूटने के औजार भिन्न–भिन्न प्रकार के औजार बनाने लगे थे।[2]

पहले से वर्तमान इन संस्कृतियों में धीरे–धीरे प्रथम शहरी संस्कृति या हड़प्पा संस्कृति का विकास हुआ। विज्ञान तथा प्रौद्योगिकी के ऐतिहासिक अध्ययन में रूचि पैदा करने वाली प्रारंभिक देसी संस्कृतियाँ पंजाब में हड़प्पा तथा सिंधु में मोहनजोदड़ों में ही केंद्रित है सिन्धु घाटी के नाम से विख्यात सभ्यता भारत के कास्य काल को प्रदर्शित करती है। विज्ञान के क्षेत्र में महत्वपूर्ण विशेषता मानकीकरण की है। नगरों का योजना विन्यास पकी ईंटो का प्रयोग, वजन माप के लिए प्रणालीबद्ध पद्धति का प्रारम्भ हुआ। धातु ज्ञान कास्य, ताबे और टीन की मात्रा को मिलाकर बनता था उस काल में यह जानकारी उस समय के विकसित विज्ञान के बारे में हमें जानकारी देता है। काले, लाल, भूरे रंगों से रंगे हुए बर्तन, हमें विज्ञान प्रौद्योगिकी को प्रदर्शित करते है।[3]

आगे चलकर हमें लोहे के बारे में जानकारी मिलती है लोहे के औजारों की अपेक्षा अब लोहे के हथियारों, रथो, गाड़ियों, आदि का विकास हो चुका था। भारतीय विज्ञान के विकास पर वैदिक काल के व्यक्तियों का बड़ा प्रभाव पड़ा। ऋग्वेद के मंत्रों में आर्यों की जीवन पद्धति का विवरण, सर्वोपरि शक्ति के प्रति उनकी मान्यता तथा शक्ति, उनके उस आत्मज्ञान का वर्णन मिलता है कि प्रकृति में सदैव स्थान परिवर्तन तथा अन्य परिवर्तन होते रहते है। उनमें एक निरंतर स्थाई तत्व या घटनाओं का क्रम रहता है। दर्शनशास्त्र के शनैः–शनैः विकास के बावजूद, प्रकृति का आदि शक्तियों के व्यक्तित्व में आरोपित करना, उदाहरण के लिए सूर्यदेवता सूर्य, अग्नि देवता अग्नि माने जाते रहे। बलि क्षेत्र प्रारंभ में घास का बहुत बड़ा मैदान या जो बाद में विकसित होकर अंकगणितीय तथा ज्यामिति गुणकों के आधार पर बनाए जाते हैं। वैदिक साहित्य हमें केवल छुट–पुट सूचना भारतीय विज्ञान के प्रारंभिक स्तर के विषय में देता है।[4]

प्रारम्भिक बौद्ध तथा ब्राह्मण मूल पाठों एवं पुरातत्व की खुदाइयों से यह प्रतीत होता है कि लोहे के औजारों, कस्बों तथा नगरों का निर्माण नियोजन, उद्यानों, तालाबों, कुओं आदि का निर्माण वैज्ञानिक आधार पर होने लगा था। इंजीनियर

समय–समय पर वर्ग, घन तथा शासकीय आवश्यकताओं के लिए उपयुक्त भवनों का निर्माण करते थे। ऊपर दिए गए तथ्यों से स्पष्ट हो जाता है कि सिविल इंजीनियरी में विशेषता, भूगोल, भू–विज्ञान ज्यमिति धातुओं का ज्ञान तथा अन्य प्रौद्योगिकी के प्रमाण मिलते है।[5]

केवल खगोल विज्ञान से संबंध का प्राचीनतम स्त्रोत संभवतः ज्योतिष वेदान्त (500 ई0पू0) है। इससे ही 27 नक्षत्रों के बीच अमावस्या और पूर्णिमा के चन्द्रमा के स्थान की गणना की जाती है। साथ ही, आयनों की भी गणना होती है जो प्रत्येक 366 दिन के आवर्तन में पड़ते है। पाँच सौर वर्ष में 67 चंद्र मास होते थे, इन्हें 62 संयुतिक मासों के समकक्ष मान लेने पर यदि प्रत्येक चक्र से हटा दिया जाए तो 12 मास का वर्ष बरकरार रखा जा सकता है। चंद्र और गणना की यह प्राचीन प्रणाली भारत में व्यापक रूप से व्यवहत होती थी और जैन साहित्य में यह है भी।[6] प्रारंभिक भारतीय बह्मांड विज्ञान समान्यतः वर्गों और घनों पर आधारित है। सबसे पहले पृथ्वी पर एक वर्ग पर आधारित है जिसका एक कोना दक्षिण की ओर है। उसका आकार पिरामिड की तरह है जिसके कई कृमिक संकेन्द्रित वर्गाकार टीले है जो ऊपर एक बिन्दु तक उठते गए है। इसके शिखर पर मेरू पर्वत है, ऐसा पिरामिड जो ऊपर उठते हुए और भी चौड़ा होता जाता है, एक छोटे कोण पर एक सपाट स्तर पर सदृश वर्ग है। सूर्य के स्तर के ऊपर चंद्रमा का स्तर है जिसके समान कक्ष है। इस प्रारंभिक मेरू ब्राह्मंड विज्ञान से सम्बन्धित संख्या की श्रृंखला है जैसे कि 4, 12, 28, 60 जो वर्ग या आयात में उपविभाजन से निकलते हैं। यह प्रणाली खगोल विज्ञान की अपेक्षा गणितीय अपेक्षाओं से संचालित होती है। इस प्रकार 28 का वर्गाकार कक्ष को बताने के लिए भुजा 6 (36 ईकाई वर्ग का) के एक मौलिक वर्ग की परिधि के चारो ओर इकाई वर्ग रख दिए जाते है और प्रत्येक कोने पर प्रत्येक इकाई वर्ग में जोड़कर अर्थात् $(4 \times 6) + 4$, इस प्रकार चंद्रमा के उतरते केन्द्रों का ज्यामितीय चित्र प्रस्तुत किया जाता था।[7]

परमाणु सिद्धान्त में परमाणु मिलकर अणु बनते है इन अणुओं को पदार्थ विद्या का अनुयामी तो अनश्वर मानते है जबकि बौद्ध उन्हें प्रकृति का एक अंग मानते है जो चक्र रूप में प्रकट होते है और फिर गायब हो जाते हैं। इसी क्रम में आगे बढ़ते हुए कौटिल्य अर्थशास्त्र 300 ई0 तक अर्थशास्त्र और प्रौद्योगिकी का वर्णन किया गया है। यह भूमि और सागर–संचार, कृषि और सिचाई, खनिज और खनन, पौधे और औषध विशेषकर यंत्रिकायुक्तियों अर्थात् यंत्रों पर ज्ञान का भंडार है। युद्ध की कलाओं और वास्तुशिल्प के यंत्रों का उल्लेख है जिसमें विशेष बल युद्ध के यंत्रों पर है। शास्त्रागार पर तो एक पूरा अध्याय ही है। यंत्रों को दो भागों में बांटा गया है। अचल और चल यह ठीक है कि उनकी विस्तृत संचालन, क्रिया का भी भाव निकाला जा सकता है। किन्तु मुख्य वर्णन युद्ध के संबंध में है। युद्ध में हाथियों की भूमिका, प्रक्षेपास्त्र और अग्निनभ फेंक कर मारने के लिए गुलेल का प्रयोग, प्रयुक्त ज्वलशील

सामग्रियों की रचना विधि का स्पष्ट उल्लेख है। खेती की उन्नति के लिए सिचाई की नहर प्रणाली और बड़े–बड़े कृत्रिम जलागारों की चर्चा है जैसे– जलागार सौराष्ट्र में गिरनार के बने थे।

यह ठीक है कि पुराकालीन भारतीय चिकित्साशास्त्र और रोगों का, जैसे कि अतिसार, जलोदा इत्यादि का अर्थवेद में उल्लेख है, किन्तु चिकित्सा विज्ञान के क्षेत्र में पर्याप्त प्रगति हुई। शल्यचिकित्सा के विकास का श्रेय सुश्रुत को दिया जाता है जिन्होंने इन विद्या का अध्ययन और अभ्यास काशी में किया होगा। उन्होंने शल्यचिकित्सा के प्रशिक्षण और अनुभव के लिए इस विषय के विद्वानों की शरण में जाने की सलाह दी थी।[9]

उपर्युक्त तथ्यों से हमें विज्ञान की प्राचीन काल में सार्थकता के दर्शन होते है। प्राचीन काल में विज्ञान ने लोगों को प्रत्यक्ष दर्शनशास्त्र, करके सीखों आदि के सिद्धान्तों को अपने ज्ञान की वृद्धि के लिए प्रोत्साहित किया। विज्ञान की परम्परा प्राचीन काल से लेकर वर्तमान तक निरन्तर खोजों से इसका क्षेत्र विस्तार होता जा रहा है और लोगों के ज्ञान में वृद्धि हो रही है। नई–नई खोजों ने मनुष्यों को 'वैज्ञानिक मानव' बना दिया है। अतः भारतीय संस्कृति में विज्ञान की परम्परा प्राचीनकाल से ही विद्यमान है।

संदर्भ सूची

1. प्रतियोगिता दर्पण, 2016 पब्लिशिंग डेट–3 सितम्बर 2016, 47/2015–17
2. प्राचीन भारत का इतिहास तथा संस्कृति–कृष्णचन्द्र श्रीवास्तव, यूनाइटेड बुक डिपो, इलाहाबाद, पृ0सं0 74–77
3. प्राचीन भारत, प्रकाशन विभाग, सूचना और प्रसारण मंत्रालय, भारत सरकार, नई दिल्ली।
4. प्राचीन भारत का इतिहास– वी0डी0 महाजन, एस0 चन्द्र एण्ड कम्पनी लि0 नई दिल्ली, 20–27
5. प्राचीन भारत का इतिहास एवं संस्कृति– पी0एल0 गौतम, एम0 ग्रीयू हिल एजुकेशन प्रा0लि0, पृ0 65.1–65.12
6. भारतीय साहित्य का सामाजिक धार्मिक एवं सांस्कृतिक इतिहास– मित्तल जे भालोदिया पैराडाइज पब्लिशर्स, जयपुर, पृ0 28–30
7. प्राचीन भारत, प्रकाशन विभाग, सूचना और प्रसारण मंत्रालय, भारत सरकार, नई दिल्ली।
8. प्राचीन भारत का इतिहास एवं संस्कृति पी0एल0 गौतम, एम0 ग्रीयू हिल एजुकेशन प्रा0लि0, पृ0 65.1–65.17
9. प्राचीन भारत का इतिहास– वी0डी0 महाजन, एस0 चन्द्र एण्ड कम्पनी लि0 नई दिल्ली, पृ0 32

15

प्राचीन भारतीय संस्कृति में पर्यावरण संरक्षण

खुशबू रानी
शोध छात्रा
इतिहास विभाग
चौ० चरणसिंह विश्वविद्यालय परिसर मेरठ

भारतीय संस्कृति विश्व की प्राचीन एवं श्रेष्ठ संस्कृति हैं। इस संसार में अनेक संस्कृतियाँ आई और समय की धारा के साथ–साथ नष्ट हो गई किन्तु भारतीय संस्कृति आदि काल से ही अपने परम्परागत अस्तित्व के साथ अजर–अमर बनी हुई हैं। संस्कृति ही किसी देश जाति और समुदाय की आत्मा होती हैं। कौटिल्य के अनुसार ''संस्कृति का अर्थ हम भले ही कुछ निकाल ले किन्तु संस्कृति का सम्बन्ध मानव जीवन के मूल्य में हैं''। और यही वजह हैं कि भारतीय संस्कृति लगातार बढ़ती जा रही हैं। भारत की संस्कृति न केवल प्राचीन व श्रेष्ठ हैं बल्कि अन्य संस्कृतियों से विभिन्न भी हैं और इसकी यही विभिन्नता इसे श्रेष्ठ से श्रेष्ठतम की श्रेणी में लाती हैं, और वह विभिन्नता का तत्व हैं–आध्यात्मिकता।

अध्यात्मवाद ही भारतीय संस्कृति की मूल अवधारणा है। अध्यात्मिकता के भाव से ही हमारी संस्कृति में ज्ञान परोपकार, प्रकृति से प्रेम व संरक्षण की भावना का विकास हुआ हैं जोकि अन्य संस्कृति में निम्न हैं। प्रकृति के प्रति भारतीय संस्कृति हमेशा से उदार रही हैं क्योकि हमारी संस्कृति का अभ्युदय ही संघन वनो की हरीतिमा के वातावरण से हुआ हैं। ऋषि–मुनियों के तपस्थल और आश्रम, वन क्षेत्रों में अवस्थित होते थे। वृक्ष और वन भारतीय संस्कृति में जन जीवन की प्रेरणा का स्त्रोत रहें हैं।

पर्यावरण संरक्षण

प्राचीन संस्कृति का मूल वेद है ऋग्वेद, यजुर्वेद, सामवेद तथा अथर्ववेद की विविध संहिताओं के अलावा ब्राह्मण, आरण्यक, उपनिषद तथा कल्पसूत्र को भी वैदिक साहित्य का हिस्सा माना जाता हैं। भारतीय धर्म, दर्शन, इतिहास, समाज, अर्थनीति, राजनीति, पर्यावरण व संरक्षण आदि के उद्भव तथा प्रारम्भिक विकास

की जानकारी हमे इन सभी ग्रन्थों के विकास से प्राप्त होती हैं।

वृक्ष मानव जीवन का आधार ही नही पूर्वज भी हैं। विज्ञान मानता हैं पृथ्वी पर सबसे पहले पेड़–पौधों की उत्त्पति हुई थी। करोड़ो वर्ष पहले धरती की सतह पर सरल पौधे अंकुरित हुए और 40 करोड़ वर्ष पहले पृथ्वी पर जटिल पौधों का विकास प्रारम्भ हुआ। मानव का अस्तित्व तो मात्र 10 लाख वर्ष पुराना हैं इस हिसाब से मानव प्रकृति की सबसे छोटी सन्तान हैं और वृक्ष हमारे पुरखें है तभी तो हमारे पूर्वजों ने वृक्षों को इतना सम्मान दिया है।[1]

पेड़–पौधे, वृक्ष यह सभी पर्यावरण के अन्तर्गत आते हैं और इस वनस्पति जगत के बिना संसार में अन्य जीवधारियों की उत्त्पति सम्भव न थी। पर्यावरण शब्द का अर्थ अत्यन्त व्यापक है, जिसमें सारा ब्रह्मण्ड समा जाता है। पर्यावरण शब्द दो शब्दों का मेल हैं परि + आवरण = पर्यावरण। परि का अर्थ है–हमारे चारो ओर का और आवरण का अर्थ है– ढका होना। अर्थात जो हमारे चारो ओर है जिसमें हम जीते हैं वही पर्यावरण हैं।[2] Einstein one difined environment as everything that is not me. In other words we say that final analysis of everything present outside and individual is called as environment.

पर्यावरण वह हैं जो अपने आप में प्रकृति से उत्पन्न सभी तत्वों आकाश, जल, अग्नि, ऋतुए, पर्वत, नदियाँ, वायु, सरोवर, वृक्ष, वनस्पति, ग्रह–नक्षत्र, जीव–जन्तु, दिशाए एक तरह से अखिल ब्रह्मांड समाहित किए हुए हैं।[3]

Environment includes water, air and land and interrelationship which exists among and between water, air and land and human being, other living creatures, plants micro organism and property.

मनुष्य जन्म से ही पेड़–पौधों पर निर्भर हैं उसे इस संसार में जीवित रहने हेतु शुद्ध वायु एवं शुद्ध जल की आवश्यकता हैं जोकि उसे प्रकृति से प्राप्त होती हैं। ऋग्वेद में कहा गया हैं कि–

माता भूमिः पुत्रोऽहं पृथिव्या, उरूव्यचस महिनी आसश्चता, पिता च भुवनानि रक्षत।[4]

अर्थात् पृथ्वी मेरा भरण–पोषण करती हैं अतः वह मेरी माता हैं और आकाश मेरी रक्षा करता हैं वह पिता तुल्य हैं। इससे स्पष्ट हैं कि प्राचीन ऋषियों में पर्यावरण संरक्षण के लिए पृथ्वी को माँ तथा आकाश को पिता समान मानकर उनके महत्व को स्थापित करने का प्रयास किया हैं। आज विश्व के कोने–कोने में पर्यावरण के प्रति चिन्ता की जो आवाज उठ रही है, वह हमारे ऋषियों ने प्राचीन काल में ही दे दी थी, क्योकि वे पृथ्वी को माँ मानकर उसकी रक्षा करना तथा उसें सवारना तथा वन्य जीव–जन्तु आदि की रक्षा करना अपना परम कर्त्तव्य समझते थे इसके लिए वह सदैव सजग रहते थे।

ऋषियों ने वेदो की रचना प्रकृति के समीप रहकर ही की हैं। सदियों पूर्व

गार्गी, कपिल, कश्यप और पाराशर जैसे मुनिगण ने पर्यावरण संरक्षण को जन आन्दोलन के रूप में लिया था।[5]

वनेस्मिन् माम के नित्य पुत्रवत परिक्षतें
पत्रांकुर विनाशाय फल–फूलाभवाय च।।

अर्थात वनो को पुत्रवत मानकर उनकी रक्षा करो जो भी वन पत्र व अंकुर का विनाश और फूल–फल का विनाश करेगा वह अवश्य ही पाप का भागी होगा। अतः पाप का भय उत्पन्न कर वह वृक्ष की रक्षा करना चाहते थे ताकि प्रकृति की रक्षा हो सके। ऋग्वेद में वृक्षों को संरक्षित करने के निर्देश देते हुए कहा गया हैं कि–

माँ काकम्बीरम उद् वृहो वनस्पति
अशस्तीर्वि हि नीनशः।।[6]

अर्थात् वृक्षों को न काटो क्योकि ये प्रदूषण नष्ट करते है। पेड़–पौधे एवं वनस्पति हमारे रक्षा कवच के समान हैं इनकी उपेक्षा करना हमारे भविष्य के लिए हानिकारक हैं। मानव व पेड़–पौधे एक दूसरे के पूरक हैं किसी एक के अभाव में दूसरे का कोई अस्तित्व नही हैं।

लेकिन आज इस दौड़ती भागती दुनिया में सब लोग केवल भौतिक विकास को ही महत्व दे रहे है और प्रकृति से उत्पन्न तत्वो की अवहेलना कर रहे हैं अपनी जरूरतो के लिए पेड़ों को काट देने में जरा भी संकोच नही करते हैं। वर्तमान में ऐसा कोई देश नहीं है जो पर्यावरण संकट पर मंथन नहीं कर रहा है बड़े–बड़े सम्मेलनों का आयोजन इस विषय पर विचार करने के लिए किया जा रहा है कि पेड़–पौधों–वनस्पति को कैसे बचाया जाए, वायु प्रदूषण को कैसे कम किया जाए।[7] जिसके लिए भारत भी चितिंत है लेकिन जहाँ दूसरे देश भौतिक विकास की चकाचौंध में अपना सब कुछ लुटा चुके है वही पर यह भी सत्य हैं कि भारत के पास अपनी प्राचीन संस्कृति, परम्पराओ एवं ज्ञान के कारण बहुत कुछ संरक्षित है, क्योकि प्रकृति संरक्षण का संस्कार भारत की भूमि को छोड़कर अन्यत्र किसी भी संस्कृति में देखने को नहीं मिलता है। हमारे पूर्वजों ने प्रकृति के प्रत्येक तत्व से मानवीय रिश्ते स्थापित कर उसका दोहन करने से हमे रोका है और उनका त्यागपूर्वक उपयोग करने का संदेश दिया हैं। यजुर्वेद में कहा गया हैं कि–

धामाँ लेखीरूतरिक्ष मा हिसी पृथिका संभव अय हित्वा स्वार्धितिस्तेतिजनः प्राणिनाय महते सौभागाय। अतस्त्वं देव वनस्पति शतवल्शो वि रोह सहस्त्रवल्शा विवय रूहेम।[8]

वृक्षों को नहीं काटों और प्रकृति को किसी प्रकार का नुकसान न पहुँचाये। पृथ्वी से उतना ही भाग निकालो जिससे उसकी पूर्ति की जा सके। प्राचीन ऋषियों को मानव स्वभाव व प्रकृति के संरक्षण की गहन जानकारी थी, उन्हें इस बात की समझ थी कि मानव अपने क्षणिक लाभ के लिए प्रकृति को नुकसान पहुँचा सकता हैं इसलिए उन्होंने प्रकृति के विविध तत्वों को देवत्व मानकर उनकी पूजा प्रारम्भ

कर दी ताकि मानव जीवन को भविष्य में किसी भी अनिष्ट से बचाया जा सक। भारतीय संस्कृति में वृक्षों की पूजा करने का प्रमुख कारण भारतवासियों को वृक्षों का संरक्षक बनाने के लिए किया गया हैं। पीपल, वट, आँवला, तुलसी, केला, बिल्व–पत्र व आखा आदि वृक्षों की पूजा प्राचीन की भाँति आज भी हमारे समाज में प्रचलित हैं। वैज्ञानिक दृष्टि से जहाँ पीपल, वट, आँवला अन्य वृक्षों की तुलना में अधिक ऑक्सीजन प्रदान करते है वही तुलसी को एक औषधि के रूप में स्वीकार किया गया है जो सभी प्रकार के रोगों को दूर करने में उपयोगी है।[9]

इसके अलावा फूलों को लेकर भी भारतीय साहित्यों में मान्यता है–कि सरस्वती को सफेद फूल, देवी काली पर गुडहल का फूल, देवी लक्ष्मी को कमल का फूल अर्पित कर प्रसन्न किया जाता है और गणेश जी को दुर्वा घास समर्पित कर प्रसन्न किया जाता हैं। इस प्रकार सभी देवी–देवताओं ने विभिन्न पशु–पक्षियों कों अपना वाहन बना व पेड़–पौधों के फूलों को हाथ में धारण कर प्रकृति के सभी अवयवो का संरक्षण करने का संदेश दिया है।[10]

भारतीय संस्कृति के अनुसार यदि मानव को घर निर्माण, रसोई व यज्ञ आदि महत्वपूर्ण कार्य पूर्ण करने के लिए लकड़ियो की आवश्यकता पड़े तो उसे सर्वप्रथम याचना करनी चाहिए, क्योंकि वृक्ष हमारी याचना सुनतें है और यदि आवश्यक हो तो ही वृक्ष को काटना चाहिए। स्कन्द पुराण में कहा गया है कि–

एतेषां सर्ववृक्षाणां छेदनं नैव कारयेत।
चातुर्मास्ये विशेषण बिना यज्ञादि कारणाम्।।

अर्थात् वृक्ष को नही काटना चाहिए। यदि यज्ञ के लिए भी आवश्यकता हो तब भी वर्षा ऋतु में कभी नहीं काटना चाहिए। इससे स्पष्ट है कि वर्षा ऋतु में वृक्ष को काटने पर पूर्णता प्रतिबन्ध था क्योकि वर्षा ऋतु प्रकृति के आनन्द का समय हैं जिसमें पेड़–पौधों को हरा–भरा और वर्षा की बूँदो के साथ आनन्द से रहने का समय है।[11]

किन्तु आज के समय में स्थिति ऐसी हो गयी हैं, प्रत्येक परम्पराओं को मानव ने समाज में मजाक बना रखा है, वह प्रत्येक परम्पराओं को निभाता तो है परन्तु अपने हिसाब से। यदि उदाहरण स्वरूप देखे तो प्राचीन समय में वट सावित्री का प्रचलित व्रत आज भी हमारे समाज में मनाया जाता है। इस व्रत में वट (बरगद) के पेड़ की पूजा कि जाती थी, किन्तु आज वृक्ष की पूजा के स्थान पर उसकी टहनी को तोड़कर घर लाकर अपनी सहूलियत के अनुसार पूजा कर, टहनी को फेंक दिया जाता हैं। जो परम्पराए हमारे पूर्वजों ने पेड़–पौधों को संरक्षण प्रदान करने के लिए प्रचालित की थी। आज वही परम्पराएँ मानव की बुद्धिमता के कारण वृक्षों का तथा पृथ्वी पर से जीवन का अन्त करने के लिए अग्रसर है। क्योंकि ऐसी पूजा न तो वृक्षों के लिए सुरक्षित और न ही मानव जीवन के लिए।[12]

अतः वर्तमान में हमें यह बात समझने की जरूरत है कि हमारे ऋषियों ने प्राचीन ग्रन्थों में ज्ञान दिया है उसे अपनाकर ही हम इस पृथ्वी पर जीवन को

सुरक्षित रख सकते है। प्रकृति का संरक्षण होगा तभी मानव अस्तित्व होगा नहीं तो कुछ भी नहीं होगा।

निष्कर्ष

प्राचीन काल से ही भारतीय संस्कृति का आधार प्रकृति एवं पर्यावरण ही रहा हैं। तत्कालीन लोगों ने उसे बचाये रखने के लिए भी प्रयास किये ताकि भविष्य में इन्हे प्रयोग में लाया जा सके। ऋषियों ने वर्षों पूर्व पर्यावरण की समस्या के निराकरण का जो सूत्र हमें दिया था उसकी आवश्यकता आज भी महसूस की जा रही है। क्योकि विकास की जिस सीढ़ी पर मनुष्य ने आगे बढ़ना प्रारम्भ किया हैं वहाँ अन्त तक पहुँचते सम्पूर्ण सृष्टि का विनाश निश्चित सा जान पड़ता हैं अतः पृथ्वी पर जीवन बचाने व बनाये रखने के लिए पर्यावरण का संरक्षण ही एक मात्र विकल्प हैं। जोकि हमारी संस्कृति की विशेषता हैं।

सन्दर्भ सूची

1. अग्निहोत्री, प्रभुदयाल–संस्कृत साहित्य एवं पर्यावरण, ईर्स्टन बुक, दिल्ली, 2011, पृ०स०–413
2. नारायण आर्य, कमल–वैदिक वाड़मय पर्यावरण एवं प्रदूषण, स्वामी दिव्यानन्द प्रकाशन, मध्य प्रदेश, 1998। पृ०स०–21
3. प्रज्ञा, पर्यावरण विशेषांक, काशी हिन्दू विश्वविद्यालय, वाराणसी, अंक–55, भाग–2, 2009–10
4. ऋग्वेद संहिता प्रथम मण्ड़ल, सूक्त स० 170, श्लोक 2
5. शर्मा, रामशरण–भारत का प्राचीन इतिहास, आक्सफोर्ड यूर्निवसिटी, 2018
6. ऋग्वेद संहिता भाग –2, 6/48/17
7. नाहर, रति भानु–प्राचीन भारत का राजनैतिक एवं सांस्कृतिक इतिहास, किताब महल प्रकाशन, 1996, पष्०स०–46
8. यजुर्वेद, अध्याय –5, श्लोक 43
9. आचार्य श्री राम शर्मा, भारतीय संस्कृति के आधार भूत तत्व,अखण्ड़ ज्योति संस्थान मथुरा, 1998, पृ०स० –260
10. शर्मा, के एन० वैदिक प्रास्पेक्टिव आन द एनवायरमेन्ट द टाइम्स आफ इण्डिया, नई दिल्ली, 2000 जून, पृ०स० –14
11. नौटियाल, शिवानन्द–पर्यावरण समस्या और समाधान, सामयिक प्रकाशन 2012, पृ०स०–68
12. मिश्र, रामदास–वैदिक धर्म एवं भारतीय संस्कृति एक परिचय, हिन्दी प्रचारक मण्डल, पृ०सं०–11

❖❖❖

16

भारतीय संस्कृति के विविध पक्ष

उमेश चन्द्र

शोधार्थी प्री-पी-एच.डी. (कोर्स वर्क) (इतिहास विभाग)

चौ० चरणसिंह विश्वविद्यालय परिसर मेरठ

संस्कृति का शब्दार्थ है उत्तम या सुधरी हुई स्थिति। मनुष्य स्वभावतः प्रगतिशील प्राणी है। यह बुद्धि के प्रयोग से अपने चारों ओर की प्राकृतिक परिस्थिति को निरन्तर सुधारता और उन्नत करता रहता है। ऐसी प्रत्येक जीवन–पद्धति, रीति–रिवाज रहन–सहन आचार–विचार नवीन अनुसन्धान और आविष्कार, जिससे मनुष्य पशुओं और जंगलियों के दर्जे से ऊँचा उठता है तथा सभ्य बनता है, सभ्यता और संस्कृति का अंग है। सभ्यता (Civilization) से मनुष्य के भौतिक क्षेत्र की और संस्कृति (Culture) से मानसिक क्षेत्र की प्रगति सूचित होती है। प्रारम्भ में मनुष्य आँधी–पानी, सर्दी–गर्मी सब कुछ सहता हुआ[3] जंगलों में रहता था, शनैः–शनैः उसने इन प्राकृतिक विपदाओं से अपनी रक्षा के लिए पहले गुफाओं और फिर क्रमशः लकड़ी, ईंट या पत्थर के मकानों की शरण ली। अब वह लोहे और सीमेन्ट की गगनचुम्बी अट्टालिकाओं का निर्माण करने लगा है। प्राचीन काल में यातायात का साधन सिर्फ मानव के दो पैर ही थे। फिर उसने घोड़े, ऊँट, हाथी, रथ और बंहगी का आश्रय लिया। अब मोटर और रेलगाड़ी के द्वारा थोड़े समय में बहुत लम्बे फासले तय करता है, हवाई जहाज द्वारा आकाश में भी उड़ने लगा है। पहले मनुष्य जंगल के कन्द, मूल और फल तथा आखेट से अपना निर्वाह करता था। बाद में उसने पशु–पालन और कृषि के आविष्कार द्वारा आजीविका के साधनों में उन्नति की। पहले वह अपने सब कार्यों को शारीरिक शक्ति से करता था। पीछे उसने पशुओं को पालतू बनाकर और साधकर उनकी शक्ति का हल, गाड़ी आदि में उपयोग करना सीखा। अन्त में उसने हवा पानी, वाष्प, बिजली और अणु की भौतिक शक्तियों को वश में करके ऐसी मशीनें बनाईं, जिनसे उसके भौतिक जीवन में काया–पलट हो गई। मनुष्य की यह सारी प्रगति सभ्यता कहलाती है।

3. संस्कृति का स्वरूप–मनुष्य केवल भौतिक परिस्थितियों में सुधार करके ही सन्तुष्ट नहीं हो जाता। वह केवल भोजन से ही नहीं जीता, उसके शरीर के साथ

मन और आत्मा भी है। भौतिक उन्नति से शरीर की भूख मिट सकती है, किन्तु इसके बावजूद मन और आत्मा तो अतृप्त ही बने रहते हैं। इन्हें सन्तुष्ट करने के लिए मनुष्य अपना जो विकास और उन्नति करता है, उसे संस्कृति कहते हैं। मनुष्य की जिज्ञासा का परिणाम धर्म और दर्शन होते हैं। सौन्दर्य की खोज करते हुए वह संगीत, साहित्य, मूर्ति, चित्र और वास्तु आदि अनेक कलाओं को उन्नत करता है। सुखपूर्वक निवास के लिए सामाजिक और राजनीतिक संघटनों का निर्माण करता है। इस प्रकार मानसिक क्षेत्र में उन्नति की सूचक उसकी प्रत्येक 'सम्यक् कृति' संस्कृति का अंग बनती है। इनमें प्रधान रूप से धर्म, दर्शन, सभी ज्ञान–विज्ञानों और कलाओं, सामाजिक तथा राजनीतिक संस्थाओं और प्रथाओं का समावेश होता है।

भारत के सन्दर्भ में विज्ञान का प्रारम्भ मानव सभ्यता के विकास से ही शुरू होता है।

क्योंकि यह सर्वविदित है कि जब भी मनुष्य को किसी वस्तु या जीवन निर्वाह के साधन की आवश्यकता हुई है तब तब उसने उस वस्तु की रचना की है तभी तो कहा गया है कि "आवश्यकता ही अविष्कार की जननी है"।

इसी कारण भारत में सभ्यता के साथ ही जैसे–जैसे प्राणी भविष्य की तरफ अग्रसर होता गया वैसे–वैसे उसके मस्तिष्क के आयाम व ज्ञान के चक्षु खुलने लगे तथा उसने अपने जीवन निर्वाह व सामाजिक दायित्वों की पूर्ति करने हेतु सामाजिक क्रिया कलापो व परंपराओं को प्रारम्भ किया जो आगे चलकर सभ्यता की संस्कृति कहलाई लेकिन मनुष्य तो यही तक नही रूकना चाहता था। इसलिए उसने इसी संस्कृति के अन्तर्गत रहते हुए विज्ञान व ज्ञान के दम पर अपने लिए अपनी संस्कृति के अनुसार नये–नये आविष्कार किए। लेकिन यहाँ पर यह भारतीय विज्ञान किसी का विनाश करने के लिए नहीं था। जैसा कि हम अन्य पाश्चात्य संस्कृतियों में देखते है जिन्होंने जीवन उपयोगी कम तथा विनाश के साधन ज्यादा बनायें।

किन्तु यहाँ भारतीय संस्कृति का ज्ञान और विज्ञान जन कल्याण पर आधारित था। जिसे पवित्र वेदों में लिखा गया तथा ऋषियों, मुनियों द्वारा भारतीय परंपरा व[9] संस्कृति के अन्तर्गत ढ़ाला गया तथा जिसका उद्देश्य मात्र एक भारतीय संस्कृति को उच्चतम मानव कसौटी तक पहुँचाना तथा इस संस्कृति को सुसज्जित व सुन्दर, स्वस्थ, व ज्ञान वर्धक बनाना था।

इसी भारतीय संस्कृति के अन्तर्गत भारत में जो विज्ञान की शाखाओं का विकास हुआ जिन्होंने भारतीय संस्कृति ही नहीं अपितु भारत के बाहर की अन्य संस्कृतियों व सभ्यताओं का उद्धार किया व उन्हें जीवन के नये आयाम प्रदान किये वे निम्नलिखित है।

खगोल विज्ञान–जिस युग में भारतीय संस्कृति व परंपरा में इस विज्ञान का विकास हुआ उस युग में अन्य समस्त विश्व अज्ञानता व अन्धकार के युग में था पश्चिमी सभ्यता इसे डार्क ऐज कहती है, लेकिन उस अन्धकार के युग में भारत में

एक ऐसा सूर्य उग रहा था। जिसकी किरणों से भारतीय संस्कृति को एक नया रूप देने वाले ब्रहमगुप्त, आर्यभट्ट, वराहमिहिर, लगध मुनी, भाष्कराचार्य जैसे पुष्प खिल रहे थे।

चूंकि भारतीय खगोल विज्ञान का उदभव वेदों से माना जाता है वैदिककालीन, भारतीय संस्कृति पूर्णतः धर्मपरायण थी तथा वेदों के अनुसार चलने के कारण उन्हें यज्ञ आदि भी करने होते थे। इसी कार्य को करने के लिए उन्हें शुभ, अशुभ, लग्न देखने की आवश्यकता पड़ती थी इसी आवश्यकता ने उन्हें खगोल विज्ञान का विकास करने को प्रेरित किया।

वैदिक आर्य सूर्य की उत्तरायण व दक्षिणायन गति से परिचित थे। वैदिक कालीन खगोल विज्ञान का एक मात्र ग्रन्थ, 'वेदांग ज्योतिष' है जिसकी रचना लगध मुनी ने ईसा से 100 वर्ष पूर्व की थी। वेदांग ज्योतिष के बाद लगभग एक हजार वर्षों तक खगोल विज्ञान का कोई ग्रन्थ नहीं मिलता है।

खगोल विज्ञान–वैदिक कालीन खगोल विज्ञान का एक मात्र ग्रन्थ – 'वेदांग ज्योतिश' लगध मुनी में वर्णित वर्ष क्रम निम्न प्रकार है–

इस ग्रन्थ के प्रमुख विषय अनुक्रम 12 पर

1. पंचसंवत्सर युग पृष्ठ–46
2. संवत्सर वर्ष पृष्ठ–47 10
3. अयनम पृष्ठ–48
4. ऋतु पृष्ठ–50
5. माह पृष्ठ–52
6. पक्ष पृष्ठ–56
7. तिथि पृष्ठ–59
8. पर्व पृष्ठ–70
9. विषुवत तिथि पृष्ठ–72
10. नक्षत्र पृष्ठ–72
11. अधिमास पृष्ठ–75
12. ग्रहण का उल्लेख पृष्ठ–76 पर वर्णित है।1

इसके अतिरिक्त रामायण व महाभारत जो भारतीय संस्कृति के अभिन्न अंग है में भी सूर्यग्रहण व चन्द्रग्रहण का वर्णन है।

पांचवीं सदी में आर्यभट्ट ने लोगों को पहले बताया की पृथ्वी गोल है उन्होंने पृथ्वी की आकृति परिधि, और गति का भी अनुमान लगाया उन्होंने सूर्यग्रहण व चन्द्रग्रहण के कारणों का पता भी लगाया तथा आर्यभट्ट ने 'आर्यभट्टीय' तथा आर्य सिद्धान्त नामक ग्रन्थों की रचना करके भारतीय संस्कृति और मान्यताओं मे व्याप्त राहु–केतू के अन्धविश्वास को दूर किया।2

आर्यभट्ट के बाद छठी शताब्दी में वराह मिहिर आयें। जिन्होंने सबसे पहले गुरूत्वाकर्षण की खोज की इन्होंने अपनी पुस्तक सूर्य सिद्धान्त में ग्रहों की दैनिक गतियों की पूर्ण प्रमाणिक गणना की। जो ग्रीक व आधुनिक वैज्ञानिकों की गणनाओं के बिल्कुल 98 प्रतिशत तक सटीक बैठती है जिनका विवरण निम्नलिखित है–

ग्रहों की गणना सूर्य सिद्धान्त के अुनसार–

ग्रह	सूर्य सिद्धान्त	टॉलमी	20वीं शताब्दी
मंगल	686 दिन 20 घण्टें 56 मिनट 23.5 से0	686 दिन 23 घण्टे 31 मिनट 56.1 से0	686 दिन 23 घण्टें 30 मिनट 41.4 से0
बुद्ध	87 दिन 23 घण्टें 16 मिनट 22.3 से0	87 दिन 23 घण्टें 16 मिनट 42.9 से0	87 दिन 23 घण्टें 15 मिनट 43.9 से0
बृहस्पति	4332 दिन 7 घण्टें 41 मिनट 44.45 से0	4332 दिन 18 घण्टे 9 मिनट 10.5 से0	4332 दिन 14 घण्टें 2 मिनट 8.6 से0
शुक्र	224 दिन 16 घण्टें 45 मिनट 56.2 से0	224 दिन 16 घण्टे 51 मिनट 56.8 से0	224 दिन 76 घण्टें 49 मिनट 8.0 से0
शनि	10765 दिन 18 घण्टें 33 मिनट 13.6 से0	10758 दिन 17 घण्टें 48 मिनट 14.9 से0	10759 दिन 5 घण्टें 16 मिनट 32.2 से0

सूर्य सिद्धान्त में हिन्दू केलेण्डर है जिसमें एक सौर वर्ष को 365 दिन 6 घण्टे 12 मिनट और 36.56 से0 का बताया गया है।[4]

इनके बाद ब्रहम गुप्त ने अपनी पुस्तक ''ब्रह्मगुप्त'' सिद्धान्त में (सातवीं शताब्दी) में पृथ्वी को गोल माना है तथा पुराणों में पृथ्वी के चपटी होने के विचार का खण्डन करते हुए एक और अन्धविश्वास को भारतीय संस्कृति से दूर करने की कोशिश की।

ब्रह्मगुप्त के बाद भारतीय खगोल किताब में भास्कर का बहुत महत्वपूर्ण योगदान है जिन्होंने सिद्धान्त शिरोमणि व कारण, कुतुहल की रचना की।

एक खगोल विद के रूप में भास्कर ने ''तत्कालीक गति'' की अवधारणा प्रस्तुत कि इससे आज भी खगोल वैज्ञानिकों की ग्रहों की गति का सही ज्ञान प्राप्त करने में मदद मिलती है।[5]

गणित–गणित विज्ञान की वह शाखा है जिसके बिना किसी भी ज्ञान व विज्ञान की कल्पना निरर्थक है। आज पाश्चात्य विश्व के वैज्ञानिक अपनी जिन खोजों पर गर्व करते है वो इस गणित के ज्ञान के बिना असम्भव था। इसकी खोज भी भारतीय संस्कृति की देन है। जैसे–ब्रहमगुप्त, (सातवीं शताब्दी) महावीर (नवी–शताब्दी) और भास्कर (बारहवीं शताब्दी) आदि महान गणितज्ञ थे। इन्होंने विश्व में उस समय इस ज्ञान को दिया जब पाश्चात्य विश्व पुर्नजागरण काल में भी इस चीज से अनभिज्ञ था।[12]

इसकी शाखाएँ निम्नलिखित है–

अंकगणित– भारतीय सभ्यता, संस्कृति और इतिहास में अंक गणित का विशेष योगदान है जहाँ हम इतिहास मे जाते है वहाँ पर हड़प्पा सभ्यता से शुरू करने पर पाते है कि उन्हें गणित की इस शाखा का विशेष ज्ञान था। उनके माप तोल के साधन, नगर निर्माण की कला सभी अंकगणित पर आधारित थी। और वैदिक संस्कृति में तो इसका जिस प्रकार उल्लेख है। उसे हम आज भी पढ़ सकते है। वैदिक युग के एक ऋषि मेघातिथि 1012 तक की बड़ी संख्या से परिचित थे। वे अपनी गणनाओं में दस और इसके गुणकों का उपयोग करते थे।

इसके अतिरिक्त यजुर्वेद संहिता में इसकी प्रमाणिकता मिलती है इस सन्दर्भ में एक मंत्र भी है जिससे हमे इस ज्ञान का भारतीय संस्कृति में योगदान पता चलता है–

यजुर्वेद संहिता अध्याय 17 मंत्र–2

''इमा मेऽग्नञऽ इष्टका घेनवः सन्ता एका च दश च दश च शतं च शंत च सहस्त्रं चायुतं चायुतं च नियुतं च प्रत्युतं चार्बुदं च न्युर्बुदमॅ समुदृश च मध्यं चान्तश च परार्धयर चेता मेऽ अग्न इष्टका धेनवः सन्तव अमुत्रामुश्मिंल लोके।।

जिसका अर्थ है ''है अग्निदव! ये इष्टकाए (अर्पित हव्य की (सूक्ष्म ईकाइयां) हमारे लिए अभीष्ट फलदायक कामधेनु गौओं के समान हो जाये। ये इष्टकाये एक, एक से दस गुणित होकर दस, दस की दस गुणित होकर सौ, सौ की दस गुणित होकर हजार, हजार की दस गुणित होकर आयुत (दस हजार) दस हजार की दस गुणित होकर नियुत (लाख) लाख की दस गुणित होकर प्रयुत (दस लाख) दस लाख की दस गुणित होकर कोटि (करोड़) कोटी की दस गुणित होकर अर्बुद (दस करोड़) अर्बुद की दस गुणी होकर न्युर्बुद (अरब–अब्ज) इसी प्रकार दस के गुणक में बढ़ते हुए न्युर्बुद की दस गुणी खर्ब (दस अरब) दस अरब खरब की दस गुण होकर पद्यम (खरब) पदम की दस गुणी होकर महा पदम (दस खरब) महापदम की दस गुणी होकर शंकु (नील) शुकु की दस गुणित समुद्र (दस नील) समुद्र की दस गुणित होकर मध्य (शंख–पद), मध्य की दस गुणित अन्त (दस शंख) और अन्त की दस गुणित होकर परार्द्ध (लक्ष–लक्ष कोटि) संख्या तक बढ़ जाये। ये बड़ी हुई 13 इष्टकाएँ हमारे लिए इस लोक में आये परलोक में हर प्रकार से अभीष्ट फल प्रदायक कामधेनू गायों के समान हो जाये।[6]

भारतीयों की अंकगणितीय गणना दस खरब से भी ऊपर थी। जिसका परिमाण 10140 के बराबर होता है। या उससे भी कई गुणा ज्यादा 10140 का ज्ञान भारतीय संस्कृति में ईसा से 100 वर्ष पूर्व का जैन ग्रंन्थ अनुयोग द्वार सूत्र में वर्णित है जबकि उस समय युनान की बड़ी संख्या का नाम मिरियड था जो 10000 तक थी और रोम के लोगों की सबसे बड़ी संख्या (मिल्ली) थी जो 1000 थी।[7]

शून्य का अविष्कार पिंगल ने अपने ''छन्द सूत्र'' में ईसा से 200 वर्ष पूर्व किया

था। जिसके उपयोग का ज्ञान ब्रह्म गुप्त ने (छठी शताब्दी ईसापूर्व) में विश्व को दिया था।

ज्यामिति–गणित की इस संख्या का भारतीय संस्कृति में विशेष महत्व है क्योंकि यह वह ज्ञान है जिसने भारतीय संस्कृति में सबसे प्राचीन संस्कृति हड़प्पा संस्कृति को नगर नियोजन का ज्ञान कराया था। वैदिक काल में यज्ञ वेदियों को बनाने का ज्ञान दिया था। जिसका ज्ञान इस वैदिक संस्कृति के लोगों को शुल्व सूत्र से प्राप्त हुआ जिसमें वर्ग व आयत बनाने की विधि दी है। इसके अतिरिक्त इस ग्रन्थ में त्रिकोण क्षेत्रफल आदि की रीतियों का भी वर्णन है।

आर्यभट्ट ने वृत्त की परिधि और व्यास के अनुपात (पाई) का मान 3.1416 स्थापित किया। जो दशमलव के पांच अंकों तक बिल्कुल सही है।

इस सन्दर्भ में हमे आर्यभट्ट द्वारा लिखित संस्कृत सूत्र द्वारा जानकारी मिलती है।

चतुराधिकं शतमष्टगुणं द्वापष्टिस्तथा सहस्त्राणाम।
अयुतद्वयस्य विष्कम्भस्य आसन्नों वृतिपरिणाह आर्यभट्ट।

जिसका मतलब है 100 में चार जोड़े, आठ से गुणा करें और फिर 62000 जोड़े इस नियम से 20000 परिधिके एक वृत्त का व्यास जाना जा सकता है।

(100 + 4) 8 + 62000 / 20000 = 3.1416

जो दशमलव के पांच अंकों तक सही है।

दुनिया को शून्य से अवगत कराने वाले महान गणितज्ञ ने ही पाई का प्रतिपादन किया था।

3.14 संख्या के कारण ''पाई दिवस हर साल 14 मार्च को मनाया जाता है। और 14 मार्च को 1 : 59 : 26 बजे जब सात दशमलवीय मान प्राप्त हो जाते है यानि 3.1415926 हो जाते है तब पूरी दुनिया में पाई के प्रयोग महत्व आदि पर चर्चा शुरू होती है।

बीज गणित–भारतीयों को गणित की इस शाखा का भी विशद ज्ञान था। आर्यभट्ट, ब्रह्मगुप्त, भास्कराचार्य, श्रीधराचार्य, आदि प्रसिद्ध गणितज्ञ हुए।

बीजगणित में भारतीयों की उपलब्धि, अनिवार्य वर्ग समीकरण का हल प्रस्तुत करना है। पाश्चात्य जगत में 1688 मे जान पेले ने इसे प्रस्तुत किया था जिसे पेले समीकरण कहते है। अनिवार्य वर्ग समीकरण के लिए भारतीय नाम वर्ग प्रकृति है जिसे ब्रह्म गुप्त ने ब्रह्म सिद्धान्त में वर्ग समीकरण के हल का निम्नलिखित शब्द सूत्र दिया है।

''वर्गाहत रूपानां अव्यक्तार्धिकृति संयुतानां यत।
पदम् व्यक्ताधनिं तद वर्ग विभक्तम् व्यक्तः।।[8]

व्यक्त राशि (सी) के साथ अव्यक्त राशि की गुणांक (बी) आधे वर्ग अर्थात (बी / 2) को जोडिए। इसके वर्गमूल से अव्यक्त राशि के गुणांक के आर्ध (बी / 2)

को घटाइयें पुनः अज्ञान राशि के गुणांक (ए) से भाग दीजिए इससे अव्यक्त राशि का मान प्राप्त हो जायेगा।

अर्थात वर्तमान में $x^2 + px = q$ ये इसका बीज गणितिय रूप है।

चिकित्सा विज्ञान–भारतीय संस्कृति व इतिहास में चिकित्सा विज्ञान का अपना एक विशेष महत्व है। चिकित्सा विज्ञान के जनक भी ऋषि मुनी ही माने जाते है। भारतीय संस्कृति के पोषक वेदों मे इस चिकित्सा विज्ञान के सन्दर्भ में एक वर्णन मिलता है कि जब सृष्टि का निर्माण हुआ तब मानव संस्कृति व सभ्यता का विकास हुआ। तब स्वयं ही उनके अन्दर व बाह्य कारणों से उन्हें पीड़ा उत्पन्न होने लगी तब 'सुश्रुत के नेतृत्व में ऋषियों का एक दल धनवन्तरी के आश्रम पहुंचा और सुश्रुत ने उन्हे प्रणाम किया तथा निवेदन किया कि हम देख रहे है कि मनुष्य अपने शरीर एवं मस्तिष्क के रोगो के कारण घोर पीड़ा भोग रहे है।

चरक सुश्रुत के समय में भारतीय औषध विज्ञान पश्चिमी औषध विज्ञान से श्रेष्ठ था। भारतीय चिकित्सा विज्ञान के सन्दर्भ में प्रथम जानकारी हमें अर्थर्ववेद मे मिलती है। इसमें विभिन्न प्रकार के रोगों का विवरण तथा उनके निवारण के लिए भेषज औशधियों का विवरण व जल चिकित्सा सूर्य किरण चिकित्सा और मानसिक चिकित्सा के विषय में विस्तृत रूप से चर्चा मिलती है।

अथर्ववेद के 600 वर्ष बाद काय चिकित्सा पर चरक संहिता और शल्य चिकित्सा पर सुश्रुत संहिता मिलती है।

रोगों की उत्पत्ति के कारण व उत्पत्ति के सन्दर्भ में चरक संहिता में निम्न सूत्र दिये गये है।

'यदा हास्मिन शरीरे धात्वों वेशम्यमापधन्ते तदा कलेशं विनाश वा प्राप्रोति।

वेशम्यगमनं हि पुनर्धातुना वृद्धि हास गमनम्।

अर्थात जब वणधातु पुरुष के शरीर के धातुओं में विषमता आ जाती है कोई धातु बढ़ जाती है कोई धातु घट जाती है तो इस प्रकार की विषमता से शरीर रोग ग्रस्त हो जाता है अथवा नाश को प्राप्त हो जाता है।

इसी प्रकार रोग के निदान के बारे में लिखा है–

'तदेवतस्माद्धेश जंसमागवचर्यभाणं युगपन्न्यूनातिरिताना धातुना सम्यकरं भवत् अधिकमप कर्शति न्यूनं आव्याति।

अर्थात् उचित रूप से विचार पूर्वक औषधि के प्रयोग से बढ़ी हुई धातुओं को घटाने व घटी हुई धातुओं को बढ़ाकर धातुओं की साम्य अवस्था लाई जा सकती है तथा शरीर निरोगी हो सकता है।[9]

इसके अलावा ऋषि पिपलाद ने अपने ग्रन्थ गर्भ उपनिषद में मनुष्य के शरीर का वर्णन किया है जिसमें 180 जोड़े 107 मर्मस्थल, 109 स्नायू तन्त्र और 707 नाड़ियों 360 हड्डियों, 500 मज्जा (मैरो) तथा 4.5 करोड़ सेल बताये है तथा ह्रदय का वजन

8 तोला जिव्हा का वजन 12 तोला और लीवर का वजन 1 किलों बताया है।

जहाँ महर्षि चरक ने काय चिकित्सा ग्रन्थ चरक संहिता लिखी। सुश्रुत ने शल्य चिकित्सा पर सुश्रुत संहिता लिखी। इसमें उन्होंने शल्य चिकित्सा के 101 उपकरणों का वर्णन किया है।

पशु चिकित्सा–भारतीय संस्कृति में पशुओं का भी विशेष स्थान है अतः भारत में पशु चिकित्सा का विज्ञान भी काफी विकसित हुआ है। इसमें घोड़ो की चिकित्सा पर शालिहोत्र नामक ऋषि ने हय आयुर्वेद अश्व लक्षण शास्त्र तथा अश्व प्रशंसा शास्त्र नामक ग्रन्थ लिखे इन ग्रन्थों का अनुवाद अनेक विदेशी भाषाओं में हुआ है।

इसी प्रकार पालकव्य ने 'हास्ते–आयुर्वेद हाथियों के शरीर की बनावट रोग–रोगों के निवारण शल्य चिकित्सा आदि का वर्णन किया है।[10]

भौतिक विज्ञान–प्राचीन काल में भारत में अन्य विज्ञानों के साथ–साथ भौतिक विज्ञान का भी प्रचलन था। कणाद ऋषि ने छठी शताब्दी ईसा पूर्व में ही इस बात को सिद्ध कर दिया था कि विश्व का हर पदार्थ परमाणुओं से मिलकर बना है। उन्होंने परमाणुओं की संरचना प्रवृत्ति तथा प्रकारों की चर्चा की जिन्होंने अपने वैशविक दर्शन में इसकी व्याख्या की है। इतना ही नहीं उन्होंने गति के नियम का भी प्रतिपादन किया। जिसे दर्शन में इन्होंने कर्म शब्द का प्रयोग किया है।

1. उत्प्रेषण (Upward Mation)
2. अवक्षेपण (Downward Motion)
3. आकुञ्चन (Motion due to the release of tensile stress)
4. प्रसारण (Shearing Mation)
5. गमन (General type of Mation)

इसी प्रकार महर्षि प्रस्तपाद लिखते है।

वेगों पञ्चसु दश्व्येशु निमित–विशेषापेक्षात कर्मणों जायते नियतदिक क्रिया प्रबंध हेतु स्पर्शवद दष्व्यसंयोग विशेष विरोधी क्वचित कारण गुण पूर्ण क्रमेणोत्पदयते।

अर्थात् वेग या मोशन पांच द्रव्यों ठोस गैसीय पर निर्मित व विशेष कर्म के कारण उत्पन्न होता है तथा नियमित दिशा में क्रिया होने के कारण संयोग विशेष से नष्ट होता है।[11]

रसायन विज्ञान–भारतीय संस्कृति में रसायन विज्ञान एक रोचक विषय रहा क्योंकि इस विज्ञान का योगदान धातुकर्म् चिकित्सा आदि में बहुत उपयोगी है। भारत में प्रमुख रसायन शास्त्री नागार्जुन (10वीं शताब्दी) रसायन शास्त्र के जनक माने जाते है। जिन्होंने 'रस रत्नाकर' ग्रन्थ की रचना की। इसके अतिरिक्त भारत में रसायन विद्या पर 44 ग्रन्थ संस्कृत भाषा में उपलब्ध है।[12]

रस रत्नाकर में नागार्जन ने पारे से संजीवनी की विधि का विवरण तथा वनस्पति तेजाबों (अम्लों) से हीरा धातु मोती गलाने की विधियों का भी विवरण दिया है।[13]

इसके अलावा रसायन विज्ञान में रस चण्डाषुः नामक ग्रन्थ का महत्वपूर्ण योगदान है जिसमें (पारा) पारद के विषय में दो श्लोक दिये है जो परद की विषेशता का वर्णन करते है।

जैसे– ''**शताष्वमेहोन कृतेन पुण्यं गोकोटिभिः स्वर्ण सहस्त्रदानात।**
नृणां भवेत् सूतकदर्शनेन यत्सर्वतीथेशु कृताभिशेकान्त।। 6।।

अर्थात सौ अश्वमेघ यज्ञ करने के बाद एक करोड़ गाय देने के बाद या स्वर्ण की एक हजार मुद्राएँ दान देने के पश्चात् तथा तीर्थों से अभिषेक करने के फलस्वरूप जो पुण्य मिलता है वही पुण्य केवल पारद के दर्शन मात्र से होता है।[14]

इसी तरह एक अन्य श्लोक :–

''**मूर्च्छित्वा हरितं रूं बन्धनमनुभूय मुक्तिदो भवति।**
अमरीकरोती हि मश्तः कोडन्यः करूणाकरः सूतात।। 7।।

अर्थात जो मूर्च्छित होकर रोगो का नाश करता है। बद्ध होकर मनुष्य को मुक्ति प्रदान करता है और मृत होकर मुनष्य को अमर करता है। ऐसा दयालू पारद के अतिरिक्त अन्य कौन हो सकता है अर्थात कोई नही।[15]

धातुकर्त या धातु विज्ञान–भारतीय इतिहास व भारतीय संस्कृति धातु कर्म अथवा धातु विज्ञान प्रागैतिहासिक काल से आरम्भ होकर आधुनिक काल तक जारी है।

भारत में हडप्पा कालीन संस्कृति के समय से ही अनेक धातुओं का उपयोग होता रहा है। धातुओं को प्राप्त करने के लिए कई विज्ञानों का सहारा लेना पड़ता है। धातुओं के अयस्कों की खोज के लिए भूविज्ञान मे दक्षता अनिवार्य है और भारत को प्राचीन काल से ही इन सभी विज्ञानों में दक्षता प्राप्त है।

धातु विज्ञान में भारत की दक्षता उच्च कोटि की थी। ''ईसा पूर्व 326 ई0 में पोरस में 30 पौण्ड वजन का भारतीय इस्पात सिकंदर को भेट में दिया था।[16]

उस काल में भारतीय इस्पात इतनी उच्च कोटि का होता था कि उसकी मांग उस समय अन्य सभी देशों में होती थी।

इस धातु विज्ञान का जीता जागता साक्ष्य उदाहरण स्वरूप दिल्ली का महरौली का लोह स्तम्भ (चौथी शताब्दी) 1700 वर्षों की सर्दी, गर्मी, बरसात को सहकर भी बिना जंग लगे खड़ा हुआ है जो बिना बोले उस समय की भारतीय संस्कृति के धातु विज्ञान की जयगाथा सुनाता है।[17]

इस तरह ही कानार्टक की पर्वत श्रृंखलाओं में 7.5 मीटर ऊँचा लोह स्तम्भ बिन जंग लगे अविचलित खड़ा हुआ है।[18]

और उड़ीसा के कोणार्क मंदिर (13वीं शताब्दी) में लगभग 10.5 लम्बा तथा 90 टन के भार वाला लोह स्तम्भ आज भी जंग विहिन है। इतने भारी स्तम्भ को ढालकर बनाना ही भारत की धातु विज्ञान की विस्मयकारी उपलब्धि है।[19]

भारत में धातुकर्म 2000 वर्ष पहले आरम्भ हो चुका था। ऋग्वेद में अयस (धातु) का शब्द आया है।[20]

2500–900 ई0 पूर्व सिन्धुघाटी की सभ्यता में एक स्थल (बालाकोट) से खुदाई में एक भट्टी मिली है। जिसमें सम्भवतः सिरामिक वस्तुओं का निर्माण किया जाता था।[21]

350 ईसा पूर्व–भारत में इस्पात का विकास 350 ई0 पूर्व हुआ। इसे आजकल बुटज इस्पात कहते हैं। मध्यकाल में इसी से 'दमिश्क की तलवार' बनती थी। तमिलनाडु में कोड्मनाल में खुदाई में इस्पात निर्माण की भट्टिया ओर अन्य साधन प्राप्त हुए है।[23]

300 ईसा पूर्व–अर्थशास्त्र में कौटिल्य ने खनिज जिसमें लौह इस्पात सम्मिलित था की जानकारी दी तथा धातु निकालने के कौशल का उल्लेख किया है।[24]

16वीं शताब्दी में मध्यपूर्व और यूरोप में भारतीय इस्पात जो वुटज इस्पात या वुटज ऑफ वाटरी अपिअरेन्स'' के नाम से जाना जाता है का इस्तेमाल हुआ।[25]

इस प्रकार के उल्लेख साक्ष्य व विवरण हमें भारतीय संस्कृति में धातु विज्ञान के उपयोग की गाथा सुनाते है कि किस प्रकार भारतीय संस्कृति में इस विज्ञान का प्रयोग आधार भूत स्तम्भों के साथ–साथ सामाजिक जीवन में होता था।

निष्कर्षतः कहा जा सकता है कि भारतीय संस्कृति में विज्ञान की परंपरा अन्य विश्व की तुलना में सर्वाधिक प्राचीन व सुदृढ रही है जब सम्पूर्ण विश्व अन्धकार मे जी रहा था तब भारत में एक ऐसी संस्कृति जन्म ले रही थी जिसमें एक ऐसा विज्ञान व ज्ञान का दर्शन विद्यमान था जिसका सम्पूर्ण विश्व ने लाभ उठाया।

अतः हमारा यह नैतिक कर्तव्य है कि हम अपनी इस महान संस्कृति व विज्ञान को सुरक्षित रखते हुए इसके दम पर फिर से विश्व गुरु बनने का प्रयत्न करें व विश्व गुरू बनें।[26]

सन्दर्भ ग्रन्थ सूची

1. आचार्य शिवराज ''वेदांग ज्योतिष' लगध मुनी 2005 चौखम्बा विद्या भवन वाराणसी।
2. इन्टरनेट
3. बनारसी दस मोतीलाल ''सूर्य सिद्धान्त ए टेस्ट बुक ऑफ हिन्दु ऐस्ट्रोनॉमी (रि–प्रिण्ट) मेल यूनिवर्सिटी प्रेस अमेरिकन ऑरियण्टल सोसायटी प्र0 26–27
4. लायनल डी0बी0 बारनेट ''ऐन्टिक्यूटीज ऑफ इंण्डिया 1999 अटलॉटिक पृ0–193
5. चौहान प्रियंका ''वैदिक वांगमय में विज्ञान और प्रौद्योगिकी (2012) प्रकाश बुक डिपो बरेली।
6. यजुर्वेद संहिता अध्याय–17 मंत्र–2
7. इन्टरनेट

8. इन्टरनेट
9. इन्टरनेट
10. इन्टरनेट
11. इन्टरनेट
12. इलेक्ट्रानिका पत्रिका 250 वां अंक
13. इन्टरनेट
14. इन्टरनेट
15. इन्टरनेट
16. रस चण्डाश : पृष्ठ 2 श्लोक 6 (रस रत्न समुच्य हिन्दी टीका सहित 1962 मोती लाल बनारसी लाल दिल्ली)
17. इन्टरनेट
18. भारतीय धातु विज्ञान का चमत्कार ''वैज्ञानिक भारत ब्लाग स्पष्ट 2006''
19. इन्टरनेट
20. इन्टरनेट
21. विज्ञान और प्रौद्योगिकी पत्रिका
22. ऋग्वेद नेटनेट
23. आज भी आश्चर्य पैदा करती है प्राचीन भारतीय भट्टियाँ ''हिन्दी मीडिया पत्रिका) 206
24. श्रीनिवासन एस0 और रंगनाथम एस0 मेटालोरिजिकल है रिटेज ऑफ इण्डिया डिपार्टमेण्ट ऑफ मेटालॉरजी इण्डियन इंस्टिटयूट ऑफ साइंस बंगलौर
25. गोय पंकज सर्ववाइवल ऑफ ट्रेडिशनल इण्डियन आयरन टेक्नोलॉजी
26. अग्रवाल डी0पी0, गोयल पंकज, ''कुमाँऊ आयरन वर्क्स दि ब्रिटिश एण्ड ट्रेडिशनल टैक्नोलॉजी।

❖❖❖

17

योग : आदियुग से वर्तमान तक

मोनिका
शोध छात्रा (इतिहास विभाग)
चौ० चरण सिंह विश्वविद्यालय, मेरठ

सोहनपाल सिंह
शोध छात्र (राजनीतिक विज्ञान विभाग)
चौ० चरण सिंह विश्वविद्यालय परिसर मेरठ

भारत में योग की परम्परा उतनी ही पुरानी है जितनी कि भारतीय संस्कृति। किसी न किसी रूप में योग की साधना हर काल में होती आई है। योग का वर्णन वेदों में, फिर उपनिषदों में और फिर गीता में मिलता है, लेकिन पतंजलि और गुरू गोरखनाथ ने योग के बिखरे हुए ज्ञान को व्यवस्थित रूप से लिपिबद्ध किया। योग हिन्दू धर्म के छः दर्शनों, यथा—न्याय, वैषेशिक, मीमांसा, संख्या, वेदान्त और योग में से एक है।

योग जीवन को अच्छे ढंग से जीने का विज्ञान है। यह हिन्दू, मुस्लिम, जैन, सिख, ईसाई में भेद नही करता। यह न शाास्त्र है, न ही धर्म ग्रन्थ । यह एक अनुशासन है जो मनुष्य के शरीर, इन्द्रियों, मन आदि को अनुशासित करता है। डॉ0 सुरेन्द्र दास गुप्त का यह मत उचित लगता है कि 'योग' शब्द तीन धातुओं से निकला है यथा "युजिर योगे" अर्थात् एक साथ मिलना या युक्त होना, "युज समाधौ" अर्थात् एकाग्रता, "युज संयमने" अर्थात् निरूद्ध होना। योग संस्कृत के शब्द 'युज' से बना है जिसका अर्थ है— मिलना, जुड़ना, संयुक्त होना आदि। अर्थात् ब्राह्मण योग के परवर्ती ग्रन्थों के अनुसार मानवीय चेतना पर आत्मीय चेतना का सार्वभौमिक चेतना के साथ सामंजस्य ही योग है। जिस विधि से व्यक्ति अपने प्रकृति जन्म विकारो को त्याग कर अपनी आत्मा के साथ संयुक्त होता है वही 'योग' है। विधियो की भिन्न्ता के आधार पर योग के भी अनेक नाम हो गये है, जैसे— राजयोग, ज्ञानयोग, कर्मयोग, भक्तियोग, संन्यासयोग, बुद्धियोग, हठयोग, नादयोग, लययोग, बिन्दुयोग, ध्यानयोग, क्रियायोग आदि किन्तु सबका उद्देश्य एक ही है।[1]

'योग' और 'ध्यान' शब्द हड़प्पा संस्कृति में प्रचलित थे अथवा नहीं, हमें ज्ञात नहीं है। परन्तु 'ध्यान' अथवा 'योग' के अभ्यास करने वाले मनुष्यों की सत्ता के पुरातात्विक प्रमाण इस संस्कृति में उपलब्ध है। अतः योगाभ्यास का प्रामाणिक चित्रण लगभग 3000 ई0 पू0 सिंधु घाटी सभ्यता के समय की मोहरो और मूर्तियों में मिलता है। पौराणिक परंपराओं के अनुसार भगवान शिव को योग का संस्थापक

या आदि योगी तथा पहले गुरू या आदि गुरू के रूप में माना जाता है। और पार्वती योग की उनकी पहली शिष्या थी।

कई हजार वर्ष पहले, हिमालय में कांति सरोवर झील के तटों पर आदि योगी ने अपने प्रबुद्ध ज्ञान को अपने प्रसिद्ध सप्तऋषियों को प्रदान किया था। सप्तऋषियों ने योग के इस ताकतवर विज्ञान को एशिया, मध्य पूर्व उत्तरी अफ्रीका, दक्षिण अमरीका सहित विश्व के भिन्न भिन्न भागो में पहुँचाया। अगस्त नामक सप्तऋषि, जिन्होनें पूरे भारतीय उपमहाद्वीप का दौरा किया, ने यौगिक तरीके से जीवन जीने के इर्द – गिर्द इस संस्कृति को गढ़ा । योग का उल्लेख प्राचीन ग्रन्थ ऋग्वेद में मौजूद है। ऋग्वेद (10–136) के केषीसूक्त में वर्णित ''मौन से उन्मत्त'' 'वातरसना मुनि' का दृश्य प्रागैतिहासिक काल के एक प्रकार के योगी का परिचय देता है। यह मुनि अवैदिक परम्परा का एक प्रतिनिधि इस कारण माना गया है कि सूक्तकार उससे प्रभावित एवं उसके असाधारण सिद्धि सरीखे चरित्रों से आश्चर्य में पड़ गया प्रतीत होता है। अनेक आधुनिक विद्वानों ने योग पद्धति की उत्पत्ति इन्हीं अवैदिक मुनियों, यतियों एवं श्रमणों की संस्कृति से निःसृत मानी है, जिनका विरल उल्लेख वैदिक ग्रन्थों में सुरक्षित है। इसके माध्यम से ऋषि–मुनि और योगी गण सत्य और तप के अनुष्ठान से ब्रह्माण्ड के अनेक रहस्यों से साक्षात्कार करते आये है। कठोपनिषद् (6–11) में सर्वप्रथम योग को परिभाषित किया गया–

'तां योगमिति मन्यन्त स्थिरामिन्द्रियधारणम्।''

यह ग्रन्थ 'योगविधि का एक 'अध्यात्मयोगाधिगमेन' प्राप्त होने वाली हर्ष व शोक से रहित अवस्था का उल्लेख करता है। श्वेताम्बर उपनिशद (1–3) में 'ध्यानयोग' द्वारा 'देवात्मशक्ति' का उल्लेख सुर्विदित है। यह ग्रन्थ ध्यान एवं योग से सम्बन्धित अनेक तत्वों, सिद्धियों, योगाग्निमय शरीर, कपिल ऋषि एवं सांख्ययोग के अतिरिक्त 'भक्ति' शब्द का भी उल्लेख करता है।

मैत्रायणी उपनिषद्, प्रथम ऐसा उपनिशद माना जाता है जो योग के छः अंगों की एक सूची प्रस्तुत करता है–

''प्राणायामः प्रत्याहारों ध्यानं धारण तर्कः समाधिः शडग्ङः इत्युच्यते योगः।''

ध्यानविन्दूपनिषद् तथा योगचूड़ामणि उपनिषद् में भी योग के छः भागों की सूची मिलती है, जिसमें तर्क अनुपस्थित है और अंगों का क्रम भी अधिक व्यवस्थित है–

''आसनं प्राणसंरोधः प्रत्याहाश्र धारणा।
ध्यानं समाधिरेतानि योगाड्गनि भवन्ति षट।।''

मैत्रायणी उपनिशद् में ॐ तथा प्राण की एकता को 'योग' माना गया है। कैवल्योपनिषद के अनुसार–

''श्रद्धा भक्ति ध्यान योगादवेहि।''

अर्थात् श्रद्धा, भक्ति ध्यान के द्वारा आत्मा का ज्ञान ही योग है। भारतीय ग्रन्थों

में योग का सबसे विस्तृत उल्लेख पंतजलि योगसूत्र जो सुव्यवस्थित ढंग से लिखा गया योग का प्रथम प्रामाणिक ग्रन्थ माना जाता है, यही अष्टांग योग का आधार बना और जैन धर्म की पाँच प्रतिज्ञा और बौद्ध धर्म के योगाचार की जड़ें पतंजलि योगसूत्र में समाहित है। पंतजलि योग दर्शन में कहा गया है–

''योगश्चितवृत्ति निरोधः।'' (योगसूत्र, 1/2)

अर्थात् चित की वृत्तियों का निरोध ही योग है।[2] मन की चंचलता को भटकने से रोकना ही योग है। योग संकल्प की साधना है। वह अपनी इन्द्रियो को वश में कर चेतन आत्मा से संयुक्त होने का विज्ञान है। जिनके लिए ये आठ साधन है– यम, नियम, आसन, प्राणायाम, प्रत्याहार, धारण, ध्यान तथा समाधि । इन साधनों के विधिवत अनुष्ठान से ही मनुष्य परम पद को प्राप्त करता है। इस चित्तवृति निरोध को 'अमनी अवस्था' भी कहते है । कबीर ने इसे 'सुरति' कहा है।[3] पतंजलि के अनुसार चितवृत्तियों का निरोध 'अभ्यास' और 'वैराग्य' से होता है। अर्थात –

''अभ्यासवैरागयाभ्यां तन्निरोधः।''[4]

घर छोड़कर जंगल जाना, भगवा पहनना, शरीर पर राख लपेटना, नग्न रहना आदि वैराग्य नही है बल्कि सांसारिक विषयों के प्रति जो वासना है, आसक्ति है, लगाव है। इनका त्याग ही वैराग्य है। योग चिन्तन, सोच एवं कार्य के बीच एकीकरण एवं तालमेल स्थापित करता है। गीता में श्रीकृष्ण ने कहा है–

''बुद्धियुक्तो जहातीह उभे सुकृतदुश्कते।
तस्माद्योगाय युज्यस्व योग कर्मसु कौषलम्।।'' (गीता, 2/50)

अर्थात् समबुद्धि युक्त पुरुष पुण्य और पाप दोनों को इसी लोक में त्याग देता है, इसलिए तू योग में लग जा अर्थात जो योग की साधना करता है उसके कर्मो में कुशलता आती है, निपुणता आती है। गीता में भी कहा गया है–

''योगस्थःकुरू कर्माणि।''[5]

अर्थात योग में रमकर कर्म करो। गीता के अनुसार–

''दुख, संयोगवियोग योग संज्ञितम्''। (गीता 6/23)

अर्थात् जो दुख रूप संसार के संयोग से रहित है उसका नाम योग है। गीता में यह भी कहा गया है–

सिद्धध्यसिऽध्यो समोभूत्वा समत्वंयोग उच्चते। (2/48)

अर्थात् दुख–सुख, लाभ–अलाभ, शत्रु–मित्र, शीत और उष्ण आदि द्वन्द्वों में सर्वत्र समभाव रखना योग है। गीता में कर्मयोग, ध्यान योग, समत्वयोग, भगवत्प्रभावरूपयोग, भक्तियोग, अष्टांगयोग, सांख्ययोग का भी उल्लेख मिलता है।[6]

गीता के अतिरिक्त महाभारत में शान्ति पर्व के अन्तर्गत संकलित 'मोक्ष धर्म', नामक अंश योग की दृष्टि से महत्वपूर्ण माना जाता है। योग को लोकप्रिय बहु–उद्देशीय, एवं विविधार्थक बनाने में महाभारत का सर्वाधिक योगदान रहा है। महाभारत में वे सभी कार्य योग के अन्तर्गत है, जो जीवात्मा को ब्रह्म अथवा ईश्वर

की ओर ले जाते है और साथ ही सिद्धियाँ प्रदान करते है। तप, जप, ध्यान, त्याग, इन्द्रियों का नियन्त्रण करना, मन का समाहित होना, सन्यास आदि व्यष्टिगत व समष्टिगत रूप में योग माने गये हैं–

> ''यथा स्वनुष्ठितं ध्यानं तथा कुर्वन्ति योगिनः।
> महर्शयो ज्ञानतूप्ता निर्वाणगत मानसाः।।''
>
> (महाभारत, शान्तिपर्व, 115–2)

महाभारत में योग से सम्बन्धित एक अन्य ष्लोक–

> ''सुखेन तेन संयुक्तो रंस्यते ध्यानकर्मणि।
> गच्छन्ति योगिनी होव निर्वाण तन्निरामयम्।।''

कठोपनिषद्, भगवद्गीता, विष्णुपुराण, ऋग्वेद, सांख्यदर्शन योगसूत्र, योगभाष्य, भोजवृत्ति, गोरक्षशतक, योगवार्तिक, योगसार संगृह, हठयोगप्रदीपिका, सूत्रवृत्ति मणिप्रभा, शिवसंहिता आदि ग्रन्थों में हमें योग की जानकारी मिलती हैं। विष्णुपुराण में कहा गया है–

> ''योगः संयोग इत्युक्तः जीवात्म परमात्मने।''

अर्थात जीवात्मा और परमात्मा का पूर्णतया मिलन ही योग है। हिन्दू, बौद्ध, जैन आदि धर्मो में योग को अलग–अलग तरीको से परिभाषित किया है। बौद्ध धर्म के अनुसार–

> ''कुशल चितैकग्गता योगः।''

अर्थात कुशल चित्त ही एकाग्रता योग है। आचार्य हरिभद्र के अनुसार–

> ''मोक्खेण जोयणाओं सव्वो कि धम्म वणहारो जोगो।''

अर्थात् मोक्ष से जोड़ने वाले सभी व्यवहार योग है।

सांख्य दर्शन के अनुसार–

> ''पुरुषप्रकृत्योर्वियोगेपि योग इत्यामिधीयते।''

अर्थात् पुरुष एवं प्रकृति के पार्थक्य को स्थापित कर पुरुष का स्वं स्वरूप में अवस्थित होना ही योग है।

श्रीनरसिंह पुराणम् में कहा गया है–

> ''योगाभ्यासरतस्येह नृयेयुः पातकानि च।
> तस्माद्योगपरो भूत्वा ध्यायेन्नित्यं क्रियान्तरे।।''[7]

अर्थात् योगाभ्यासपरायण पुरुष के समस्त पाप नष्ट हो जाते है। अतः कर्त्तव्य कर्म से अवकाश मिलने पर प्रतिदिन योगनिष्ठ होकर ध्यान करना चाहिए।

योग के इतिहास में यह ऐसा युग था, जब योग की शिक्षाओं को लिखा जाने लगा और इस तरह मौखिक परम्परा का अन्त हो गया। इस अवधि में योग से सम्बन्धित उत्कृष्ट साहित्य की एक समृद्ध परंपरा देखने को मिलती है। जैसे– उपनिषद्, पुराण, गीता, महाभारत, योगवशिष्ठ, योग सूत्र। इस युग में भारत हजारों तेजस्वी योगियों, सिद्धों, साधु संतों का जन्म स्थल बना। उनमें से कुछ प्रमुख योगी

थे– वशिष्ठ, भगवान कृष्ण, पाराशर ऋशि, कास ऋषि, अष्टावक्र पतंजलि।

प्राचीन भारत में पतंजलि काल को योग का 'क्लासिकल पीरियड' माना जाता है। कुछ सदियों बाद (800–1800 ई0) योग के विकास में एक दिलचस्प मोड़ आया। इस काल में बहुत से गुरु सामने आए जिन्होंने सामाजिक जरूरतों से खुद को ज्यादा से ज्यादा जोड़ना शुरू कर दिया। योग धीरे–धीरे सामूहिक आंदोलनों में परिणत हो गया। मध्यकाल में योग के महान आध्यात्मिक लक्ष्य अब ज्यादा से ज्यादा साधारण और सांसारिक होने लगे थे। अतः कहा जा सकता है कि इस काल में प्राचीन योग का महत्व घटने लगा था। इस काल में योग की कई शाखाओं व विचारधाराओं का भी जन्म हुआ, जिसकी एक पद्धति हठयोग है। इस विद्या के प्रभाव में आकर योग गुरूओं की नई जमात ने अभ्यासों की एक पद्धति शुरू की जिसका लक्ष्य शरीर को फिर से युवा करना और उसका जीवन काल बढ़ाना था।

इस काल के प्रमुख योगी और संत थे–शंकराचार्य, रामानुजाचार्य, गोरखनाथ (नाथ पंथ), ब्रह्मेद्र सरस्वती, मत्स्येन्द्रनाथ, स्वात्माराम, श्रीनिवास भट्ट, सूरदास, तुलसीदास, मीराबाई आदि।

आदि शंकराचार्य ने ब्रह्मसूत्र, उपनिषद्, गीता और पतंजलि योगसूत्र पर टीकाएँ लिखी। उन्होंने 'योग तारावली' में हठयोग तथा 'सौन्दर्य लहरी' में कुंडलिनी योग के विषय में समझाया। रामानुजाचार्य ने 'तंत्र–सार' नामक पुस्तक में कुंडलिनी योग के बारे में बताया। आदिनाथ को हठयोग का संस्थापक माना जाता था। हठयोग की परम्परा का विकास 14वीं सदी में सबसे ज्यादा हुआ। विभिन्न योगियों ने अपने ग्रन्थों के माध्यम से हठयोग को प्रचारित किया। मत्स्येन्द्रनाथ, गोरखनाथ, स्वात्माराम, घेरांद, श्रीनिवास भट्ट आदि प्रमुख हठयोगी थे। गोरखनाथ ने योग परंपराओं में महान नाथ परंपरा प्रारंभ की तथा उनके शिष्य मत्स्येन्द्रनाथ ने कनफटा योगियों की परम्परा स्थापित की। कनफटा योगी कानों में बड़े–बड़े कुंडल धारण करते थे, जो सौर व चन्द्र ऊर्जाओं के प्रतीक थे। नाथ योगी एक तरह की रस्मी सीटी एक काले ऊनी जनेऊ पर धारण करते हैं। यह प्रतीक नाद–अनुसंधान अभ्यास से संबंधित है। जिसका उद्देश्य ध्वनि तरंगों के साथ काम करना है।

12वीं सदी से 16वीं सदी के दौरान भक्ति योग लोकप्रिय था। सूरदास, विठ्ठलदास, तुलसीदास, पुरंदरदास, कनकदास, मीराबाई आदि प्रसिद्ध भक्ति योगी रहे।

स्वामी विवेकानन्द ने शिकागो के धर्म संसद में अपने ऐतिहासिक भाषण में योग का उल्लेख कर सारे विश्व को योग से परिचित कराया। महर्षि महेश योगी, परमहंस योगानन्द, रमण महर्षि जैसे कई योगियों ने पश्चिमी दुनिया को प्रभावित किया और धीरे–धीरे योग एक धर्मनिरपेक्ष, आध्यात्मिक अभ्यास के बजाय एक रस्म–आधारित धार्मिक सिद्धान्त के रूप में दुनिया भर में स्वीकार किया गया। स्वामी विवेकानन्द ने कहा था–

हम मानते है कि हर कोई दिव्य है, भगवान है। हर आत्मा एक सूर्य है जो अज्ञानता के बादलो से ढका है। आत्मा और आत्मा के बीच अन्तर बादलों की इन परतों की तीव्रता में अन्तर की वजह से है। योग इसी अज्ञानता के बादलों को हटाने का माध्यम है।

भारतीय संस्कृति की सबसे पुरानी विरासत के रूप में योग आधुनिक काल में और भी अधिक प्रासंगिक हो गई है। आज की भागदौड़ भरी जिन्दगी में योग एकमात्र साधन है, जो मानव के तन, मन को जीवन्त बनाए रख सकता है।

हजारों सालों से हमारे पूर्वजों ने इस सांस्कृतिक धरोहर को विश्वकल्याण के लिए संजोकर रखा है। प्रधानमंत्री नरेन्द्र मोदी जी के प्रयासो से योग को उसी परम लक्ष्य तक पहुँचाने की अदभुत कोशिश की जा रही है। 21 जून 2015 वो दिन था। जब सम्पूर्ण विश्व को उस ज्ञान को आत्मसात करने का मौका मिला जिसके लिए वो सदियों से लालायित था। भारतीय प्रधानमंत्री नरेन्द्र मोदी जी की पहल पर इस दिवस को अन्तर्राष्ट्रीय योग दिवस के रूप में पहचान मिली । हजारो सालो की जो हमारी सांस्कृतिक धरोहर थी। उसका डंका एक साथ विश्व के 192 देशों में बज उठा[8]। और एक बार फिर भारत का मस्तक गौरव से ऊँचा हुआ अन्तर्राष्ट्रीय स्तर पर योग की महत्ता को देखते हुए अनेक देश इसे आगे बढ़ाने के लिए प्रयासरत हैं। वर्तमान समय में जब एक ओर मुसलमान योग को हिन्दू धर्म से जोड़कर देखते है तथा इसका विरोध करते है, वही दूसरी ओर सऊदी अरब जैसे इस्लामिक देश में योग को राष्ट्रीय खेल का दर्जा दिया जा चुका है। अमेरिका, ब्रिटेन, फ्रांस, जर्मनी और कनाड़ा आदि देशो में योग के प्रति आकर्षण बढ़ा है। योग साधको के लिए योग स्कूल खोले जा चुके है, और लगातार नए स्कूल, योग केन्द्र आज भी खुल रहें है। प्रधानमंत्री मोदी जी के 192 देशों को योग की परंपरा से जोड़कर भारतीय संस्कृति की प्रमुख विशेषता "वसुधैव कुटुम्बकम" को सही साबित किया। उनका कहना है–

योग के अभ्यास से एकता की भावना, मन, शरीर और बुद्धि की एकता विकसित होती है। हमारे परिवारो के साथ एकता, जिस समाज में हम रहते है उसके साथ, साथ ही मानव के साथ साथ सभी पशु–पक्षी, पेड–पौधे, जिनके साथ हम अपने सुन्दर गृह को साझा करते है, के साथ एक होना ही योग है। व्यक्ति से समष्टि तक यह यात्रा हैं। मै से हम तक की यह अनुभूति, हम से वयम तक का यह भाव विस्तार, यही तो योग है।

जिस तरह राम के निशान भारतीय उपमहाद्वीप में जगह–जगह बिखरे पड़े है। उसी तरह योगियो और तपस्वियों के निशान जंगलों, पहाड़ों और गुफाओं में आज भी देखे जा सकते हैं। बस जरूरत है भारत के उस स्वर्णिम इतिहास को खोज निकालने की जिस पर हमें गर्व है। स्वामी दयानन्द सरस्वती ने कहा था–

''योग विस्मरण में दफन एक प्राचीन मिथक नही है। यह वर्तमान की सबसे बहुमूल्य विरासत है। यह आज की आवश्यकता है और कल की संस्कृति ।''

सन्दर्भ ग्रन्थ सूची

(1) दशोरा, नन्दलाल, ''पातंजल योगसूत्र–योगदर्शन'' रणधीर प्रकाशन, हरिद्वार, प्रकाशन, 2014, पृष्ठ सं.–5

(2) वही, पृष्ठ सं.–12

(3) वही, पृष्ठ सं.–12,13

(4) वही, पृष्ठ सं.–22

(5) गोयन्दका, जयदयाल, ''श्रीमदभगवदगीता'' गीता प्रेस, गोरखपुर –273004, सं0 2072 पंचानबेवाँ पुनर्मुद्रण, पृष्ठ सं.–103

(6) वही, पृष्ठ सं.–108

(7) महर्शिवेदव्यासप्रणीतम् ''श्रीनरसिंह पुराणम्'' गीताप्रेस, गोरखपुर–27305 (पृ0सं0 261)

(8) अखबार ''दैनिक जागरण'' दिनांक: 16 जून 2015, पृष्ठ सं.–1

❖❖❖

18

भक्ति योग : एक विवेचन

मोहित कुमार
शोध छात्र (इतिहास विभाग)
चौ० चरणसिंह विश्वविद्यालय परिसर मेरठ

श्रीमद् भगवद्गीता में वर्णित परमतत्व की प्राप्ति के लिए ज्ञान, कर्म और भक्ति तीनों को महत्वपूर्ण बताया गया है। भक्ति का प्रभाव हिन्दू धर्म में सर्वाधिक दिखायी देता है। मानव जीवन की उन्नति और शाश्वत शान्ति के लिए इन तीनों मार्गों का उल्लेखनीय योगदान रहा है। प्रत्यक्ष रूप से ज्ञान, कर्म और भक्ति अलग–अलग हैं। बुद्धि, भावना और इच्छाशक्ति के साथ जुड़े इन तीनों प्रवाहों से अज्ञान का आवरण नष्ट होने के परिणामस्वरूप दिव्यदृष्टि की प्राप्ति होती है, जो एक नूतन दृष्टिकोण प्रदान करती है। आधुनिक मनोविज्ञान भक्ति को भावना के साथ जोड़कर प्रस्तुत करता है। मनुष्य की व्यक्तिगत प्रकृति अलग–अलग होती है। कुछ मनुष्य किसी घटना को तार्किक दृष्टिकोण से देखते हैं तो कुछ मनुष्य किसी घटना को भावनात्मक दृष्टिकोण से देखते हैं। सम्भवतः ईश्वर के प्रति भावनात्मक दृष्टिकोण को ही भक्ति के रूप में माना जाता है। भक्ति मार्ग, प्रेम का मार्ग है। प्राचीनकाल में याज्ञवल्क्य ने ज्ञानमार्ग से, जनक ने कर्म मार्ग से और नारद ने भक्तिमार्ग से ईश्वर को प्राप्त किया था। भक्तिमार्ग अन्य दोनों मार्गों की अपेक्षा सरल होने के कारण सामान्य जनसमुदाय में विशेष रूप से लोकप्रिय है।

'भक्ति' शब्द का ईश्वर प्रेम के अर्थ में सबसे पहले उपयोग 'वेता वतरोपनिषद्' में किया गया है। भक्ति शब्द भज् धातु से उत्पन्न हुआ है। भज्–सेवायाम् धातु में क्तिन् प्रत्यय लगाकर (भज् + क्ति = भक्ति) शब्द बना है। भक्ति शब्द का अर्थ 'प्रेम' होता है।[1] ईश्वर की प्राप्ति का सबसे सरल और स्वभाविक मार्ग भक्तियोग को ही माना जाता है। भक्तियोग को विद्वानों के द्वारा निम्न रूप में परिभाषित किया गया है–

स्वामी विवेकानन्द के अनुसार–"सच्चे और निष्कपट भाव से ईश्वर की खोज को भक्तियोग कहा जाता है।[2]

नारद जी के अनुसार–"भगवान के प्रति उत्कट प्रेम भावना ही भक्ति है।"[3]

शाण्डिल्य सूत्र के अनुसार–"ईश्वर में परमानुरक्ति ही भक्ति है।"[4]

भक्त प्रहलाद के अनुसार—हे ईश्वर अज्ञानी जनों की जैसी प्रीति इन्द्रियों के नाशवान क्षणभंगुर भोग्य पदार्थों के प्रति रहती है, वैसी ही प्रीति मेरी तुझमें हो और तेरी सतत कामना करते हुए मेरे हृदय से वह कभी दूर न हो।[5]

भक्त प्रहलाद द्वारा दी गयी इस परिभाषा को भक्ति की सर्वोत्तम परिभाषाओं में से एक माना जाता हैं इससे स्पष्ट हो जाता है कि भक्तियोग में किसी—न—किसी रूप में भगवान को मानना आवश्यक है और उसके प्रेम में डूबकर उसके साथ ही एकीभूत हो जाना भक्तियोग का परमलक्ष्य है।[6]

परमात्मा के प्रति स्नेह भाव को हम 'भक्तियोग' के नाम से पहचानते हैं। भक्तियोग आधार में उपासना को प्रधान तत्व माना गया है। उपासना में विविध देवताओं की स्तुति को प्रधानता दी गयी है।[7] ऐसा माना गया है कि भक्तियोग के माध्यम से साधक सीधे ईश्वर के साथ सम्पर्क स्थापित करता है। अर्थात उसकी निकटता को अनुभव कर सकता है। भक्तियोग के पर्याय के रूप में जिस उपासना शब्द को माना गया है। उसका सर्वप्रथम उल्लेख अथर्ववेद में प्राप्त होता है। अर्थात्—हे इन्द्र, तुम शुची के पति हो, हम तुम्हें प्रभु के रूप में उपासते हैं।''[8] सम्भवतः ऋग्वेद में भक्तियोग के अरूणोदय तत्व दृष्टिगोचर होते हैं क्योंकि ऋग्वेद के मन्त्रों में श्रद्धा, प्रेम, समर्पण, प्रपत्ति आदि उच्च स्तरीय भक्ति के लक्षण प्रत्यक्ष या परोक्ष रूप से देखने को मिलते हैं। ऋग्वेद के सप्तम मण्डल के दृष्टा वशिष्ठ ऋषि की प्रार्थना है कि ''हे वरूण, मैं तुम्हारा आप्तजन हूँ, मुझे अपना मित्र बनाइयें।''[9] यहाँ पर भक्त हृदय के उद्‌गार और सांख्यभक्ति का समन्वय है। उपासकों के द्वारा वैदिक देवताओं के साथ समन्वय स्थापित करने का प्रयास किया गया, जिसमें भक्त और भक्ति का भाव सदृश्य होता है। सम्पूर्ण सृष्टि के कल्याण की कामना के साथ देवी—देवताओं की उपासना पर जोर दिया गया।

भक्तियोग की साधना का आरम्भ साधारण पूजा—पाठ के द्वारा किया जाता है। इस साधना को साधक भिन्न—भिन्न प्रकार से सम्पन्न करते हैं। प्रहलाद के द्वारा भक्ति साधना को नौ प्रकार का बताया गया है।[10] उनके द्वारा भक्ति साधना के जो प्रकार दिये गये हैं वह—

1. श्रवण, 2. कीर्तन, 3. स्मरण, 4. पाद सेवन, 5. अर्चना, 6. वन्दना, 7. दास्य, 8. सख्य, 9 आत्मनिवेदन।

1. श्रवण—संसार की बातों, राग—द्वेश के संस्कारों, पूजा—पद्धतियों व अन्य आध्यात्मिक क्रियाओं का अधिकांश भाग कान के मार्ग से ही साधक के हृदय तक पहुँचता है। अतः कानों के द्वारा भगवान की महिमा, उनके मंगल चरित्र व उनके नाम का संकीर्तन आदि सुनना श्रवण कहलाता है। साधक अपने गुरू व सन्तों के द्वारा भगवान के सत्कर्मों की चर्चा सुनता है। श्रवण परम्परा हमारी भारतीय संस्कृति की प्राचीन पद्धति है प्रारम्भ में भारतीय संस्कृति में सम्पूर्ण साहित्य के श्रवण

के माध्यम से ही हस्तातंरण (स्मरण) किया जाता था।

2. **कीर्तन**—इसके माध्यम से भगवान के नाम का वर्णन किया जाता है। ताकि मानव अपने जीवन में उसकी शिक्षाओं का अनुसरण करे। तथा अपने जीवन में सत्कर्म करके परमलक्ष्य को प्राप्त कर सके। कीर्तन में भगवान के रूप, नाम, गुण और लीला का वर्णन इसी उद्देश्य से किया जाता है।

3. **स्मरण**—मनुष्य द्वारा भगवान के रूप, गुण, लीला आदि के विषय में सुनकर उसको अनुभव करने का प्रयास किया जाता है। मन में बार—बार उसका चिन्तन करना स्मरण कहलाता है। इस स्मरण से व्यक्ति सत्य के मार्ग पर चलने व सतकर्म करने के लिए प्रेरित होता है।

4. **पाद सेवन**—भगवान के श्री चरणों की सेवा करना पादसेवन कहलाता है। यहाँ पर यह प्रश्न उठता है कि भगवान के श्री चरण मिलेंगे कहाँ? जो उनके चरणों की सेवा की जाये। इसका सीधा सा समाधान यह है कि मन में जहाँ भगवान के स्वरूप को स्मरण किया जाता है, उसी मन के द्वारा उनके चरणों की सेवा भी की जा सकती है। इसके अतिरिक्त भगवान की प्रतिमा की सांकेतिक रूप में जो चरणसेवा की जाती है उसे भी पादसेवन भक्ति ही माना जाता है। पादसेवन भक्ति में साधक अपने ईष्ट देव की अनेका—अनेक प्रकार से चरण वन्दना करने का प्रयास करता है। इस सेवा का उद्देश्य इस वन्दना के माध्यम से सम्भवतः परम पद की प्राप्ति करना ही होता है।

5. **अर्चना**—यह पाद सेवन से पृथक तरह की भक्ति है। भगवान् के श्री विग्रह का शाास्त्रवर्णित रीति से पूजन करना अर्चन भक्ति कहलाती है। इस भक्ति में साधक अपने ईष्ट देव का पूजन शास्त्रों में वर्णित पूरे रिवाजों, विधान व रीति के साथ करता है। इसमें भक्त बाह्य सामग्रियों के द्वारा और मन के द्वारा कल्पित सामग्रियों के साथ भगवान का श्रद्धापूर्वक पूजन करता है।

6. **वन्दना**—वन्दना का मुख्य अभिप्राय साधक के द्वारा भगवान के सम्मुख अपना सम्पूर्ण अभिमान त्यागकर शरणागत हो जाना है। इस वन्दना के दौरान साधक अपने भगवान के सम्मुख दीनभाव से साष्टांग प्रणाम आदि करता है।

7. **दास्य**—अपने समस्त कर्म भगवान को अर्पित कर देना ही दास्य भक्ति मानी जाती है। इसमें साधक अपने ईष्ट देव के सम्मुख इस भावना के साथ वन्दना करता है कि वे हमारे स्वामी हैं और हम सभी उनके सेवक। यह स्वीकार करके भगवत्सेवा के निमित्त ही कार्य करना दास्य भक्ति के अन्तर्गत माना गया है।

8. **सख्य**—अपने आराध्यदेव के प्रति मित्रता का भाव रखकर उनकी भक्ति की जाती है। इस भक्ति में साधक भगवान के प्रति दृढ़ विश्वास रखता है। वह कहता है कि भगवान हमारे सुहृदय हैं। वे जो कुछ भी करेंगे हमारे मंगल व कल्याण के लिए ही करेंगे।

9. **आत्मनिवेदन**—अपना ज्ञान अपनी बुद्धि, अपना संकल्प, अपना मन तथा अपना कर्म व अपना स्वत्व सभी कुछ समर्पण करके एक हो जाना और अपना कुछ भी न रखना आत्मनिवेदन कहलाता है।

आचार्य रामानुज ने विशिष्टद्वैत में जीवसृष्टि और जड़ पदार्थ दोनों को एक ही ईश्वर के अंगरूप में स्वीकृत किया है। इसके लिए इन्होंने भक्ति के मार्ग का ही अनुसरण करना अनिवार्य बताया है।[11] रामानुजाचार्य ने भक्तियोग के मूल तत्व भागवद्गीता से लेकर आलवर सन्तों की परम्पराओं का अनुसरण किया तथा भक्ति की प्राप्ति के सन्दर्भ में कहा है कि भक्ति विवेक विमोय, अभ्यास, क्रिया, कल्याण, अनवसाद और अनुद्वर्श से प्राप्त की जा सकती है।[12]

1. **विवेक**—विवेक का अर्थ यह है कि हमें अन्य बातों के साथ—साथ खाद्याखाद्य का विचार रखना चाहिए। रामानुजाचार्य के अनुसार खाद्य वस्तु के अशुद्ध होने के तीन कारण होते हैं—

(क) जाति दोष अर्थात खाद्य वस्तु का प्रकृतिगत दोष, जैसे—लहसुन, प्याज आदि।

(ख) आश्रयदोष अर्थात् दुष्ट और पापी व्यक्तियों के पास से आने में दोष।

(ग) निमित्तदोष अर्थात् किसी अपवित्र वस्तु जैसे धूल आदि के स्पर्श से होने वाला दोष।

श्रुति कहती हैं आहार शुद्ध होने से चित्त शुद्ध होता है और चित्त शुद्ध होने से निरन्तर भगवान का स्मरण होता है।[13]

2. **विमोक**—इन्द्रियों को विषयों की ओर से रोकना और उनको वश में लाकर अपनी इच्छाओं के अधीन रखना।

3. **अभ्यास**—मन की गति सदा परमात्मा की ओर रखने का अभ्यास करना। यद्यपि यह कठिन प्रक्रिया अवश्य है परन्तु निरन्तर प्रयास के द्वारा इसे किया जा सकता है।

4. **कल्याण**—कल्याण का अर्थ यहाँ पवित्रता से है। बाह्य सोच और खाद्याखाद्य विचार, ये दोनों सरल हैं, परन्तु आन्तरिक सोच के बिना इनका कोई मूल्य नहीं है। आन्तरिक सोच के लिए कुछ प्रमुख गुणों का होना आवश्यक है—

(क) सत्य, (ख) सरलता, (ग) दया अर्थात् निःस्वार्थ परोपकार, (घ) दान, (ड़) अहिंसा अर्थात मन वचन और कर्म से किसी की हिंसा न करना, (च) अनभिध्या अर्थात परद्रव्य में लोभ न करना, व्यर्थ चिन्तन और दूसरे के द्वारा किये गये अनिष्ट आचरण के निरन्तर चिन्तन का त्याग।

5. **अनवसाद**—अनवसाद का अर्थ बल से लिया गया है। बलहीन व्यक्ति आत्मलाभ नहीं कर सकता।[14] अतः साधक को शारीरिक और मानसिक दृष्टि से बलिष्ठ होना आवश्यक है।

भक्ति योग में अनेक सम्प्रदाय हैं जिनकी साधना शैली भिन्न—भिन्न है परन्तु

फिर भी सभी भगवान् के प्रेममय हो जाने की स्थिति में विश्वास करते हैं। भक्ति साधना को दो श्रेणियों में विभाजित किया गया है।[15]

(1) अपराभक्ति, (2) पराभक्ति।

(1) अपराभक्ति—इसे गोणी भक्ति भी कहा गया है। इसमे भक्ति को मात्र एक साधन के रूप में अपनाया गया है। इसमें साधक को बाह्य साधनों का सहारा लेना पड़ता है।

(2) पराभक्ति—भक्ति की यह उच्चावस्था मानी गयी है। एक बर्तन से दूसरे बर्तन में तेल डालने पर जिस प्रकार एक अविच्छिन्न धारा प्रवाहित होती है। उसी प्रकार मन जब भगवान के सतत् चिन्तन में लग जाता है। तब पराभक्ति की अवस्था आती है।[16] यह अवस्था गौणी भक्ति की परिपक्वास्था मानी गयी है। साधक इस अवस्था में प्रभु के प्रेम में इतना अधिक लीन हो जाता है कि ''संसार के दुख भी उसे सुख स्वरूप दिखाई देने लगते हैं, कष्टों को भी वह अपने प्रभु की भेट समझकर सहर्ष स्वीकार करता है।''[17] इस प्रकार भक्तियोग में भक्ति के कुछ और भी पाद बताये गये हैं।

(क) बैधिकी—इसमे साधक विधि–विधान के अनुसार साधना के अंगों का पालन करता है। जिस सम्प्रदाय के जो नियम हैं उन्ही के अनुसार साधक लक्ष्य को प्राप्त करता है।

(ख) रागात्मिका—प्रायः वैधिकी भक्ति के परिणामस्वरूप ही यह भक्ति प्राप्त होती है। इसमें साधक को अपने इष्टदेव के प्रति राग हो जाता है।[18] वह सभी नियमों से उपर उठ जाता हैं और अपने स्वभाव के अनुसार चलता है मीरा और कृष्ण भगवान की भक्ति इसी भक्ति परम्परा के अन्तर्गत आती है।

अतः निष्कर्ष रूप में यह कहा जा सकता है कि जब मनुष्य स्वयं को सांसारिक बंधनों से मुक्त होने में असमर्थ पाता है तब वह भगवान की शरण में जाता है और इन्हीं बन्धनों से छुटकारा पाने के लिए प्रार्थना करता है। इसमें विशेषता यह है कि साधक में वैराग्य भगवान के प्रति परम अनुराग से उत्पन्न होता है। ज्यों–ज्यों साधक का भगवान के प्रति प्रेम बढ़ता चला जाता है त्यों–त्यों अन्य वस्तुओं से वैराग्य बढ़ता चला जाता है। भगवान् के प्रति प्रेम का भाव उत्पन्न कर देने के लिए भक्तियोग में बाह्यानुष्ठान और क्रियाकलापों का सहारा लिया जाता है। जिस प्रकार पूर्ण ज्ञान की प्राप्ति हो जाने पर पूर्ण भक्ति भी प्राप्त हो जाती है उसी प्रकार पूर्ण भक्ति के उदित होने पर पूर्ण ज्ञान भी प्राप्त हो जाता है। परन्तु इस मार्ग में सम्भवतः कठिनाई यह है कि जब तक ईश्वर में दृढ़ विश्वास नहीं होता तब तक भक्ति की प्राप्ति असंभव है। जब मनुष्य भक्ति को प्राप्त कर लेता है तो सभी उसके प्रेम–पात्र बन जाते हैं।[19] वह किसी से भी घृणा व द्वेष की भावना नहीं रखता है।

सन्दर्भ सूची

1. सा त्वम्मिन् परमप्रेमरूपा—नारद भक्ति सूत्र—2 (भक्तियोग)
2. विवेकानन्द, स्वामी—विवेकानन्द साहित्य, अद्वैत आश्रम मायावती अल्मोड़ा हिमालय, 1963, चतुर्थ खण्ड, पृ0सं0—4
3. सा त्वास्मिन् परम प्रेमरूपा—नारद भक्ति सूत्र 1/2
4. सा परानुरक्तिरीश्वरे—शाण्डिल्य सूत्र 1/2
5. या प्रीतिरविनेकाना विशयेश्वनपायिनी।
त्वामनुस्मरतः सा मैं ह्रदयान्मापसर्पतु।। – विष्णु पुराण 1/20/19
6. चन्द्र, डॉ० त्रिलोक—पातंजलयोग और श्री अरविन्दयोग, ईस्टर्न बुक लिंकर्स दिल्ली—1991, पृ0सं0—8
7. मेहता, डॉ0 पारूल मनसुखलाल—भारतीय संस्कृति में गीतात्रय—तान्त्विक अभिगम, प्रिज्म बुक्स इण्डिया, जयपुर—2013, पृ0सं0—261
8. अथर्ववेद—1919
9. ऋग्वेद—618816
10. चन्द्र, डॉ0 त्रिलोक—पांतजलयोग और श्री अरविन्द योग, ईस्टर्न बुक लिंकर्स दिल्ली—1991, पष्0सं0—8
11. मेहता, डॉ0 पारूल मनसुखलाल—भारतीय संस्कृति में गीताप्रय—तात्विक अभिगम, प्रिज्म बुक्स इण्डिया, जयपुर—2013, पष्0स0—269
12. विवेकानन्द, स्वामी—विवेकानन्द साहित्य, चतुर्थ खण्ड, अद्वैत आश्रम मायावती अल्मोड़ा हिमालय, 1963, पष्0सं0—4
13. आहार शुद्धो सत्वशुद्कि : सत्वशुद्कौ ध्रूवा स्मृतिः—छान्दोग्योपनिषद 6/26/2
14. नायमात्मा बलहीनेन लभ्यः—मुण्डकोपनिशद 13/2/4
15. चन्द्र, डॉ0 त्रिलोक—पांतजलयोग और अरविन्दयोग, ईस्टर्न बुक लिंकर्स दिल्ली—1991, पृ0सं0—10
16. चैतसोवर्तन चैव तैलधारासम सदा—देवीभागवत् 7/37/11
17. नायमात्मा बलहीनेन लभ्यः—मुण्डकोपनिशद 13/2/4
18. वही।
19. वही।

19

वसुधैव कुटुम्बकम : भारतीय संस्कृति की अनूठी अवधारणा

विशाल चौधरी

एम.फिल. (इतिहास विभाग)

चौ० चरण सिंह विश्वविद्यालय परिसर मेरठ

अयं निजः परो वेति गणनांलघुचेतसाम।
उदार चरितानामं तु वसुधैव कुटुम्बकम॥[1]

अर्थात् यह अपना बंधु है और यह अपना बंधु नहीं है। इस तरह की गणना छोटे चित्त वाले लोग करते हैं। उदार हृदय वाले लोगों के लिए तो सम्पूर्ण धरती ही परिवार है।

भारतीय संस्कृति के मूल्य को इस श्लोक के द्वारा सहजता से समझा जा सकता है। हमारी संस्कृति वैश्विक स्तर पर सब को समाहित किए हुए हैं। यह हमारी संस्कृति की अनूठी विशेषता है कि हम अनेक धर्म, जाति के लोग एक साथ सद्भावना के साथ उन्नतिशील जीवन व्यतीत कर रहे हैं। भारतीय संस्कृति विश्व की सर्वाधिक प्राचीन एवं समृद्ध संस्कृति है। जिसे सम्पूर्ण विश्व की सभ्यता की जननी माना जाता है। जीने की कला हो या विज्ञान और राजनीति का क्षेत्र भारतीय संस्कृति सभी में बेजोड़ आदर्श प्रस्तुत करती रही है। अन्य संस्कृतियाँ समय के साथ-साथ अपना अस्तित्व खोती चली गई। जबकि भारतीय संस्कृति आदिकाल से अपने परम्परागत अस्तित्व को निरन्तर बनाए हुए हैं।

भारतीय संस्कृति को आत्मा, विज्ञान एवं आत्मज्ञान की संस्कृति माना जाता है। यह हमें निम्न से सर्वोच्च की ओर लेकर जाती है। भारत ऐसा देश है जिसने कभी किसी देश या सभ्यता पर आक्रमण नहीं किया है[2] जो कि भारतीय संस्कृति की महानता को इंगित करने के लिए पर्याप्त है।

विभिन्न देशों में राष्ट्र की अस्मिता, लोग, भूमि और सत्ता का जोड़ मात्र है। जबकि भारतीय संस्कृति व सभ्यता इसकी अनुमति नहीं देती, कहीं-कहीं क्षेत्रीय सभ्यता व संस्कृति के तत्व भी राष्ट्र के घटक हैं। लेकिन भारत का राष्ट्रतत्व अन्य राष्ट्रों में भिन्न है। भारतीय राष्ट्र की अस्मिता का मूल तत्व संस्कृति है। इस संस्कृति का विकास तर्क आधारित दर्शन से हुआ है। यहाँ दर्शन ही संस्कृति का मूल तत्व है। जैसे राष्ट्र गठन का मूल तत्व संस्कृति

है।[3] वैसे ही संस्कृति विकास का मूल तत्व भारत बोध से समझा जाता है। भारत का राष्ट्र बोध अपनी राष्ट्रीय अस्मिता के बोध तक ही सीमित नहीं है। यह विज्ञान और दर्शन से प्राप्त विश्व के सर्वोच्च लक्ष्य में सक्रिय नहीं है। यह विज्ञान और दर्शन से प्राप्त विश्व के सर्वोच्च लक्ष्य में सक्रिय भारत तत्व है जो सर्वजन हितायः और सुखायः की अवधारणा को स्वयं में समाहित किए हुए हैं।

भारत तत्व भौतिक विज्ञान का विषय नहीं है। लेकिन इसकी उपलब्धि भौतिक विज्ञान से भी सम्बन्ध रखती है। अर्थात् ब्रह्माण्डीय एकता का निष्कर्ष भौतिक विज्ञान का है। भौतिक विज्ञानियों को इस ब्रह्माण्डीय एकता का ज्ञान विलम्ब से हुआ। जबकि भारत में दिक्काल (ऋग्वैदिक काल) से ही एक परम के दो घटकों में जाना गया था। वैज्ञानिकों का सम्पूर्ण ब्रह्माण्ड के अध्ययन में काफी समय लगना स्वाभाविक था।[4] विज्ञान वस्तुतः गति का अध्ययन है। गति से समय है। विज्ञानिकों ने भूत की गति को जाँचने का अच्छा काम किया जो भारतीय संस्कृति में अद्वैत था। सारी विविधताओं के भीतर एक ही तत्व, चेतन, प्राण या आत्मा का ज्ञान यहाँ उपनिषद के ऋषि मुनियों को था। इसका सीधा प्रभाव संस्कृति पर पड़ा यहाँ का जीवन सामूहिक होता गया। भारतीय मनीषियों ने समूचे विश्व को परिवार मानने की आत्म अनूभूति की अवधारणा को जन्म दिया जो हमें अन्यत्र कहीं दृष्टिगोचर नहीं होती है।

हमारा देश प्रकृति पूजक है। हम जल, धरती, वायु, आकाश सभी प्राकृतिक स्पंदनो से संचालित होते हैं। यह धरोहर किसी और देश के पास नहीं है।[5]

भारतीय संस्कृति सबसे पुरानी जीवित संस्कृति है ग्रीक, रोमन, माया, चीनी सभ्यताओं का क्या हश्र हुआ हम सभी जानते हैं। परन्तु वैदिक संस्कृति आज भी पूरे विश्व को स्पंदित कर रही है। योग उसका एक उदाहरण है।[6]

भारत तत्त्व देश की सीमा से परे है। सारी दुनिया के आनंद का अभिलाषी कार्यकर्ता भारत में अथवा भारत की सीमा से बाहर किसी भी देश में हो सकता है। यह अमेरिकी, फ्रांसीसी या ब्रिटिश नागरिक हो सकता है। भारत तत्व का प्रसार प्राचीन यूनानी दर्शन के बहुत पहले ही यूनान में भी हो चुका था। यूनानी दर्शन की अनेक निष्पत्तियाँ या उपनिषद दर्शन से मिलती है। इसे मात्र एक संयोग या आकस्मिक नहीं माना जा सकता है। व्यापार प्रसार व अन्य कारणों से भारत के लोग बाहर गए। वे भारत तत्व की अनेक अनुभूतियाँ बाहर ले गए पाइथागोरस, सुकरात आदि के दर्शन में भारत तत्व की उपस्थिति इसे प्रमाणित करती है। आधुनिक दार्शनिकों में इमैनुअल कांट भारतीय दर्शन के निकट है। वे हीगल से दूर है, आचार्य शंकर के करीब है। मैक्समूलर जर्मनी के थे लेकिन भारत तत्व से लबालब थे। भारत से भारत तत्व का लगातार निर्यात हुआ। यह बात भी सही है कि सातवीं सदी के बाद भारत के बाहर से गैर भारतीय विचार भी यहाँ आए। भारतीय समाज के एक हिस्से ने अचेतरूप से उन्हें अपनाया लेकिन सचेत रूप में भारत तत्व की प्रतिष्ठा सदैव विद्यमान रही है। पशु-पक्षी और नदी पर्वत वनस्पतियों में भी एक ही प्राण चेतना का अनुभव करने का केन्द्र भारत ही रहा है। हमारे वेदों में इसका जिक्र स्पष्ट रूप से मिलता

है।[7] पाश्चात्य विद्वानों द्वारा हमेशा से ही अतीत को निंदनीय बताने की कोशिश की जाती रही है। सम्पूर्ण अतीत को पिछड़ा बताया जाना उनका उद्देश्य बना रहा है। सम्भवतः ऐसा गलत है क्योंकि वर्तमान अतीत का विस्तार होता है और भविष्य वर्तमान का विस्तार होगा। भारत का मूल्य बोध अतीत के अनुभव, अनुभूति का ही पुरस्कार है।

फ्रांस में प्रथम विश्वयुद्ध की 100 वीं वर्षगाँठ के अवसर पर भारत के उपराष्ट्रपति वेंकेया नायडू ने इसमें हिस्सा लिया। फ्रांस के राष्ट्रपति ने युद्ध विभीषिका का उचित वर्णन किया। लेकिन साथ में जोड़ा कि राष्ट्रवाद की बढ़त से विश्व शांति को खतरा है।[8] भारत से भिन्न देशों के राष्ट्रवाद के बारे में फ्रांस के राष्ट्रपति की बात सही हो सकती है। लेकिन भारतीय राष्ट्रवाद के संदर्भ में यह उचित प्रतीत नहीं होता, क्योंकि भारतीय राष्ट्रवाद/राष्ट्रीयता वसुधैव कुटुम्बकम् की अवधारणा पर आधारित है। हमारी संस्कृति हमेशा से ही पूरे विश्व का कल्याण चाहती है। इस राष्ट्रवाद में यूरोपीय पुनर्जागरण काल में विकसित क्षेत्रीय नस्ली श्रेष्ठता की अस्मिता नहीं है।

भारतीय राष्ट्रवाद वैदिक साहित्य में भी दृष्टिगोचर होता है और इस राष्ट्रवाद का केन्द्रीय विचार वसुधैव कुटुम्बकम् ही है। हम पूरे विश्व का लोक कल्याण चाहते हैं। भारतीय राष्ट्रीयवाद का भारत तत्व ध्यान देने योग्य है। गाँधी जी राष्ट्रवादी थे लेकिन दुनिया की शांति और समृद्धि के लिए व्याकुल थे। साहित्य के क्षेत्र में रविन्द्र नाथ ठाकुर विश्व को एक सुन्दर नीड आश्रय बताते थे। भारतीय संतों ने दृश्य जगत के अलावा अन्य लोकों की भी चर्चा की। उन्होंने इन लोकों की शांति के लिए भी स्तुतियाँ की। भारत तत्व में एक विशेष प्रकार का भाव समाहित है।

प्रतिबद्ध मार्क्सवादी विद्वान डी० डी० कौशाम्बी ने भारत में हजारों वर्ष की भारतीय सांस्कृतिक निरन्तरता का उल्लेख किया है। उन्होंने कहा है कि मिस्र की महान अफ्रीकी संस्कृति में वैसी निरन्तरता नहीं मिलती जैसी भारत के पीछे 300 या इससे भी ज्यादा वर्षों में प्रतिबिम्बित होती है। बिना बल प्रयोग ही भारतीय दर्शन संस्कृति का चीन, जापान में स्वागत हुआ। इंडोनेशिया, वियतनाम, बर्मा, श्रीलंका से सांस्कृतिक इतिहास पर भारत का प्रभाव पड़ा।[9]

संस्कृति दिक्काल के भीतर ही विकसित होती है। कौशाम्बी ने वामपंथी होने के बावजूद भारत की संस्कृति को कम से कम 3000 साल से निरन्तर प्रवाहित और गतिशील बताया। मानव जीवन शैली की गतिशीलता सौ सवा सौ वर्ष में बदल जाती है। कौशाम्बी के अध्ययन में यह स्पष्ट होता है कि यहाँ 3000 साल से एक ही संस्कृति की निरन्तरता बनी हुई है।

भारतीय संस्कृति की दीर्घ चेतना का कोई रहस्य तो होना ही चाहिए। व्यापक दिक्काल में इसका सतत प्रभाव भी कम आश्चर्यजनक नहीं है। इसका गतिशील अविनाशी होना ध्यान देने योग्य है। तमाम विदेशी हमलों के बावजूद यह जीर्ण-शीर्ण होकर टूटी भी नहीं। सूर्य करोड़ों वर्षों से निरन्तर प्रकाशमान है और इसके साथ भारतीय संस्कृति भी हजारों वर्षों से निरन्तर गतिशील है। भारत के अन्तस में कोई अविनाशी प्रकृति का तत्व

जान पड़ता है। यही तत्व या द्रव्य भारत के लोकजीवन को भी भीतर से उत्साह और उल्लास देता प्रतीत होता है। यही बाहर से भी हम सबको आच्छादित करता है। यह अदृश्य है। लेकिन इसका प्रभाव प्रत्यक्ष है। भारत में महत्व सत्य का है। दुनिया के अन्य देशों में महत्व सफलता का है। भारत की यही खूबी उसे विश्व में सबसे अलग दिखाती है। यूरोपीय, अमेरिकी देशों में सफलता जैसे विषयों पर लाखों पुस्तकें बिकती हैं। भारत में भी वह लोकप्रिय हो रही हैं। लेकिन यहाँ के प्राचीन साहित्य में सत्य की महत्ता है। राजा हरिश्चन्द्र पर कोई बड़ा ग्रन्थ नहीं है। तो भी भारत के ग्रामीण लोग आज भी हरिश्चन्द्र का नाम जानते हैं। एक सत्य का अनुभूत दर्शन यहाँ सभी को प्रिय है।

संस्कृति मनुष्य के सामूहिक सतचित आनन्द में लगातार सृजन करती है। सृजन की इस मस्ती में वह दिक्काल का अतिक्रमण भी करती है। संस्कृति तमाम आनंद वर्धक मिथक बढ़ाती है। पुराने मिथकों को नया रंग-रूप और प्यार देखकर पुनर्नवा भी बनाती है। इसकी आंतरिक गतिविधि का ईंधन भारत प्रकाश का केन्द्र कोई द्रव्य या तत्व ही हो सकता है। मै इसे भारत द्रव्य कहना उचित समझता हूँ अर्थात् संस्कृति एक विचार, एक भाग अथवा जीवन मूल्य है जिसे जीवन में अपनाकर जीवन के विकास को प्राप्त किया जा सकता है। भारतीय संस्कृति का उद्देश्य मनुष्य का सर्वांगीण विकास है। इसमें वसुधैव-कुटुम्बकम और सर्वे भवन्तु सुखिनः के भाव सर्वत्र विद्यमान हैं।

संदर्भ-ग्रन्थ

1. महोपनिषद, अध्याय 4, श्लोक 71
2. लूसीमी, शोधार्थी, लंदन, अंतर्राष्ट्रीय संगोष्ठी अतुल्य भारतः संस्कृति और राष्ट्र, सागर, मध्य प्रदेश प्रायोजक-भारतीय सामाजिक विज्ञान अनुसंधान केन्द्र नई दिल्ली।
3. दिनकर, रामधारी सिंह, संस्कृति के चार अध्याय, साहित्य अकादमी नई दिल्ली, 1956, पृष्ठ संख्या 343
4. दीक्षित, हृदयनारायण, लेख अमर उजाला, दिनांक 22 मार्च 2014, पृष्ठ संख्या 7
5. शर्मा, आचार्य श्री राम पंडित, भारतीय संस्कृति एक जीवन के दर्शन, संपादक पंडित लीला पथ शर्मा, प्रकाशक युग निर्माण योजना, मथुरा 2002.
6. स्वाध्यायपंचकर्म (पत्रिका)-डोंमोक्षराज
7. योगाचार्यविष्णुआर्य, youtube.com
8. प्रथम विश्व युद्ध के 100 वीं वर्षगाँठ के उपलक्ष्य में फ्रांस के राष्ट्रपति का उद्बोधन। Wall Street journal 11 Nov. 2018
9. कौसाम्बी, डी० डी०, प्राचीन भारत की संस्कृति और सभ्यता, (हिंदी अनुवाद-गुनाकर मूले), पृष्ठ संख्या 18-20

❖❖❖

20

भारतीय संस्कृति का विश्व पर प्रभाव

अंशु (शोध छात्रा)
इतिहास विभाग
चौ0 चरण सिंह विश्वविद्यालय, मेरठ।

भारत की संस्कृति विश्व की प्राचीनतम संस्कृतियों में से एक है। विश्व की अन्य प्राचीन संस्कृतियाँ, मिस्त्र, बेबीलोन, रोम, एथेन्स, स्पार्टा आदि की संस्कृतियाँ आज केवल इतिहास का ही विषय रह गयी है, परन्तु भारतीय संस्कृति आज भी जीवन्त है और प्राचीनकाल से लेकर आज तक अपनी समस्त विशिष्टताओं के साथ सतत् रूप से अपने अस्तित्व की यात्रा को लेकर गतिमान है।

प्राचीन युग में भी भारतीय संस्कृति का जितना प्रचार हुआ, जितने विस्तृत प्रदेश में यह फैली, विश्व की कोई अन्य संस्कृति इसकी समानता नहीं कर सकती।

भारत की सीमाओं से परे के देशों के जीवन एवं संस्कृति को भी भारतीय संस्कृति ने प्रभावित किया। इन देशों में भारतीय दर्शन और विचार पद्धति का प्रवेश हुआ, परिणामस्वरूप वहाँ भारतीय संस्कृति पल्लवित हुई। उसने एक वृहत्तर भारत का निर्माण किया। ''वृहत्तर भारत'' शब्द का सर्वप्रथम प्रयोग राधाकुमद मुखर्जी ने अपनी पुस्तक ''भारत की मौलिक एकता'' में किया। डॉ0 एफ0 डब्ल्यू टॉमस ने इसे भारतीय औपनिवेशिक और सांस्कृतिक प्रचार के विस्तृत क्षेत्र को सूचित करने का 'अत्यंत उपयुक्त शब्द' बताया।[1]

कालक्रम की दृष्टि से भारतीय संस्कृति के प्रसार का प्रथम साक्ष्य स्याम (थाईलैण्ड) से प्राप्त 1400 ई0पू0 से पहले के अभिलेखों से मिलता है जिन पर ऋग्वैदिक देवता इंद्र, वरूण, मित्र एवं अश्विन की पूजा का उल्लेख किया गया है।

विदेशों से भारतीय संपर्क का इससे भी अधिक प्राचीन प्रमाण स्याम के उर नामक नगर में 2500 ई0पू0 से पहले नीलगिरि की पहाड़ियों से निकले भारतीय हरे पत्थर के आयात और इसके अवशेषों व भारतीय सागौन की लकड़ी के प्रयोग से मिलता है।[2]

फाह्यान और हवेनसांग जैसे यात्रियों को भारत और चीन के बीच स्थलमार्गों पर बौद्ध और ब्राह्मण संस्कृति के अनेक केन्द्र मिले। इससे पहले चौथी शती ई0 में सम्पूर्ण पूर्वी तुर्किस्तान में काशगर से लेकर चीन की सीमाओं तक

वहाँ के राजमार्गों के किनारे–किनारे मध्य तक लामकान की मरूभूमि के उत्तर और दक्षिण में बसी हुई बस्तियों में भारतीय संस्कृति के अनेक साक्ष्य विद्यमान थे। ये राजमार्ग चीनी सीमाओं पर तुन–क्वांग और यू–मेन–क्वान नामक स्थानों में जाकर मिल जाते थे। अफगानिस्तान, सीस्तान, बक्त्र में बौद्ध मन्दिरों के अवशेष प्राप्त होते हैं।[3]

भारतीय संस्कृति एवं सभ्यता का प्रसार दक्षिण पूर्व में यवद्वीप (जावा) तक, उत्तर में चीन और जापान तक, पश्चिम में गान्धार तक विस्तृत था।[4] दक्षिण पूर्व एशिया के देशों के साथ भारत का संबंध अत्यंत प्राचीन काल से रहा है। इन देशों की सभ्यता, संस्कृति, समाज, भारतीय संस्कृति की आभा का बयान करती नजर आती है। यहाँ के धर्म, समाज, स्थापत्य, भाषा एवं साहित्य पर भारतीय संस्कृति का प्रभाव दृष्टिगोचर होता है।

दक्षिण पूर्व एशिया

द्वितीय विश्व युद्ध के समय से भारत के पूर्व में एवं चीन के दक्षिण में स्थित क्षेत्र, जिसमें इण्डोचीन प्रायद्वीप, मकाया द्वीप समूह और फिलीपाइन्स भी शामिल है, दक्षिण पूर्व एशिया कहलाया जाने लगा। प्राचीन भारतीय इस क्षेत्र को स्वर्णभूमि या स्वर्णद्वीप के नाम से पुकारते थे। इस पर विद्वानों में मतभेद है। यह शब्द कहीं–कहीं बर्मा के लिए भी प्रयुक्त होता था। अलबरूनी जैसे अरब लेखकों ने प्रमाणित किया है कि भारतीय समस्त दक्षिण–पूर्व क्षेत्र को 'स्वर्ण द्वीप' कहते थे। हेलेनिस्टिक भूगोलशास्त्री भी इस क्षेत्र को 'गोल्डन चेरसोनीय' नाम से ही जानते थे।[5]

दक्षिण–पूर्व एशिया में प्राचीनतम संस्कृत शिलालेख मूल भारतीय प्रथम संस्कृत शिलालेख से अधिक बाद के नहीं है। इण्डोनेशिया के लोगों ने भारतीय अंकों को ग्रहण किया। इससे दक्षिण पूर्व एशिया और मुख्यतः ईस्ट इण्डीज के साथ भारत के असाधारण रूप से सक्रिय व्यापारिक संबंधों की सम्पुष्टि होती है। गणित के अंक, पारिवारिक संबंधों के नाम और शरीर के अंगों के नाम विदेशी प्रभावों के होते हुए भी उनकी भाषा में ज्यों के त्यों है।[6]

दक्षिण पूर्वी देशों में भारतीय संस्कृति को ले जाने का श्रेय मुख्यतः व्यापारियों को दिया जाता है। प्राचीन कथा साहित्य के अनुसार जो धन की प्राप्ति के लिए प्राणों को खतरे में डालकर साहसिक यात्राऐं करते थे। कालान्तर में व्यापारियों के साथ अनेक क्षत्रिय और ब्राह्मण भी वहाँ गये। इन्होंने वहाँ राज्यों की स्थापना की तथा धर्म एवं संस्कृति का प्रचार किया। भारतीयों ने इन देशों के निवासियों को सभ्यता का पाठ पढ़ाया।

भारतीय सांस्कृतिक प्रभाव–भारतीय संस्कृति ने दक्षिण पूर्वी एशिया में देशों पर महत्वपूर्ण सांस्कृतिक प्रभाव डाला। टॉलमी जैसे लेखक ने भी 'पेरीप्लस ऑफ दी एरीथ्रियन सी' में दक्षिण पूर्वी द्वीपों के साथ भारतीय सम्पर्क का उल्लेख किया है। उसने यवद्वीप में भारतीय नाम वाले कुछ स्थान भी बताऐ हैं। दक्षिण पूर्व

एशिया में शासन, समाज, भाषा–साहित्य, धर्म एवं कला, आदि पर भारतीय सांस्कृतिक तत्वों का प्रभाव दृष्टिगोचर होता है।

भाषा एवं साहित्य

बर्मा, स्याम, कम्बुज, चम्पा, सुमात्रा, बोर्नियों एवं जावा में सैकड़ों की संख्या में संस्कृत भाषा में लिखे अभिलेख प्राप्त हुए है। जिनका काल दूसरी सदी से लेकर बारहवीं सदी ई0 तक का है। चम्पा से 100 से अधिक संस्कृत अभिलेख मिले है।[7] सुमात्रा संस्कृत अध्ययन का एक महान केन्द्र था। इन अभिलेखों में संस्कृत व्याकरण, काव्यशास्त्र एवं छन्दशास्त्र की परम्परायें विद्यमान है। कालिदास के (कुमारसंभव, को आधार बनाकर 'स्मरदहन' लिखा गया। पाली का प्रसार भी बौद्ध धर्म के साथ ही इन देशों में हुआ। दक्षिण पूर्वी देशों की शिक्षा पद्धति पर संस्कृत का प्रभाव निश्चित रूप से पड़ा। यहाँ की शिक्षा के विषय वेद, स्मृति, उपनिषद, दर्शन (वैदिक, बौद्ध एवं जैन) काव्य, पुराण, पाणिनीय व्याकरण, महाभारत, मनु, वात्स्यायन, कौटिल्य आदि थे। यहाँ के शासक स्वयं इनको बढ़ावा देते थे। यशोवर्मन ने महाभाष्य पर एक टीका लिखी थी। सूर्यवर्मन प्रथम ने शास्त्रों, काव्यों, भाष्यों एवं धर्मशास्त्र में प्रवीणता प्राप्त की थी। राजा हरिवर्मा (803–819 ई0) के शासनकाल में पुराणार्थ या अर्थपुराणशास्त्र नामक संस्कृत पद्यग्रन्थ की रचना चम्पा में की गई थी।[8]

इन देशों में दूसरी शती ई0 की अमरावती शैली की बौद्ध प्रतिमाएँ भी मिलती है। जावा में 'रामायण' एवं महाभारत की रचना वहाँ की भाषा में गद्य में की गई। पुराणों के विषयों पर भी साहित्य लिखा गया। अर्जुन विवाह, भारत–युद्ध, सुमनसान्तक आदि काव्यों की रचना भारतीय कथाओं के आधार पर की गयी।

धर्म एवं धार्मिक जीवन–दक्षिण पूर्व के देशों में प्रथम सदी ई0 के बाद जिन धर्मों का प्रसार हुआ उनका मूल भारत ही था। बर्मा, लंका तथा स्याम में बौद्ध धर्म का प्रचलन था जबकि अन्य देशों में पौराणिक हिन्दू धर्म ही विशेष रूप से लोकप्रिय हुआ। जिनमें ब्रह्म, विष्णु, शिव ज्यादा लोकप्रिय थे। शैव तो वहाँ का राजधर्म था। जिसकी पूजा लिंगों एवं मूर्तियों दोनों ही रूपों में की जाती थी। शिव के रौद्र एवं सौम्य दोनों ही रूपों से जावा निवासी परिचित थे।[9] कई स्थानों से विष्णु की चतुर्थभुजी जी मूर्तियाँ भी प्राप्त होती है। कम्बुज का अंकोरवाट मंदिर वहाँ विष्णु की लोकप्रियता का प्रमाण है।

कम्बुज से प्राप्त अभिलेखों से विदित होता है कि भारत से अनेक विद्वान ब्राह्मण वहाँ आते रहते थे। इन्द्रवर्मन के गुरु शिवसोम शास्त्रों का ज्ञान प्राप्त करने के लिए भारत वर्ष आये। उन्होंने शंकराचार्य से शिक्षा प्राप्त की। यशोवर्धन ने शैवों, वैष्णवों एवं बौद्धों के लिए 100 से अधिक अलग–अलग आश्रम बनवाये। इत्सिंग ने भी श्रीविजय साम्राज्य (सुमात्रा) में संस्कृत भाषा के साथ ही बौद्ध धर्म का भी

अध्ययन किया। एक अन्य भारतीय उपनिवेश बोर्नियों के राजाओं के अभिलेखों से वैदिक यज्ञों के अनुष्ठान का साक्ष्य मिलता है।[10]

शासन पद्धति एवं समाज–इण्डोनेशिया के लेखों में उल्लेख मिलता है कि वहाँ भी समाज में चातुर्वर्ण व्यवस्था विद्यमान थी, लेकिन भारत के समान ब्राह्मण, क्षत्रिय, वैश्य एवं शूद्रों के पारस्परिक संबंधों में कठोरता नहीं थी। तत्व निंग व्यवहार नामक प्राचीन जावानी रचना में ऋग्वेद के पुरुष सूक्त के समान चारों वर्णों की उत्पत्ति ब्रह्मा के मस्तक, बाहू, जंघा तथा पैरों से बतायी गयी है। अस्पृश्यता नहीं थी। इस युग की वर्ण–व्यवस्था की पद्धति बाली द्वीप में अभी तक प्रचलित है।

विवाह के आदर्श, पद्धति एवं विधियाँ भारत के ही समान थी। कम्बुज जैसे प्रदेशों में मातृसत्तात्मक प्रणाली विद्यमान थी। भारतीय महिलाओं के समान महिलाओं को भी अपना पति चुनने का अधिकार था। सती प्रथा को भारत वर्ष के समान एक पवित्र धार्मिक संस्कार माना जाता था। वहाँ के समाज के लोगों की वेशभूषा भारतीयों के समान ही थी। मदिरा पीने व पान खाने का भी प्रचलन था।

भारतीय हिन्दू राजाओं के ही समान दक्षिण पूर्वी एशिया के शासक 'महाराज' की उपाधि धारण करते थे। वे अपनी दैवी उत्पत्ति में विश्वास रखते थे एवं चतुरंगिणी सेना रखते थे। जिसमें न्याय व्यवस्था भी भारतीयों के समान थी। सम्राट दिग्विजय के आदर्श को अपने सामने रखते थे एवं धर्मशास्त्रों के अनुसार न्याय का कार्य करते थे। मनु, नारद तथा भार्गव जैसे धर्मशास्त्रों का अनुसरण किया जाता था।[11]

स्थापत्य कला–दक्षिण–पूर्वी देशों में स्थापत्य कला का विकास उपासना के अंग के रूप में हुआ। प्रारम्भिक काल के मंदिरों के निर्माण में भारतीय स्थापत्य कला का स्पष्ट प्रभाव है। कालान्तर में भारतीय और स्थानीय कलाओं के मिश्रण से इन देशों में अनेक इमारतों का निर्माण हुआ।

बर्मा में क्यानजित्य ने 'आनंद' नामक प्रसिद्ध बौद्ध मंदिर बनवाया, जो भारतीय कला की अद्भुत कृति है।[12] कम्बुज में राजा सूर्यवर्मन (1113–45) द्वारा बनवाया गया भारतीय धर्म एवं स्थापत्य कला का सबसे सुन्दर स्मारक अंकोरवाट का विष्णु मंदिर है। यह मंदिर किले के रूप में बना है। इनमें रामायण, महाभारत और पुराणों की मूर्तिमय कथाऐं उत्कीर्ण है। यह मंदिर सारा पत्थर का बना है एवं कहीं भी चूने का प्रयोग नहीं किया गया है। अंकोरवाट का यह मंदिर भारतीय कला और खमेर कला के मिश्रण का शानदार उदाहरण है।

चंपा के भद्रवर्मा द्वारा माइसोन में भद्रेश्वर स्वामी का शैव मंदिर स्थापित किया गया। चंपा में शक्ति गणेश, कार्तिकेय, नंदी, विष्णु, राम, कृष्ण, लक्ष्मण, ब्रह्मा, यम्, चंद्र, सूर्य, नीर सरस्वती के भी मंदिर थे। दांग–डओंग बौद्ध धर्म का केन्द्र था और माइसोन और पो–नगर शैव धर्म के स्थान थे। चंपा की कला में मामल्लपुरम की कला का अनुसरण मिलता है। बाली में भी वैदिक देवता वरुण

के तीन मंदिर है।[13]

मध्य जावा में बोरोबुदुर का मंदिर सबसे सुन्दर और महत्वपूर्ण स्मारक है। जिसका निर्माण शैलेन्द्र वंशी राजाओं ने (50–80 ई0) के मध्य केदु पर्वत पर कराया था। इस मंदिर में क्रमशः एक के ऊपर एक, इस प्रकार नौ चबूतरे है। ऊपर के तीन चबूतरों पर चारों और स्तूप का घेरा है। जहाँ प्रत्येक स्तूप में भगवान बुद्ध की मूर्ति है। नक्काशियों में जातकों और अवदान साहित्य के अनुसार बुद्ध की जीवनी उत्कीर्ण की गयी है। इस मंदिर पर उत्कीर्ण की गई नक्काशियाँ एवं मूर्तियाँ कला के श्रेष्ठ नमूने है। इन पर गुप्त युग की कला का स्पष्ट प्रभाव है।[14] जावा के तारा–जोंग–रोंग मंदिर ब्राह्मण पौराणिक धर्म से सम्बन्धित है। यहाँ 8 मुख्य मंदिर है। छोटे मंदिरों की कुल संख्या 156 है। इन मंदिरों पर बालकाण्ड से लेकर लंका अभियान तक मूर्तियों के रूप में उत्कीर्ण है।

इस प्रकार दक्षिण पूर्वी एशिया के देशों के समाज, शासन पद्धति से लेकर वहाँ के धर्म, स्थापत्य कला तक भारतीय संस्कृति से प्रभावित है। इसका अंदाजा इसी बात से लगाया जा सकता है कि आज भी इण्डोनेशिया की एयरलाइंस का नाम गरूड़ एयरलाइंस है एवं इन देशों में सरस्वती ब्रह्मा, हनुमान, गणेश जैसे भारतीय देवों को मांगलिक सिद्धि का प्रतीक स्वीकारा जाता है।

सन्दर्भ सूची

1. मुखर्जी, राधाकुमुद, प्राचीन भारत, राजकमल प्रकाशन प्रा0लि0 नई दिल्ली–110002, 2017, पृ0 167
2. वही
3. वही, पृ0 168
4. कुमार, कृष्ण, प्राचीन भारत का सांस्कृतिक इतिहास श्री सरस्वती सदन, सफदरजंग एन्क्लेव, नई दिल्ली–110029, 2001, पृ0 15
5. सिंहल, दामोदर, भारतीय संस्कृति और विश्व सम्पर्क, मीनाक्षी प्रकाशन, दरियागंज, नई दिल्ली–110002, 1980, पृ0 13
6. वही, पृ0 149
7. कुमार, कृष्ण, प्राचीन भारत का सांस्कृतिक इतिहास, श्री सरस्वती सदन, सफदरजंग, इन्कलेव, नई दिल्ली–110029, 2002, पष0 746
8. विद्यालंकार, सत्यकेतु, मध्य एशिया तथा चीन में भारतीय संस्कृति, श्री सरस्वती सदन, ए–1/32, सफदरजंग इन्क्लेव, नई दिल्ली–29, 2007, पृ0 172
9. श्रीवास्तव, के0सी0 प्राचीन भारत का इतिहास तथा संस्कृति, युनाईटेड बुक डिपो, 21, यूनिवर्सिटी रोड, इलाहाबाद–211002, 2014–15, पृ0 902
10. मुखर्जी, राधाकुमुद, प्राचीन भारत, राजकमल प्रकाशन, प्रा0 लि0, नई दिल्ली–110002, 2017, पृ0 173

11. श्रीवास्तव, के0सी0 प्राचीन भारत का इतिहास तथा संस्कृति, युनाईटेड बुक डिपो, 21, यूनिवर्सिटी रोड, इलाहाबाद–211002, 2014–15, पृ0 901
12. मुखर्जी, राधाकुमुद, प्राचीन भारत, राजकमल प्रकाशन, प्रा0लि0, नई दिल्ली–110002, 2017, पृ0 172
13. वही, पृ0 173
14. कुमार, कृष्ण, प्राचीन भारत का सांस्कृतिक इतिहास, श्री सरस्वती सदन, ए–1/32, सफदरजंग– इन्क्लेव, नई दिल्ली–110029, 2001, पृ0 749

❖❖❖

21

भारतीय संस्कृति में वसुधैव कुटुम्बकम् की अवधारणा

प्रेम सिंह

शोधार्थी संस्कृत विभाग

दिल्ली विश्वविद्यालय, दिल्ली, भारत

प्रस्तावना

भारत में सैकड़ों वर्ष पूर्व गोलकुण्डा नामक स्थान से हीरों की खान से एक ऐसा हीरा निकाला गया जिस पर किसी भी प्रकार का कोई दोष अंकित नहीं था, वरन् जिसकी कान्ति से सभी हीरों की शिक्षा से शिक्षित विद्वान् आश्चर्य चकित थे। इस दोष रहितता को देखकर उस हीरे का नाम कोह–ए–नूर रखा गया। कोह का अर्थ होता है पहाड़ तथा ए–नूर का अर्थ होता है कान्ति का। इस प्रकार कोह–ए–नूर का अर्थ कान्ति का पहाड या प्रभामेरु होता है। इस कोह–ए–नूर को शाहजहां के मयूर सिंहासन से ले जाकर इंग्लैण्ड के राजमुकुट में जड़ दिया गया और इस प्रकार कोह–ए–नूर हीरा विश्व में प्रसिद्ध हो गया। कोह–ए–नूर हीरे की तरह ही भारतीय संस्कृति है। जिसमें धृति, क्षमा, दया, करुणा, मैत्री, प्रज्ञा, सील, समाधि, अपरिग्रह, परोपकार आदि कान्तिवान् गुणों का बाहुल्य है। जो भी राष्ट्र या व्यक्ति भारतीय संस्कृति के इन गुणों को धारण कर लेता है वह कोह–ए–नूर स्वरूप ही हो जाता है और हुआ भी कुछ ऐसा ही। भारतीय संस्कृति के इन गुणों को केवल भारत में ही नहीं बल्कि विश्व में सभी मनुष्यों द्वारा ग्रहण किया गया है और भारतीय संस्कृति केवल भारतीय संस्कृति न रहकर विश्व–संस्कृति हो गयी है।

भारतीय संस्कृति में कोह–ए–नूर हीरे के कान्तिमय गुणों के समान ही जो सबसे अधिक महत्त्वपूर्ण गुण है वसुधैव कुटुम्बकम् की अवधारणा का होना। वसुधैव कुटुम्बकम् का अभिप्राय है–सम्पूर्ण पृथ्वी का एक परिवार के रूप में होना। सम्पूर्ण पृथ्वी को एक परिवार के रूप में प्रतिष्ठित करने के पीछे भारतीय मनीषियों की सभी भूत–प्राणियों के प्रति अभेदमयी प्रवृत्ति का होना था। तभी तो भारतीय मनीषा चिरकाल से ही सभी प्राणियों में अभेद को प्रस्तुत करती रही है। यहाँ तक कि भारतीय संस्कृति के तत्त्वदर्शी मनीषियों ने प्राणिमात्र में केवल एक ही चेतना

को माना और उन्होने यह स्वीकार किया कि मनुष्य, कीट–पतंग एवं पशुओं में समान चेतना का द्वार है। इसलिए भारतीय संस्कृति की मनीषा को पण्डिताः समदर्शिनः कहा गया है। वेदों में भी संसार के सभी भूत प्राणियों को एक ही अमृत स्वरूप परमात्मा की सन्तान के रूप में स्वीकार किया गया है[1] और सभी के कल्याण के लिए कामन की गयी है। भारतीय संस्कृति ने विश्व के किसी भी जीवधारी से कोई भेद नहीं किया है और इस अभेदता की कामना ने ही भारतीय संस्कृति की वसुधैव कुटुम्बकम् की अवधारणा को विश्व प्रसिद्ध बनाया है। किन्तु भारतीय संस्कृति की यह वसुधैव कुटुम्बकम् की अवधारणा भारतीय संस्कृति के निम्नलिखित तत्त्वों से परिपुष्ट होती है–

1. विश्व–बन्धुत्व की भावना–भारतीय संस्कृति की वसुधैव कुटुम्बकम् की अवधारणा को पुष्ट करने वाला पहला प्रमुख तत्त्व है–भारतीय संस्कृति में विश्व–बन्धुत्व की भावना का होना। भारतीय संस्कृति एकत्व की भावना में विश्वास न करके विश्व–बन्धुत्व की भावना में विश्वास करती है। बन्धुत्व का अर्थ होता है–स्नेहेन मनो बध्नाति यः स बन्धुः, बन्धोः भावः बन्धुत्वम् अर्थात् स्नेह से जो मन को बान्धता है वह बन्धु है और जो बन्धु का भाव है उसे बन्धुत्व कहते हैं तथा विश्वबन्धुत्व का अर्थ होता है–विश्वस्मिन् जगति यद्वा विश्वेषु मानवेषु प्राणिषु च बन्धुभावः–विश्वबन्धुत्वम् अर्थात् इस सम्पूर्ण विश्व में जितने भी भूत प्राणी है उन सभी से बन्धुत्व का भाव रखना ही विश्वबन्धुत्व है। भारतीय संस्कृति में विश्वबन्धुत्व की भावना उपनिषदों के वचनों के वचन 'एको देवः सर्वभूतेषु गूढः सर्वभूतान्तरात्मा' और वेदों की 'यस्मिन् सर्वाणि भूतानि आत्मैवाभूद् विजानतः' पर आधारित है। वेदों में भी विश्वबन्धुत्व की भावना के विषय में कहा गया है कि

ईशावास्यमिदं सर्वं यत्किं च जगत्यां जगत्। यजु॰ 40/1।
सखा सखिभ्यो वरिवः कृणोतुकृकृपरिपातु। ऋग्॰ 10/42/11।
सर्वा आशा मम मित्रं भवन्तु। अथर्व॰ 11/15/6।
मित्रस्य चक्षुषा समीक्षामहे। यजु॰ 36/16।
मित्रस्य मा चक्षुषा सर्वाणि भूतानि समीक्षन्ताम्। यजु॰ 36/18।
मित्रस्याहं चक्षुषा सर्वाणि भूतानि समीक्षे। यजु॰ 36/18।
सखा सखायमतरद् विषूचयोः। ऋग्॰ 7/18/6
सख्ये निधिर्हितः। ऋग्॰ 7/67/7।
सख्ये त इन्द्र वाजिनो मा भेम शवसस्पते।
त्वामभि प्रणोनुमो जेतारमपराजितम्।। ऋग्॰ 1/11/2।

2. विश्व–कल्याण की भावना–भारतीय संस्कृति की वसुधैव कुटुम्बकम् की अवधारण को पुष्ट करने वाला दूसरा प्रमुख तत्त्व है–विश्व–कल्याण की भावना का होना। भारतीय संस्कृति इस बात में विश्वास नहीं करती है कि केवल एक राष्ट्र विशेष के कल्याण से सम्पूर्ण विश्व का कल्याण हो जायेगा, वरन् भारतीय संस्कृति तो इस

बात में विश्वास करती है कि विश्व–राष्ट्र के कल्याण से ही सम्पूर्ण विश्व का कल्याण सम्भव है। हमारे वेदों में भी विश्व–कल्याण के विषय में कहा गया है कि–

यथा नः सर्वमिद् जगद् अयक्ष्मं सुमना असत्। यजु॰ 16/4।

स्वस्ति मात्र उत पित्रे अस्तु स्वस्ति गोभ्यो जगते पुरुषेभ्यः।

विश्वं सुभूतं संविदत्रं नो अस्तु ज्योगेव दृशेम सूर्यम्।। अथर्व॰ 1/31/4।

विश्वं पुष्टं ग्रामेष्वअस्मिन्ननातुरम्। यजु॰ 16/48।

अस्मै ग्रामाय प्रदिशश्चतस्र ऊर्ज सुभूतं स्वस्ति सविता नः कृणोतु। अथर्व॰6/40/2।

शं नः करत्यर्वते सुगं मेषाय मेष्ये।

नृभ्यो नारिभ्यो गवे।। ऋग्॰ 1/46/6।

शिवा भव पुरुषेभ्यो गोभ्यो अश्वेभ्यः शिवा।

शिवास्मै सर्वस्मै क्षेत्राय शिवा न इहैधि।। अथर्व॰ 3/28/3।

शिवा भव प्रजाभ्यो मानुषीभ्यः। यजु॰ 11/45।

योगक्षेमो नः कल्पताम्। यजु॰ 22/22।

विश्वस्य अरिष्ट्यै। यजु॰ 2/3।

अहं वष्णे सुमतिं विश्वजन्याम्। यजु॰ 17/74।

धियो यो नः प्रचोदयात्। यजु॰ 3/35।

विश्वं ज्योतिर्यच्छ। यजु॰ 13/14।

आ नो भद्राः क्रतवो यन्तु विश्वतः। यजु॰ 25/14।

विश्वं तद् भद्रं यदवन्ति देवाः। यजु॰ 34/58।

शं नः क्षेमे शमु योगे नो अस्तु। ऋग्॰ 7/86/8।

पाहि क्षेम उत योगे वरं नः। ऋग्॰ 7/54/3।

शं ते सूर्य आ तपतु, शं वातो वातु ते हृदं। अथर्व॰ 8/2/14।

स्वस्ति नो अभयं च नः। अथर्व॰ 11/2/31।

अस्माकं देवा उभयाय जन्मने शर्म यच्छत द्विपदे चतुष्पदे।

तदस्मे शं योररपो दधातन।। ऋग्॰ 10/37/11।

शं नो भूतं द्विपदे शं चतुष्पदे। ऋग्॰ 6/74/1।

यथा शमसद् द्विपदे चतुष्पदे। विश्वं पुष्टं ग्रामे अस्मिन् अनातुरम्। ऋग्॰ 1/114/1।

इस प्रकार 'विश्वं सुभूतं सुविदत्रं नो अस्तु' अर्थात् सम्पूर्ण विश्व ऐश्वर्यों से पूर्ण हो।

3. विश्व–प्रेम की भावना–भारतीय संस्कृति की वसुधैव कुटुम्बकम् की अवधारणा को पुष्ट करने वाला तीसरा प्रमुख तत्त्व है–विश्व–प्रेम की भावना का होना। भारतीय संस्कृति की विश्व–प्रेम की भावना ने सम्पूर्ण पृथ्वी पर निवास करने वाले सभी प्राणियों को प्रेमपूर्वक रहने का सन्देश दिया है। जिससे परिवार के रूप

में प्रतिष्ठित पृथ्वी प्रेममय हो जाये और क्रोध आदि दुष्ट भावों का नाश हो जाये। वेदों में भी परमेश्वर के द्वारा कहा गया है कि

सहृदयं सांमनस्यमविद्वेषं कष्णोमि वः।
अन्यो अन्यमभि हर्यत वत्सं जातमिवाघ्न्या।। अथर्व॰ 30/30/1।

भारतीय संस्कृति घृणा करना नहीं सिखाती है। इसलिए कहा गया कि

उत देवा अवहितं देवा उन्नयथा पुनः।
उतागश्चक्रुषं देवा देवा जीवयथा पुनः।। अथर्व॰ 4/13/1।

वेदों में कहा गया है कि 'मिथो विघ्नाना उप यन्तु मृत्युं (अथर्व॰ 8/8/21)' अर्थात् आपस में वैर–भाव रखने वाले आपस में लड़कर मृत्यु के ग्रास हो जाते है इसलिए 'मा अभिद्रहुहः (अथर्व॰ 9/5/4)' अर्थात् आपस में द्वेष भाव मत रखो।

विश्वदानीं सुमनसः स्याम। ऋग्॰ 6/52/5।
हृषीवती विश्वे जुषन्त पन्थाम्। ऋग्॰ 1/127/6

विश्व–प्रेम के विषय में किसी कवि ने कहा गया है कि–

मुसाफिर प्रेम की राह न भूल।
प्रेम बिना है जीवन जैसे बिना खुशबू का फूल।।
मुसाफिर प्रेम की राह न भूल।।
प्रेम का साजन प्रेम की सजनी, प्रेम के दिन हों प्रेम की रजनी।
प्रेम से बढ़कर क्या है जग में, ईश्वर इसका मूल।।
मुसाफिर प्रेम की राह न भूल।।
प्रेम बड़ी भक्ति है जग, प्रेम बड़ी भक्ति है जग में।
प्रेम ही साधन है मुक्ति का, प्रेम अमर है फूल।।
मुसाफिर प्रेम की राह न भूल।।

इस प्रकार भारतीय संस्कृति की वसुधैव कुटुम्बकम् की अवधारणा विश्व–प्रेम की भावना से प्राण प्राप्त करती है।

4. विश्व–शन्ति की भावना–भारतीय संस्कृति की वसुधैव कुटुम्बकम् की अवधारणा को पुष्ट करने वाला चौथा प्रमुख तत्त्व है–विश्व–शन्ति की भावना का होना। भारतीय संस्कृति ने विश्व में वसुधैव कुटुम्बकम् की भावना को परिपुष्ट करने के लिए विश्व–शान्ति की भावना का सन्देश प्रसारित किया। वेदों में भी विश्व–शान्ति के विषय में कहा गया है कि

ओ३म् द्यौः शान्तिरन्तरिक्ष शान्तिः पृथिवी शान्तिरापः शान्तिरोषधयः शान्तिः वनस्पतयः शान्तिर्विश्वे देवाः शान्तिर्ब्रह्म शान्तिः सर्व शान्तिः शान्तिरेव शान्तिः सा मा शान्तिरेधि।। यजु॰ 36/17।

पृथिवी शान्तिरन्तरिक्षं शान्तिर्द्यौः शान्तिरापः शान्तिरोषधयः शान्तिर्वनस्पतयः शान्तिर्विश्वे मे देवाः शान्तिः सर्वे मे देवाः शान्तिः शान्तिः शान्तिभिः। ताभिः शानितभिः सर्वशान्तिभिः शमयामोहं यदिह घोरं यदिह क्रूरं यदिह पापं तच्छान्तं तच्छिवं सर्वमेव

शमस्तु नः।। अथर्व॰ 19/9/14।

परमात्मा से शान्ति की प्रार्थना के साथ–साथ राजा से भी विश्व–शान्ति की कामना की है और कहा गया है कि

स नः पवस्व शं गवे शं जनाय शमर्वते।
शं राजन्नोषधीभ्यः।। ऋग्॰ 9/11/3।

5. विश्व–पारिवारिक सौहार्द की भावना–भारतीय संस्कृति की वसुधैव कुटुम्बकम् की अवधारणा को पुष्ट करने वाला पाँचवाँ प्रमुख तत्त्व है–विश्व–पारिवारिक सौहार्द की भावना का होना। भारतीय संस्कृति ने सम्पूर्ण विश्व को एक परिवार मानकर उसमें पारिवारिक सौहार्द की भावना को विकसित किया जिससे वसुधैव कुटुम्बकम् की अवधारणा मजबूत हो सके। यह जो सुना जाता है कि 'न भाई से रही उलफत न यारों में रही मिल्लत, जो उलफत है तो जर से है यही बस सबसे प्यारा है' भारतीय संस्कृति का मूल नहीं है। भारतीय संस्कृति की वसुधैव कुटुम्बकम् की भावना का मूल तो वेदों में उद्धृत है। इसीलिए वेदों में कहा गया है कि

अनुव्रत पितुः पुत्रो मात्रा भवतु संमनाः।
जाया पत्ये मधुमतीं वाचं वदतु शान्तिवाम्।। अथर्व॰ 3/30/2।
उन नः सूनवो गिरः शृण्वन्त्वमृतस्य ये।
सुमष्डीका भवन्तु नः।। यजु॰ 33/77।
यस्य पुत्रो वशीभूतो भार्या छन्दानुगामिनी।
विभवे यश्च सनतुष्टस्तस्य स्वर्ग इहैव हि।। चाणक्य नीति 2/3।
मा भ्राता भ्रातरं द्विक्षन्मा स्वसारमुत स्वसा।
सम्यञ्च सव्रता भूत्वा वाचं वदत भद्रया।। अथर्व॰ 3/30/3।
सुनष्तावन्तः सुभगा इरावन्तो हसामुदाः।
अतृष्या अक्षुध्यास्त गष्हा मास्मद् विभीतन।। अथर्व॰ 7/60/6।
मा भेर्मा संविक्था ऊर्जं धत्स्व धिषणे वीड्वीसती।
वीडयेथामूर्जं दधाथाम्। पाप्मा हतो न सोमः।। यजु॰ 6/35।

अर्थात् वेद का वचन है कि हे विश्व के ऐश्वर्यशाली मनुष्यों ! आप सत्यभाषी, मधुरभाषी और सुव्यवस्थित बनो। उत्तम सौभाग्यशाली, ऐश्वर्यसम्पन्न बनो, अन्न और धन से भरपूर रहो, सदा हँसमुख रहो और प्रसन्न रहो। सन्तोष करने वाले बनो, सदा सरल रहो तथा कभी अभावग्रस्त मत बनो और कभी भी भयभीत मत होओ।

6. विश्व–यश की भावना–भारतीय संस्कृति की वसुधैव कुटुम्बकम् की अवधारणा को पुष्ट करने वाला छठा प्रमुख तत्त्व है–विश्व–यश की भावना का होना। भारतीय संस्कृति की यह महती विशेषता रही है कि वह सम्पूर्ण विश्व के यश की कामना करती है, किसी व्यक्ति विशेष या राष्ट्र विशेष की नहीं। साथ ही साथ भारतीय संस्कृति विश्व को सुपथ पर चलने के लिए प्रेरित करती है। वेदों में भी कहा गया है कि–

यशा इन्द्रो यशा अग्निः। यशा विश्वस्य भूतस्य, अहमस्मि यशस्तमः।। अथर्व॰ 6/39/3।

विश्वकर्मन् हविषा वावधानः स्वयं यजस्व पृथिवीमुत द्याम्।
मुह्यन्त्वन्यो अभितो जनास इहास्माकं मघवा सूरिरस्तु।। ऋग्॰ 10/81/6।
यशसं कृधि नः। ऋग्॰ 7/42/5।
यशो मा द्यावापृथिवी यशो मेन्द्रबृहस्पति।
यशो भगस्य विन्दतु यशो मा प्रतिमुच्यताम्।
यशसास्याः संसदोष्हं प्रवदिता स्याम्।। साम॰ 611।
अग्ने नय सुपथा राये अस्मान्। यजु॰ 7/43।
ऋतस्य पथा प्रेत, वि स्वः पश्य। यजु॰ 7/45।

7. विश्व–आर्यत्व की भावना–भारतीय संस्कृति की वसुधैव कुटुम्बकम् की अवधारणा को पुष्ट करने वाला सातवाँ प्रमुख तत्त्व है–भारतीय संस्कृति में विश्व–आर्यत्व की भावना का होना। भारतीय संस्कृति ने सम्पूर्ण विश्व को आर्य बनने का सन्देश दिया है तथा विश्व के सभी मनुष्यों को केवल मनुष्य बनने का सन्देश दिया है। तभी तो हमारे वेदों में कहा गया है कि

इन्द्रं वर्धन्तो अप्तुरः कष्ण्वन्तो विश्वमार्यम्।
अपघ्नन्तो अराव्ण।। ऋग्॰ 9/63/5।

अर्थात् वेद की वाणी है कि हे विश्व के मनुष्यों ! आत्मा को बढ़ाते हुए, दिव्य गुणों से अलंकृत करते हुए तथा तत्परता के साथ कार्य करते हुए अदानशीलतका को, ईर्श्या, द्वेष, द्रोह की भावनाओं को, शत्रुओं को परे हटाते हुए सम्पूर्ण विश्व को आर्य बनाते हुए विचरण करो।

तन्तुं तन्वन् रजसो भानुमन्विहि ज्योतिष्मतः पथो रक्ष धिया कष्तान्।
अनुल्बणं वयत जोगुवामपो मनुर्भव जनया दैव्यं जनम्।। ऋग्॰ 10/53/6।
माहिर्भूर्मा पष्दाकुः। यजु॰ 6/12।

अर्थात् हे संसार के मनुष्यों ! तुम प्रकाश का अनुसरण करो। बुद्धिमानों द्वारा निर्दिष्ट ज्योतिर्मयी मार्गों की रक्षा करो। निरन्तर ज्ञान और कर्म का अनुष्ठान करने वालों के श्रेष्ठ कर्मों का विस्तार करो। तुम सभी मनुष्य बनो और विश्व में दिव्य मानवता का प्रकाश फैलाकर दिव्य सन्तानों को जन्म दो। हे मनुष्यों ! तुम साँप की भांति कुटिल मत बनो और भेड़ियों के समान मत बनो।

आधत्त पितरो गर्भं कुमार पुष्करस्रजम्।
यथेह पुरुषोष्सत्।। यजु॰ 2/33।

अर्थात् तुम जन्म के पश्चात् विद्या ग्रहण करके पूर्ण विद्वान् बनो।

8. विश्व–संगठन की भावना–भारतीय संस्कृति की वसुधैव कुटुम्बकम् की अवधारण को पुष्ट करने वाला आठवाँ प्रमुख तत्त्व है–भारतीय संस्कृति में विश्व–संगठन शक्ति की भावना का होना। भारतीय संस्कृति सम्पूर्ण विश्व के कल्याण के लिए

कार्यरत रही हैं और सम्पूर्ण विश्व के सभी निवासियों को एकता के सूत्र में बांधती रही है। भारतीय संस्कृति के इस एकता के सूत्र ने विश्व को संगठित रहने का सन्देश दिया है और सामंजस्य, सहृदयता और एकत्व से पुष्ट किया है। ऋग्वेद के अन्तिम सूक्त में विश्व को संगठित होने का सन्देश दिया गया है। इस सूक्त में कहा गया है कि हम विश्व के सभी मनुष्य संगठन शक्ति के साथ मिलकर साथ–साथ चले और हमारे मन भी संगठन से युक्त हों। हमारी विश्वकल्याण की समितियाँ संगठित हों और हमारी समितियों की मन्त्रणाएं संगठित हों। हम अपने और पराये को मिलाकर संगठन की भावना पैदा करें। हमारे मन और पवित्र कर्म भी समान रूप से संगठित हों। यही प्रमाण वेदों में इस प्रकार से हैं–

सं गच्छध्वं सं वदध्वं सं वो मनांसि जानताम्।
समानो मन्त्रः समितिः समानी समानं मनः सह चित्तमेषाम्।
समानी वः आकूतिः समाना हृदयानि वः। समानस्तु वो मनो यथा वः सुसहासति।। ऋग्० 10/191/2–4।
संज्ञानं नः स्वेभिः संज्ञानमरणेभिः। अथर्व० 7/52/1।
एकश्नुष्टीन् संवननेन सर्वान्। अथर्व० 3/30/7।
सं वः पृच्यन्तां तन्वः सं मनांसि समु व्रता। अथर्व० 6/74/1।

9. **विश्व–अहिंसा की भावना**–भारतीय संस्कृति में वसुधैव कुटुम्बकम् की अवधारणा को पुष्ट करने वाला नौवाँ प्रमुख तत्त्व है–भारतीय संस्कृति में विश्व–अहिंसा की भावना का होना। विश्व में भारतीय संस्कृति की अहिंसा की भावना ने इतना उच्च स्थान प्राप्त किया कि पाश्चत्य विद्वानों के द्वारा भारत को अहिंसा का पुजारी देश माना जाने लगा है। साथ ही साथ तथागत गौतम बुद्ध के द्वारा विश्व को दिया गया अहिंसा का सन्देश कैसे भुलाया जा सकता है। वेदों में भी कहा गया है कि

मा स्रेधत सोमिनो दक्षता महे कृणुध्वं राय आतुजे।
तरणिरिज्जयति क्षेति पुष्यति न देवासः कवत्नवे।। ऋग्० 7/32/9।
सूर्यस्यावृतमन्वावर्ते दक्षिणामन्वावष्तम्।
सा मे द्रविणं यच्छतु सा मे ब्रह्मणवर्चसम्।। अथर्व० 10/5/37।
समुद्र ईशे स्रवतामग्निः पृथिव्या वशी।
चन्द्रमा नक्षत्राणामीशे त्वमेक वृषो भव।। अथर्व० 6/68/2।

अर्थात् ईश्वर का सन्देश है कि हे ऐश्वर्यशाली विश्व के मनुष्यों ! हिंसा मत करो। वृद्धि के लिए सदा यत्न करो। अध्यात्म के लिए कठोर साधना करो। नौका के समान संकट को पार करने वाला पुरुषार्थी मनुष्य ही विजय प्राप्त करता है, पृथ्वी पर सुखपूर्वक रहता है और सुखपूर्वक बसाता है। हे ऐश्वर्यशाली मनुष्यों दिव्य गुण दुराचारों के लिए नहीं होते है। तुम सूर्य के ऐश्वर्यशाली मार्ग का अनुव्रतन करो और जिस प्रकार से पृथ्वी पर समुद्र एवं नक्षत्रों में चन्द्रमा शासन करता है, उसी प्रकार तुम भी श्रेष्ठ बनकर मानवता की रक्षा करो।

ये मूर्धानः क्षितीनामदब्धासः स्वयशसः।
व्रता रक्षन्ते अद्रुहः।। ऋग्० 8/67/13।

अर्थात् वेद का वचन है कि जो लोग अहिंस्य, न दबने वाले, स्वयश वाले, स्वयश का उपार्जन करने वाले द्रोह रहित होते हैं और व्रतों की रक्षा करते हैं वे मनुष्यों में शिरोमणि होते हैं।

यथा सूर्यो मुच्यते तमसस्परि रात्रिं जहात्युषसश्च केतुन्।
एवाहं सर्वं दुर्भूतं कृत्रं कृत्याकष्ता कृतं हस्तीव रजो दुरितं जहामि।। अथर्व० 10/1/32।

इस प्रकार भारतीय संस्कृति में अहिंसा की भावना ने वसुधैव कुटुम्बकम् की भावना को परिपुष्ट किया और भारतीय संस्कृति को विश्व में उच्चतम स्थान पर प्रतिष्ठित किया।

10. विश्व–मातृभूमि का भावना–भारतीय संस्कृति की वसुधैव कुटुम्बकम् की अवधारणा को पुष्ट करने करने वाला दसवाँ प्रमुख तत्त्व है–विश्व–मातृभूमि की भावना का होना। वेदों में विश्व–मातृभूमि को छह तत्त्वों की धारक कहा गया है।

सत्यं बृहद् ऋतमुग्रं दीक्षा तपो ब्रह्म यज्ञः।
पथिवीं धारयन्ति।। अथर्व० 12/1/1।

यह वसुन्धरा संसार के सभी मनुष्यों के लिए महान् कल्याण प्रदान करने वाली हो और भूमि मेरी माता है तथा मैं भूमि माता का पुत्र हूँ

जनं बिभ्रती बहुधा विवाचसं नानाधर्माणां पृथिवी यथौकसम्।
स्हस्रं धारा द्रविणस्य मे दुहां ध्रुवेव धेनुरनस्फुरन्ती।। अथर्व० 12/1/45।
माता भूमिः पुत्रो अहं पृथिव्याः। अथर्व० 12/1/12।
वयं तुभ्यं बलिहृतः स्यामः। अथर्व० 12/1/62।
वयं राष्ट्राय जागष्याम पुरोहिताः। यजु० 9/23।

निष्कर्ष–निष्कर्षस्वरूप कह सकते हैं कि भारतीय संस्कृति धर्म प्रधान संस्कृति रही है, जिसकी वसुधैव कुटुम्बकम् की अवधारणा में उन मूल्यों को स्वीकार किया गया है जो सभी जीवधारियों के लिए कल्याणकारी होते हैं। जैसा कि महाभारत के एक श्लोक में कहा गया है कि मनुष्यों को उस धर्म या कर्त्तव्य–कर्म को करना चाहिए जो सभी के लिए कल्याणकारी हो तथा जो स्वयं के लिए भी कल्याणकारी न हो उसे कदापि नहीं करना चाहिए।

श्रूयतामं धर्मसर्वस्वं श्रुत्वा चैवावधार्यताम्।
आत्मनः प्रतिकूलानि परेषां न समाचरेत्।।

भारतीय संस्कृति विश्व–बन्धुत्व, विश्व–कल्याण आदि अनन्त विश्व–कल्याणकारी तत्त्वों के केन्द्र में घूमती हुई वसुधैव कुटुम्बकम् की भावना को परिपूर्ण करती है और सभी के मंगल की कामना करती है। सर्वे भवन्तु सुखिनः सर्वे सन्तु निरामयाः।

भारतीय संस्कृति सभी मनुष्यों का समान रूप से संरक्षण करती है और सभी

मनुष्यों को भारतीय संस्कृति के संरक्षण का पूर्ण अधिकार प्राप्त है। गीता में भगवान् श्रीकृष्ण ने मनुष्यों को केवल अपनी धर्म या संस्कृति के संरक्षण का ही अधिकार प्रदान किया है और अपनी संस्कृति को ही श्रेयस्कर माना है। सभी मनुष्य अपनी–अपनी रीति से भारतीय संस्कृति के तत्त्वों का संरक्षण करते हुए ही उत्तम सिद्धि को प्राप्त करते हैं।[7] भारतीय संस्कृति की वसुधैव कुटुम्बकम् की अवधारणा संसार के सभी मनुष्यों के सुख की कामना करती है। यह मेरा है और दूसरे का है, इस प्रकार की भावना केवल क्षूद्र मनुष्यों की प्रवृत्ति में होता है और कहा भी गया है–

सर्वे भवन्तु सुखिनः सर्वे सन्तु निरामयाः।
सर्वे भद्राणि पश्यन्तु मा कश्चिद् दुःखभाग्भवेत्।।
अयं निजः परो वेति गणना लघुचेतसाम्।
उदारचरितानां तु वसुधैव कुटुम्बकम्।। हितोपदेश 1–56।

संदर्भ

1. शृण्वन्तु अमृतस्य पुत्राः। शुक्ल यजु॰ 11.5।
2. अयं निजः परो वेति गणना लघुचेतसाम्।
   उदारचरितानां तु वसुधैव कुटुम्बकम्।। हितोप॰ 1/69।
   सर्वे भद्राणि पश्यन्तु मा कश्चिद् दुःखभाग्भवेत्।।
4. शन्नो भव द्विपदे शं चतु
   ष्पदे। ऋग्॰ 7/54/1।
5. यस्मिन् देशे य आचारो व्यवहारः कुलस्थितिः।
   तथैव परिपाल्योष्ऽसौ यदासौ वशमागतः।।कल्याण, गीताप्रेस गोरखपुर, हिंदू संस्कृति अंक–24, पृ0 189।
6. स्वेधर्मे निधनं श्रेयं परधर्मो भयावहः। श्रीमद्भ॰गीता 3/45।
7. स्व स्वे कर्मण्यभिरतः संसिद्धिं लभेत नरः। श्रीमद्भ॰गीता 18/45, स्वकर्मणा तमभ्यर्च सिद्धिं विन्दति मानवः।

❖❖❖

22

भारतीय संस्कृति और सभ्यता का अन्योन्याश्रित सम्बन्ध

अनिल कुमार
शोध छात्र (इतिहास)
के०एम०जी०जी० (पी०जी०) कॉलेज, बादलपुर, गौतमबुद्ध नगर

भारतीय संस्कृति के विशिष्ट आधारभूत तत्व हैं, जो इसके स्वरूप और विशेषताओं को प्रतिपादित करते हैं। प्राचीन ऋषियों और मनीषियों ने मानव के व्यक्तिगत और सामाजिक विकास तथा संचालन के लिए अनेक नियमों और परम्पराओं का निर्धारण किया था। उनका उद्देश्य था कि मानव–जीवन के प्रत्येक अंग का, मानव शरीर, मन तथा आत्मा का विकास हो। मानव–जीवन का एकांगी या एक पक्षीय विकास उनको स्वीकार नहीं था। उन्होंने एक ओर जहाँ भौतिक उन्नति को प्रोत्साहन दिया, शरीर को पुष्ट करने तथा सांसारिक सुखभोग के साधनों को प्राप्त करने का निर्देश दिया, वहीं दूसरी ओर आध्यात्मिक उन्नति करने तथा धर्म और मोक्ष को भी अनिवार्य बताया।[1] भारतीय ऋषियों द्वारा विकसित आश्रम–व्यवस्था इसका स्पष्ट प्रमाण है। बाल्यावस्था में ब्रह्मचर्य आश्रम में मनुष्य शरीर और मन को पुष्ट बनाकर गृहस्थ–आश्रम में सांसारिक सुखों का उपभोग करता है। तदनन्तर वानप्रस्थ और संन्यास–आश्रम में वह आध्यात्मिक उन्नति और मोक्ष के लिए प्रयास करता है। भारतीय संस्कृति की यह विशेषता अन्य प्राचीन संस्कृतियों में नहीं है। भारतीय संस्कृति में मानव–जीवन के सभी अंगों के विकास को प्रोत्साहित किया गया था।

भारतीय संस्कृति की यह भी विशेषता रही है कि इसमें केवल व्यक्तिगत उन्नति, विकास और सुख को ही महत्व नहीं दिया गया, अपितु उसके साथ सामूहिक उन्नति पर भी बल दिया गया।[2] सामूहिक और सामाजिक हित के लिए व्यक्ति एवं कुल का भी बलिदान श्रेयष्कर समझा गया। वेदों में प्रार्थनायें की गई हैं कि समाज के प्रत्येक व्यक्ति को समष्टि की

भावना से सामूहिक हित की कामना से कार्य करना चाहिये। परस्पर सद्भाव रखना चाहिये। वस्तुतः सामाजिक समानता, सद्भावना और परस्पर विश्वास भारतीय संस्कृति की विशेषतायें रहीं हैं।

भारतीय संस्कृति विश्व की प्राचीनतम संस्कृति है। यह वर्तमान में भी जीवित है तथा इसका महान् महत्व है। विश्व की अन्य प्राचीन संस्कृतियां, जैसे मिस्र, बेबीलोन, स्पार्टा, रोम, एथेन्स आदि की संस्कृतियाँ आज मात्र इतिहास का ही विषय रह गई हैं।[3] परन्तु भारतीय संस्कृति अब भी जीवन्त है और नूतन विकास की ओर अग्रसर हो रही है। इसमें जीवन का स्पन्दन है। भारतवर्ष के करोड़ों नागरिक इससे प्रेरणा प्राप्त करते हैं। प्राचीन युग में भी भारतीय संस्कृति का जितना प्रचार हुआ, जितने विस्तृत प्रदेश में यह फैली, विश्व की कोई अन्य संस्कृति इसकी समानता नहीं कर सकती। प्राचीन भारतीय संस्कृति के अवशेष वर्तमान समय में भी अफगास्तिान, ईरान, चीन, मंगोलिया, जापान, तिब्बत, वर्मा, स्याम, कम्बोडिया, वियतनाम, मलाया, सुमात्रा एवं जावा आदि देशों में उपलब्ध होते हैं।[4] वहां के रीति–रिवाजों और भाषाओं पर भारतीयता की स्पष्ट छाप है। प्राचीन भारत का बहुत सा साहित्य, जिसका कि भारतवर्ष में उल्लेख मात्र रह गया था, इन देशों से प्राप्त हो सका है।

सभ्यता का आशय

संस्कृति शब्द के साथ ही सभ्यता शब्द का प्रयोग भी दृष्टिगोचर होता है। लोक में सामान्यतः सभ्यता और संस्कृति, इन दोनों पदों का प्रयोग समान अर्थ में कर दिया जाता है। परन्तु यह यथार्थ नहीं हैं। दोनों शब्दों के वाच्य अर्थ में भेद है। संस्कृत–व्याकरण की दृष्टि से 'सभ्यता' पद की रचना इस प्रकार हुई है – ''सभायां साधुः'' अर्थ में सभा पद से यत् प्रत्यय लगाकर सभ्य पद निश्पन्न होता है।[5] सभा + यत् = सभ्य। सभ्य पद का अर्थ है–वह व्यक्ति, जो सभाओं एवं समाज में उचित आचरण करता है, सामाजिक व्यवहारों को जानता है और इनका पालन करता है तथा अपने को समाज के अनुशासन में बांधता है। ''सभ्यस्य भावः'' अर्थ में सभ्य शब्द से तल् प्रत्यय करके स्त्रीलिंग में सभ्यता पद की रचना होती है। सभ्य + तल् + टाप् = सभ्यता। इस प्रकार सभ्यता पद का अर्थ है–व्यक्तियों का सामाजिक नियमों और व्यवहारों को जानना, उनका पालन करना, समाज के योग्य समुचित आचरण करना और समाज के अनुशासन में रहना।[6]

वर्तमान समय में सभ्यता पद का प्रयोग इससे कहीं अधिक व्यापक अर्थ में प्रचलित है।

उस व्यक्ति या समाज को सभ्य कहा जाता है, जो अपने जीवन और व्यवहार में शिष्ट नियमों और परम्पराओं का पालन करता हो तथा आवश्यकताओं की पूर्ति के लिए सुधरे हुए उत्तम साधनों का प्रयोग करता हो। किसी देश की सभ्यता उन्नत है, इसका अभिप्राय है कि उस देश में रहने वाला जन–समुदाय आचार–विचार की दृष्टि से सभ्य है, शिष्ट है।[7] वहाँ का सामाजिक अनुशासन व्यवस्थित है। वहाँ जीवन–निर्वाह के लिए शारीरिक आवश्यकताओं की पूर्ति के लिए अधिक सुधरे और समुन्नत वैज्ञानिक साधनों का प्रयोग होता है।

सस्कृति और सभ्यता में संबंध

संस्कृति और सभ्यता इन दोनों पदों के वाच्य अर्थों में और इनमें निहित भावों में अंतर होते हुए भी ये दोनों एक–दूसरे से पृथक नहीं हैं दोनों एक–दूसरे से घनिष्ठ रूप से संबंधित हैं, एक दूसरे के पूरक हैं। ऊपर जो संस्कृति पद की व्याख्या की गई है, उससे स्पष्ट है कि उसका सम्बन्ध विशेष रूप से मनुष्य के व्यक्तिगत आचरण और कार्यों से है। सभ्यता पद का सम्बन्ध सामाजिक आचरण से है। जिस प्रकार व्यक्ति और समाज एक दूसरे पर आश्रित हैं, दोनों एक–दूसरे से घनिष्ठ रूप से सम्बद्ध हैं और इनको एक दूसरे से पृथक नहीं किया जा सकता, उसी प्रकार संस्कृति और सभ्यता को एक दूसरे से पृथक नहीं किया जा सकता। दूसरे शब्दों में यह कहा जा सकता है कि संस्कृति मनुष्य के परम्परागत राष्ट्रीय जीवन और आत्मा के उत्कर्ष की परिचायिका है और सभ्यता उसके सामाजिक जीवन और भौतिक उत्कर्ष का परिचय देती है।

इस बात को इस प्रकार भी कहा जा सकता है कि सभ्यता शरीर है और संस्कृति उसकी आत्मा है।[8] जिस प्रकार बिना आत्म–तत्व के शरीर निर्जीव और निष्प्राण है, उसी प्रकार संस्कृति से विहीन सभ्यता निर्जीव और निर्मूल है। किसी व्यक्ति को जब हम संस्कृति–सम्पन्न कहते हैं, तब इसका यह अभिप्राय है कि वह व्यक्ति उत्तम आचरणों को करने वाला है। जब उसको सभ्य कहा जाता है तो इसका अभिप्राय है कि वह व्यक्ति सामाजिक नियमों का पालन करता है। वाच्य अर्थ की दृष्टि से संस्कृति और सभ्यता, इन दोनों पदों के अर्थों में भिन्नता होते हुए भी भावात्मक दृष्टि से इनका पृथक्त्व अकल्पनीय है।[9] किसी देश की संस्कृति पर विचार करते हुए उसकी सभ्यता का अन्तर्भाव भी उसमें कर लिया जाता है। इसी प्रकार किसी देश की सभ्यता का अध्ययन करते हुए उसकी संस्कृति का अन्तर्भाव उसमें समाविष्ट होता है।

संस्कृति और सभ्यता में अंतर है, लेकिन दोनों में अंर्तसंबंध भी है। कोई शब्द–विवेचक कहेगा कि 'सभ्यता' का शाब्दिक अर्थ है; 'सभा में बैठने की योग्यता।'[10] सभा में शिष्टाचार के नियमों का पालन किया जाता है और सामाजिक भावना का अनुभव किया जाता है। अर्थात, शिष्टाचार, सामाजिक बंधन, सामाजिक उत्तरदायित्व, सामाजिक व्यवहार 'सभ्यता' के अंतर्गत आते हैं। इसी में आता है हमारे रहन सहन का भौतिक पक्ष। हमारा भौतिक विकास हमारी 'सभ्यता' के विकास का परिचायक है। वैज्ञानिक साधन तथा धन मनुष्य के जीवन–स्तर को भौतिक दृष्टि से ऊँचा उठाते हैं। इस विचार से मूलतः भौतिक सुख–समृद्धि, विशिष्ट बौद्धिक विकास, व्यापारिक एवं औद्योगिक विकास, सामाजिक स्वतंत्रता, राजनीतिक प्रगति सभ्यता के अंतर्गत समाहित हैं।[11]

प्रथम दृष्टि में देखा जाए तो सभ्यता नगरों के निर्माण एवं विकास का मुख्य कारक है। इसलिए प्रायः यह धारणा बन जाती है कि नगरों में रहने वाले लोग,

ग्रामवासियों की अपेक्षा अधिक सभ्य होते हैं! लेकिन क्या वे ग्रामवासियों की अपेक्षा अधिक सुसंस्कृत होते हैं? यह आवश्यक नहीं। आजकल आधुनिक वेशभूषा से अलंकृत, पढ़े–लिखे, नगर में रहने वाले, धनाढ्य, बाहरी ठाठ–बाट रखने वाले एवं मृदुभाषी व्यक्तियों को 'सभ्य' समझ लिया जाता है; चाहे वे रिश्वतखोरी, चालबाजी, छलकपट, कदाचार एवं धूर्तता आदि असंस्कृत तत्वों से ग्रस्त ही क्यों न हों।[12] इसके विपरीत निर्धन, अथवा ग्रामीण व्यक्ति ऊपर से 'सभ्य' भले ही न दिखे, किन्तु उसमें न कोई दिखावा होगा, न छल, न अनुकरण। अतः वह सुसंस्कृत हो सकता है। सभ्यता और संस्कृति सहयात्री हैं। दोनों मनुष्य को पशुता से मानवता की ओर लाई हैं।

लेकिन सभ्यता बाहर की वस्तु है, संस्कृति आंतरिक व्यवहार एवं नैतिकता की। संस्कृति का महत्व इस बात में नहीं है कि हमारे पास क्या है, बल्कि इस बात में है कि हम क्या हैं! यह मानसिक एवं आत्मिक अवस्था है। कहना चाहिए कि सभ्यता भौतिक विकास की जय–यात्रा है और संस्कृति, विचार विश्वास, अभिरूचि, कला, सौंदर्य एवं आदर्शों की हमारी रची अपनी दुनिया है। इसलिए सभ्यता के अंतर्गत भोजन–वस्त्र, गृहोपकरण तथा अलंकार आदि मूर्त एवं भौतिक तत्व आते हैं। भौतिक आवश्यकताओं की पूर्ति के लिए वस्तुओं के प्रयोग से सभ्यता का निर्माण होता है, लेकिन साहित्य, कला, संगीत, धर्म, दर्शन, ज्ञान–विज्ञान तथा परंपरा आदि अमूर्त एवं अभौतिक तत्वों के आधार पर मानव–जीवन को श्रेयस्कर बनाने के प्रयासों का परिणाम ही संस्कृति है।[13] वास्तव में सभ्यता संस्कृति के ज्ञानपरक अंश से उद्भूत हुई है।

सभ्यता के चार प्रमुख सोपान हैं–आर्थिक अवस्था, राजनीतिक संगठन, नैतिक परंपरा तथा सौन्दर्यबोध को तीव्रतर करने की योजना।[14] 'जब ये सभी एकीभूत हो जाते हैं, तो इनके प्रभाव से संस्कृति का निर्माण होता है। यह भी सच है कि समृद्ध सभ्यता में संस्कृति का विकास होता है, लेकिन सभ्यता का स्वतंत्र मूल्य नहीं है। उपयोगिता के आधार पर उसका मूल्यांकन किया जाता है और सभ्यता का अनुकरण किया जा सकता है। इसके अनुकरण में देश, जाति, वर्ण आदि का कोई स्थान नहीं है। इसमें परिवर्तन भी जल्दी घटित होता है। इसके विपरीत संस्कृति अमूल्य साध्य है, जिसका अनुकरण सहज रूप से नहीं हो सकता है। इसके अनुकरण में देश जाति और वर्ण का समावेश होता है। यह केवल बुद्धिसात करने की वस्तु है। विचार और कर्म से इसका गहन संबंध है। यह भावमय तथा ज्ञानमय दोनों है। इसके विपरीत सभ्यता कर्ममय तो है, ज्ञानमय भी है; किन्तु वह हमारे मनोमस्तिष्क से गहरे तक जुड़े ऐसा आवश्यक नहीं। वह तो एक कृत्रिम वस्तु है। हमारी चेष्टाओं का बाहरी रूप है। जबकि संस्कृति जीवन बोध का पर्याय है।

संस्कृति प्राचीनकालीन जीवनगत आदर्शों, रीति–रिवाजों, सामाजिक परंपराओं, सभी प्रकार की कलाओं तथा साहित्य में संचरित रहती है। अतः संस्कृति के कुछ सार्वभौम तत्व हैं यथा इतिहास, समाज–संगठन, राजनीति–अर्थ, धर्म, नीति, शिक्षा, विज्ञान, कलाएं और साहित्य।[15]

मानव विज्ञान अपनी सुविधा के लिए संस्कृति को तीन वर्गों में विभाजित कर लेता है।

1. उपकरण अथवा शिल्प तथ्य,
2. कार्य—कलाप अथवा सामाजिक तथ्य,
3. विचार और भाव अथवा मानसिक तथ्य।

इनमें से उपकरण अथवा शिल्प तथ्य 'सभ्यता' के अंतर्गत माना जाता है; जिसका हम उपयोग करते हैं, और सत्य यह है कि "जो हम हैं, वही हमारी संस्कृति है।"[16] सभ्यता का उत्थान—पतन संस्कृति पर निर्भर करता है। यदि हम विश्व की सभ्यताओं का इतिहास देखें तो यह तथ्य उभरता है कि उन सभ्यताओं का उत्कर्ष—पतन उस समय की उनकी संस्कृतियों की स्थिति पर अवलंबित है। अतः सभ्यता के मूल्यांकन के लिए संस्कृति एक प्रमुख तत्व मानी जा सकती है।

संदर्भ

1. दत्त, डॉ० नलिनाक्ष एवं वाजपेयी, कृष्णदत्त, उत्तर प्रदेश में बौद्ध धर्म का विकास, प्रकाशन ब्यूरो, उत्तर प्रदेश सरकार, लखनऊ, 1956, पृ० 09
2. सरकार, जवाहर (संपा०), संस्कृति, अंक 16, संस्कृति मंत्रालय, भारत सरकार, दिल्ली, 2009, पृ० 03
3. ठाकुर, पं० आद्यादत्त, वेदों में भारतीय संस्कृति, हिन्दी समिति, प्रकाशन विभाग, उत्तर प्रदेश सरकार, लखनऊ, 1967, पृ० 33
4. दत्त, डॉ० नलिनाक्ष एवं वाजपेयी, कृष्णदत्त, वही, पृ० 14
5. वही, पृ० 19
6. विद्यालंकार, अत्रिदेव, प्राचीन भारत में सौंदर्यबोध, भारतीय ज्ञानपीठ, काशी, 1958, पृ० 53
7. वही, पृ० 61
8. चाँद, प्रो० एम. एस., भारत का सांस्कृतिक इतिहास, द स्टूडेन्ट बुक कम्पनी, जयपुर, 1986, पृ० 08
9. वही, पष0 14
10. राधाकृष्णन, डॉ० सर्वपल्ली, भारतीय दर्शन (अनु० नंदकिशोर गोभिल), राजपाल एंड संस, नई दिल्ली, 1962, पृ० 27, 28
11. सरकार, जवाहर (संपा०), वही, पृ० 21
12. वही, पृ० 24
13. दत्त, डॉ. नलिनाक्ष एवं वाजपेयी, कृष्णदत्त, वही, पृ० 49
14. ठाकुर, पं० आद्यादत्त, वही, पृ0 62
15. वही, पृ० 66
16. राधाकृष्णन, डॉ. सर्वपल्ली, (अनु० नंदकिशोर गोभिल), वही, पृ० 54

❖❖❖

23
भारतीय संस्कृति का रूप

अर्चना
शोधार्थिनी-प्री. पी-एच.डी. (इतिहास विभाग)
चौ० चरण सिंह विश्वविद्यालय परिसर मेरठ

विषय-प्रवेश

संस्कृत भाषा में सम उपसर्ग पूर्वक कृ-धातु में क्तिन प्रत्यय के योग से संस्कृति शब्द निष्पन्न होता है। इस व्युत्पति की दृष्टि से संस्कृति शब्द परिष्कृत कार्य अथवा उत्तम स्थिति का बोध करता है, किन्तु इस शब्द का भावार्थ अथवा तात्पर्यार्थ अत्यन्त व्यापक है। वस्तुतः यह शब्द मनुष्य की सहज प्रवृत्तियों, नैसर्गिक शक्तियों और उनके परिष्कार का द्योतक है। संस्कृति शब्द से पृथ्वी के किसी भी विशिष्ट भूखण्ड की मानसिक क्षमता एवं प्रगति का एक दीर्घकालीन इतिहास प्रकट होता है।

व्यक्ति के मन, शरीर तथा आत्मा से सम्बन्ध नैसर्गिक शक्तियाँ, संस्कृति से ही परिवर्धित और परिष्कृत होती है। सत्य विश्व सुन्दर की अभिलाषा एवं संरक्षण की संस्कृति का प्राणत्व है। यही कारण है कि किसी भी मनुष्य के सुव्यवस्थत, उदत्त एवं शोभा सम्पन्न आचरण के कारण हम उसे सुसंस्कृत मानव कह उठते हैं।

सामान्य परिचय संस्कृति शब्द के साथ प्रायः एक और शब्द सभ्यता का भी प्रयोग प्राप्त होता है। सभ्यता शब्द का अर्थ है—सभा में बैठने की योग्यता (समायाम अर्हति इति = सभा+यत् = सभ्यः। सभ्य+तल+टाप् = सभ्यता) इस दृष्टि से सभ्यता शब्द का प्रधान अर्थ सामाजिकता है। सभ्यता का सम्बन्ध मूर्त एवं भौतिक पदार्थों से है जो हमें उत्तराधिकार में भले ही प्राप्त नहीं हो, अपनी आवश्यकता के अनुसार हम इनका निर्माण कर लेते हैं।

सभ्यता आन्तरिक उन्नति है और सभ्यता से ब्राह्म (भौतिक) उन्नति सूचित होती है। यही कारण है कि संस्कृति का अनुकरण नहीं किया जा सकता है। संस्कृति को माप सकने का कोई मापदण्ड भी नहीं है। किन्तु सभ्यता को मापने का मापदण्ड उपयोगिता है। संस्कृति विकसित नहीं होती है किन्तु सभ्यता का निश्चय ही विकास होता है। किसी अद्यतन संस्कृति के लिए यह नहीं कहा जा सकता है वह प्राचीनकाल की अपेक्षा अधिक विकसित है।

किसी भी देश की संस्कृति उसके विभिन्न युगों के आचारों एवं विचारों की परम्परा

से उत्पन्न एक भूषणयुक्त परिष्कृत स्थिति की द्योतक होती है। विश्व में प्राचीन एवं अर्वाचीन अनेक संस्कृतियाँ है, किन्तु उन सब में भारतीय संस्कृति का स्थान अनुपम एवं सर्वोच्च है। आज जो संस्कृति भारतीय नाम से अभिहित है, उस संस्कृति का किसी विशिष्ट भूखण्ड से सदैव सम्बन्ध रहा है।

भारत में मौलिक एकता इतने विशाल देश में व्याप्त उस मौलिक एकता के कुछ कारक तत्व भी होने चाहिए। इस दृष्टि से देखने पर हमारे सम्मुख अनेक पहलू स्वतः उद्धारित होते जाते हैं।

1. भौगोलिक एकता जलवायु और वनस्पति आदि की दृष्टि से भारतवर्ष के सम्पूर्ण विस्तार में जितनी विविधता दृष्टिगोचर होती है, उतनी सम्भवतः अन्य किसी देश में नहीं। भारत की ऊपरी सीमाएँ शीत कटिबन्ध में होने के कारण कश्मीर तथा हिमाचल प्रदेश कई मास तक हिमाच्छादित ही रहते हैं। भारतवर्ष का मध्य भाग शीतोष्ण कटिबन्ध है। दक्षिणी भाग विषुवत रेखा से अधिक दूर न होने के कारण वहाँ अधिक गर्मी पड़ती है। किन्तु इस भिन्नता में भी एक सुदृढ़ भौगोलिक एकता पाए जाने का कारण यही है कि प्राकृति ने भारत की रचना एक सुरक्षित दुर्ग के समान की है। यह एक ऐसी सुदृढ़ प्राकृतिक इकाई जिसके तीन ओर समुद्र और एक ओर अनुलंघनीय पर्वत सुरक्षित सीमाओं के रूप में अवस्थित है। यह भौगोलिक एकता केवल भौतिक धरातल मात्र पर स्थिति नहीं है अपितु भारतीयों की बौद्धिक चेतना तथा हृदयगत भावों में भी पूर्णतया उपस्थित है।

2. राजनैतिक एकता भारतीय इतिहास में सदैव ही सारे देश को राजनैतिक एकता में बाँधने के प्रयास होते ही रहे। प्रतापी नरेशों की सदैव की यही कामना रहती थी कि पूरे देश पर एकछत्र राज्य करके वे महाराजाधिराज एकराट, अधिराज आदि कहला सके। चन्द्रगुप्त मौर्य, अशोक महान समुद्रगुप्त, हर्ष आदि ने सम्पूर्ण भारत वर्ष में राजनैतिक एकता स्थापित करने का लक्ष्य रखा था। आधुनिक काल में ब्रिटिश संघ ने सम्पूर्ण भारत में अपना शासन स्थापित किया था, किन्तु तब भी लगभग 700 देशों राज्य अपनी भिन्न शासन-व्यवस्था रखकर ब्रिटिश संघ को कर दिया करते थे।

भारतीय राष्ट्रीय आन्दोलन के दौरान भारत की जनता ने एकजुट होकर देश को स्वतन्त्र कराया और एक भारत राष्ट्र, एक भारतीयता तथा एक राजनैतिक एकता का सुदृढ़ सूत्रपात हो गया।

3. सांस्कृतिक एकता समय-समय पर भारत में बाह्य शक्तियों—यूनानी, शक, कुषाण, हूण, अरब, तुर्क, मंगोल आदि में प्रवेश किया। उन सभी के साथ उनकी भिन्न-भिन्न सभ्यता और सांस्कृति भी यहाँ आई किन्तु वे धीरे-धीरे भारतीय संस्कृति में घुल-मिलकर एकाकार होती गई। भारतीय धर्मशास्त्रों ने जिन सामाजिक रीतियों और संस्थाओं का विधान किया था, वे सम्पूर्ण देश में मान्य रही। विभिन्न देश प्रदेशों में जाति भेद, वर्णव्यवस्था विभिन्न संस्कार और अनुष्ठान समान रूप से प्रचलित है। सम्पूर्ण भारत में वैचारिक एकता आश्चर्यजनक है।

4. धार्मिक एकता भारत में अनेक सम्प्रदाय हैं, किन्तु इन सभी विभिन्न सम्प्रदायों

में आन्तरिक समानता है। धार्मिक दृष्टि से सभी भारतीय सम्प्रदायों के आध्यात्मिक तत्व एवं सिद्धान्त समान है। आत्मा का अमरत्व एक परब्रह्म की सत्ता, कर्म, पुनर्जन्म, मोक्ष, निवारण, ईश्वर भक्ति सत्यपालन आदि तत्व सभी भारतीय धर्मों में एक समान है। धार्मिक संस्कार व्रत, उपवास, उत्सव, पर्व तथा रीति परम्परा सम्पूर्ण भारत में लगभग एक सी है। इन सभी से यह स्पष्ट हो जाता है कि भारतवर्ष के सम्पूर्ण विस्तार में धार्मिक एकता दृढ़तापूर्वक व्याप्त है।

5. भाषागत एकता भारत के विभिन्न प्रदेशों में आपाततः भिन्न-भिन्न भाषाओं का व्यवहार होने पर भी भारत में भाषागत एकता भी विद्यमान है, क्योंकि सभी भारतीय भाषाओं का जन्म संस्कृति भाषा से हुआ है। हिन्दी हो या बंगाली, मराठा हो या गुजराती, तमिल हो या तेलुगु सभी भारतीय भाषाओं पर संस्कृत की गहरी छाप स्पष्ट है। मुस्लिम युग में आक्रान्ताओं के साथ भारत में विदेशी भाषा फारसी का प्रवेश हुआ किन्तु सस्कृत और फारसी के सम्मिश्रण के भारत में उर्दू भाषा का जन्म हुआ था। इस प्रकार संस्कृत भाषा के कारण हिमालय से कन्याकुमारी तक भारत के सभी विभिन्न प्रदेश एक प्रबल भाषागत एकता में बंधे हुए हैं।

6. निवासियों की एकता भारत में भिन्न-भिन्न समयों पर भिन्न-भिन्न जातियों ने प्रवेश किया। यहाँ आए हुए सभी शक, सीथियन, हूण, तुर्क पठान, मुंगोल, मुगल आदि यहाँ के समाज में पूर्णतया धुल मिल गए। और क्रमशः उनका पृथक अस्तित्व ही समाप्त हो गया। इसलिए भारत के विभिन्न प्रदेशों के निवासियों में भिन्न-भिन्न जातियों के सम्मिश्रण की शारीरिक संरचनाएँ प्राप्त होती हैं। आज भारत में मुसलमानों और ईसाइयों की जो बहुसरलता दृष्टिगोचर होती है, वे भी मूलतः हिन्दू है, जिन्होंने कारणवश धर्म परिवर्तन कर लिया था। इस समग्र विवेचन से स्पष्ट हो जाता है कि भारत की विभिन्न विषमताओं में भी एकता है। रक्त वर्ण भाषा, आचार-विचार, धर्म आदि के भेदभावों का प्रतिरोध करके यह एकता सम्पूर्ण भारत को सुदृढ़ बनाती है।

भारतीय संस्कृति की विशेषताएँ भारतीय संस्कृति की लगभग सभी विशेषताएँ विश्व की अन्य किसी भी संस्कृति में उपलब्ध नहीं होती।

1. सर्वाधिक प्राचीन भारतीय संस्कृति की अन्यतम विशेषता यह है कि यह विश्व की उपलब्ध सभी संस्कृतियों में प्राचीनतम है। मिस्र की संस्कृति सम्भवतः इसकी समकालीन थी, किन्तु आज मिस्र की संस्कृति का नाम मात्र अवशिष्ट रहा है। भारत के वेद तो सर्वाधिक प्राचीन है ही सिन्धु घाटी की खुदाई से प्राप्त अवशेषों के साक्ष्य से यह स्पष्ट हो चुका है कि यूरोप, रूस, अमेरिका आदि की संस्कृतियों के जन्म से भी बहुत पूर्व भारतीय संस्कृति अपनी पूर्ण परिपुष्ट अवस्था में विद्यमान थी।

2. अक्षुण्ण प्रवाह भारतीय संस्कृति का प्रवाह प्रारम्भ से आज तक अटूट रहा है। कुछ संस्कृतियाँ विभिन्न परिवर्तनों में पड़कर इतनी बदल गई कि उन्हें मूल रूप से पहचान पाना ही सम्भव नहीं रहा किन्तु भारतीय संस्कृति दीर्घ जीवी सिद्ध हुई। विभिन्न युगों में

अनेक परिवर्तनों के हो जाने पर भी अपने मौलिक स्वरूप को नहीं त्यागा और आज तक क्रियाशील है।

3. ग्रहणशीलता—भारतीय संस्कृति के सहिष्णु वैशिष्ट्य और ग्रहणशीलता के कारण ही भारतीय संस्कृति निरन्तर सजीव और सक्रिय बनी रही और भारतीय संस्कृति ने अत्यन्त प्राचीन काल से आज तक अपने सम्पर्क में आने वाली द्रविड़, यूनानी, सीथियन, मुगल, इसाई, सभी सांस्कृतियों के विभिन्न सुन्दर अंशों को ग्रहण कर लिया।

4. अनुकूलता एवं परिवर्तनशीलता भारतीय संस्कृति में समय के अनुसार ढल जाने की अद्भुत क्षमता है इस संस्कृति में आश्चर्यजनक लचीलापन है। इसी कारण सह संस्कृति बाहरी आघातों से टूटी अथवा नष्ट नहीं हुई। समय के प्रवाह में भारत की विभिन्न परिस्थितियाँ परिवर्तित होती रही। इन परिवर्तनों के कारण भारतीय, धर्म, समाज आचार-विचार विधि, निषेध, नियम आदि की स्थिति में सूक्ष्म परिवर्तन तो आता रहा, किन्तु मूल स्वरूप कभी नष्ट नहीं हुआ।

5. आध्यात्मिकता आध्यात्म और दार्शनिकता परस्पर जुड़े हुए हैं इसलिए समस्त भारतीय चिन्तन पर आध्यात्मिकता की स्पष्ट छाप दिखाई देती है। भारत में शस्त्र बल की अपेक्षा अहिंसा को असत्य की अपेक्षा सत्य को तथा धन की अपेक्षा धर्म को अधिक श्रेयस्कर माना गया है।

6. सर्वांगीणता मानव की जितनी भी प्रकार की क्षमताएँ हैं सभी के समुचित विकास का पूरा ध्यान इस संस्कृति ने रखा। किसी भी व्यक्ति का सर्वांगीण विकास तभी सम्भव है, जब उसकी विभिन्न प्रवृत्तियाँ सहज रूप में विकसित भी हो और पूर्णतया सन्तुष्ट भी विभिन्न चार आश्रम यही कार्य सम्पन्न करते थे। इस प्रकार भारतीय संस्कृति ने मनुष्य के भौतिक आध्यात्मिक, शारीरिक तथा मानसिक सभी प्रकार के विकास पर बल दिया।

7. आस्था एवं कर्मवाद भारतीय संस्कृति ने सम्पूर्ण विश्व को आस्था और कर्मवाद का अपूर्व सिद्धांत प्रदान किया है। उपनिषदों में ऋषि ने उच्च स्वर में उद्घोषित किया था कि निरन्तर कर्म करते हुए ही मनुष्य को शतायु होने की कामना करनी चाहिए। इस प्रकार निरन्तर कर्म और आस्था का यह तत्व भारतीय संस्कृति की विशेषता है।

8. पुनर्जन्मवाद मनुष्य को अपने शुभ या अशुभ कर्मों का फल अवश्य ही भोगना पड़ता है। जब तक कर्मफल समाप्त नहीं, तब तक पुनः पपुनः जन्म-मरण का चक्र चलता ही रहता है मृत्यु के उपरान्त व्यक्ति अपने कर्मों के अनुकूल पुनः विभिन्न योनियों में जन्म लेता है पुनर्जन्म का यह सिद्धान्त भारतीय संस्कृति की एक और विशेषता है।

9. विश्वकल्याण एवं विश्व बन्धुत्व की भावना घर, समाज, प्रदेश, सारी ही सीमाओं प्रचारों को लांघकर मनुष्य मात्र व जीव मात्र की सहायता करना, रक्षा तथा कल्याण की भावना रखना भारतीय संस्कृति की निजी विशेषता है।

10. भारतीय संस्कृति का महत्व भारतीय संस्कृति की विभिन्न विशेषताओं के दिग्दर्शन से यह स्पष्ट हो जाता है कि भारतीय संस्कृति मानव जीवन के समानुपालिक सर्वांगीण विकास की दृष्टि से बहुत महत्वपूर्ण हैं समस्त उदार मानवीय भावों के संरक्षण के

कारण यह संस्कृति प्राचीनतम है। इस संस्कृति के मुख्य तत्व देश और काल की सीमाओं से बाधित नहीं होते वे तो सार्वदेशिक तथा सार्वभौमिक स्वरूप सम्पन्न है। भारतीय संस्कृति में पहले भी मानव का पथ प्रदर्शन किया था और आज भी स्वार्थ, द्वेष, वैमनस्य तथा हिंसा से पीड़ित मानवता के त्राण में यही भारतीय संस्कृति उपकारक शरीर और आत्मा के समान है। एक के बिना दूसरा व्यर्थ है इसी के कारण भारत के सभी प्रान्तों में भारतीयता समान रूप से पायी जाती है।

निष्कर्ष इसमें संदेह नहीं कि भारतीय इतिहास और संस्कृति में विश्व की सबसे विशाल और अमर संस्कृति में से मात्र और एक मात्र ऐसी संस्कृति है जो आज भी अपने वास्तविक रूप में विद्यमान है। अनेक ऐसे बाहरी सम्राट इस देश में आए और उन्होंने हमारी संस्कृति को खत्म करने की हर सम्भव कोशिश की पर वो हमारी संस्कृति को मिटा नहीं पाए। दूसरे हमसे ही कुछ लेकर वापिस अपने देश लौट गए और हमारी संस्कृति और साहित्य के बल पर अभूतपूर्व प्रगति की चाहे वो मध्य एशिया हो या जर्मनी या ब्रिटेन सभी ने हमारा अनुसरण किया और इस तरह हमारी संस्कृति और इतिहास विश्व गुरु बने। लेकिन अफसोस इस बात का है कि विश्व को सिखाने वाली ये संस्कृति आज क्यों अपने को ही नहीं भाप रही है। लेकिन फिर भी हमारा इतिहास और संस्कृति निरन्तर अग्रसर है और ये हमारी नैतिक जिम्मेदारी है कि हम अपनी इस सांस्कृतिक विरासत को संभाल कर रखें ताकि हम विश्व में विश्व गुरु का अपना स्थान बरकरार रख सकें।

सन्दर्भ ग्रन्थ सूची

1. मिश्र, विद्या निवास — भारतीय संस्कृति के आधार प्रभाव प्रकाश (दिल्ली)
2. गोयल, डा० प्रीति प्रभा — भारतीय संस्कृति, राजस्थानी ग्रन्थागार (जोधपुर)
3. गुलाबराय, बाबू — भारतीय संस्कृति की रूपरेखा, ज्ञान गंगा, (दिल्ली)।
4. कुमार, आशीष — भारतीय संस्कृति का मूलाधार पुरुष पुरुषार्थ चतुष्टय, एडुक्रेशन पबिलिंग, द्वारका (दिल्ली)
5. राधाकृष्णन, डा० — भारतीय संस्कृति कुछ विचार, राजपाल, एण्ड सन्स, कश्मीरी गेट (नई दिल्ली)
6. इन्टरनेट (विकीपीडिया)

24

भारतीय संस्कृति, शाश्वत है, इसकी विरासत

दीपक वर्मा

कथक नृत्य संकाय

इंदिरा कला संगीत विश्वविद्यालय, खैरागढ़, (छ.ग.)

सांस्कृतिक विरासत को समझने के लिए सर्वप्रथम यह जानना अति आवश्यक हो जाता है कि संस्कृति क्या है? क्योंकि जब तक हम संस्कृति और संस्कृति से जुड़े तथ्यों के विषय में नहीं जानेंगे, तब तक हम सांस्कृतिक विरासत को नहीं समझ सकते हैं। साहित्य में जीवन का समावेश होता है, साहित्य जीवन से जुड़ा होता है और संस्कृति का विस्तार समग्र जीवन तक होता है, इस तरह संस्कृति व साहित्य का अन्तर्सम्बंध उजागर होता है।

यदि हम संस्कृति पर दृष्टि डालें, तो हमें सर्वप्रथम यहीं दिखाई देता है कि यह एक युग की कृति नहीं होती, अपितु पीढ़ियों से चली आ रही मानव जाति के अनवरत श्रम का परिणाम होती है। यह एक ऐसा प्रयास है, जो किसी एक व्यक्ति के द्वारा संभव नहीं है। संस्कृति केवल वर्तमान की बातें व्यक्त नहीं करती वरन् यह हमारे पूर्वजों के जीवन प्रवाह का परिदृश्य है, जिसका निर्वहन आगे आने वाली पीढ़ियों के माध्यम से होता है।

संस्कृति स्वयं को धर्म, आस्था, विश्वास, रहन–सहन, खानपान, आचार–व्यवहार, रीति–रिवाज, बोलचाल इत्यादि के माध्यम से व्यक्त करती है।

हमारी भारतीय संस्कृति की मुख्य धरोहर पुराण, रामायण, महाभारत ग्रंथ आदि माने जाते हैं। मनुष्य एक सामाजिक प्राणी है, जो इसी धरोहर को अपना अस्तित्व मानता है। सभी प्राचीन ग्रंथ एवं पुराण भारतीय संस्कृति के मूल स्तम्भ हैं, पुराण शब्द से ही इनकी अति प्राचीनता प्रमाणित होती है।

भारतीय संस्कृति (संगीत, साहित्य, ललित, कलाएं) आदि में दिखाई देती है, जो आज हमें कई वर्षों से हमारे पूर्वजों, बुजुर्गों से विरासत के रूप में प्राप्त होती है। भारतीय संस्कृति से संबंधित अतीत के किसी भी बिन्दु पर दृष्टिपात करने के लिए पुराणों एवं प्राचीन ग्रंथों का अनुशीलन नितान्त उपादेय सिद्ध होता है।

आज संपूर्ण विश्व में संस्कृति को बचाये रखने का प्रयास चल रहा है। संस्कृति मानव सभ्यता की पहचान है और भारतीय संस्कृति विभिन्न जातियों और धर्म की संस्कृति के सम्मिश्रण का प्रतिनिधित्व करती है।

भारतीय संस्कृति विभिन्नता में एकता का उत्कृष्ठ उदाहरण है।

हमारी विरासत के रूप में आधुनिक भारतीय नृत्यकला के विषय में कुछ कहते समय गुरूदेव का नाम सबसे पहले लेना होगा। इसमें अतिश्योक्ति नहीं कि यदि गुरुदेव शान्ति निकेतन विद्यालय में नृत्य कला को सर्वप्रथम प्रोत्साहित नहीं करते, तो आज हमारे देश में नाच के प्रकार के लिए बड़े–बड़े प्रतिष्ठान और संघ का परिचय नहीं मिलता और आज नृत्य कलाकारों को हम जो सम्मान दे रहे हैं, वह भी इतना सहज होता या नहीं, कौन जान सकता है।

गुरुदेव स्वयं नर्तक नहीं थे, किन्तु उन्होंने सभी भारतीय जनसाधारण के विविध विरोधी मनोभावों को दूर कर उन्हें मानसिक रूप से तैयार किया है। उसी के फल स्वरूप हमें ऐसे नृत्य कलाकार मिले हैं, जिन्होंने देश–विदेश में सम्मान पाया है और भारत के गौरव में वृद्धि की है।

गुरुदेव नव भारतीय नृत्यकला में इस प्रकार एक धारा का प्रचलन कर गए, जिस धारा में गतिमान होकर प्रत्येक नृत्यकार संगीतकार, साहित्यकार आदि सभी एक राष्ट्रीयता के सूत्रपात में बंध जाते हैं।

यदि आज हम सांस्कृतिक विरासत में राष्ट्रीयता की चर्चा कर रहे हैं, तो सर्वप्रथम मेरे मन मस्तिष्क में राष्ट्रीय कवि गुरुदेव रवीन्द्रनाथ टैगोर का स्मरण हो उठता है, क्योंकि उन्होंने अतुल्य योगदान संगीत कला साहित्य जगत में दिया है, उनका नाम हमेशा हृदय स्पर्शी एवं स्वछंद गगन में गुंजायमान रहेगा।

अतः यहीं संगीत कला साहित्य हमारी सांस्कृतिक धरोहर या विरासत के रूप में आज विद्यमान हैं, जो हमें ईशा पूर्व कालों से आज तक प्राप्त होती है।

भारतीय संगीत (गायन, वादन, नृत्य) की विविध विद्याओं के विभिन्न वरिष्ठ एवं उत्तम कलाकारों ने "आकाशवाणी" एवं "दूरदर्शन" के माध्यम से कुछ ऐसी अद्वितीय रचनाएं निर्मित की हैं, जिनमें गायन, वादन, नृत्य की सभी शैलियां दिखाई तो देती हैं, किन्तु रचनाओं का मूल केंद्र "रागदेश" दिखाया गया है।

जैसे : दूरदर्शन से प्रसारित होने वाले देश भक्ति गीत एवं कार्यक्रम जिनमें मुख्यतः

1. "बजे सरगम हर तरफ से गूंजे बनकर देशराग"
2. "सोरागनियों से सजा भारत अनोखा राष्ट्र है"
3. "मिले सुर मेरा तुम्हारा, तो सुर बने हमारा"

उपरोक्त सभी रचनाओं को कलाकारों ने "रागदेश" के ढ़ाचे में ढालते हुए विभिन्न धर्मों जातियों, सम्प्रदायों, बोलियों, भाषाओं, गीतों, नृत्यों को लेकर अनेकता में एकता एवं पूर्ण राष्ट्रीयता का एक अनूठा उदाहरण प्रस्तुत किया है।

संदर्भ ग्रंथ सूची

आपके समक्ष प्रस्तुत शोध लेख निम्न पुस्तकों एवं शोध प्रबंधों के अध्ययन से प्राप्त हुआ है।

क्रमांक	ग्रंथ	लेखक
1.	निकेता सिंह के साहित्य का सांस्कृतिक अध्ययन	डॉ. पदुमलाल पुन्नालाल बख्शी
2.	फणीश्वर रेणु के साहित्य का सांस्कृतिक अध्ययन	आलम शेख
3.	प्रारंभिक भारत का परिचय	रामशरण शर्मा
4.	भारत का सामाजिक सांस्कृतिक और धार्मिक इतिहास	पी.एन.चोपड़ा बी.एन.पुरी, एम.एन.दास
5.	राष्ट्रीय कविताएं	नरेश चन्द्र चतुर्वेदी, डॉ. उपेन्द्र
6.	रवीन्द्र संगीत	शांति देव घोष
7.	रवीन्द्र संगीत की रूपरेखा	डॉ. दीपाली दास

❖❖❖

25

भारतीय संस्कृति सम्पूर्ण विश्व की अद्वितीय संस्कृति

तेजेन्द्र प्रताप सिह

शोधार्थी (इतिहास)

चौ० चरण सिंह विश्वविद्यालय मेरठ

भारतीय संस्कृति विश्व की महत्वपूर्ण संस्कृतियों में से एक है यहाँ त्याग समर्पण और समन्वय की अनोखी परम्परा रही है। भारतीय संस्कृति विश्व बन्धुता के लिये जानी जाती है। यहाँ धर्म निरपेक्षता को अधिक महत्व दिया जाता है। भारतीय संस्कृति अन्य देशों की संस्कृति से इस लिये अद्वितीय है क्योंकि यहाँ कोई एक संस्कृति देखने को नहीं मिलती बल्कि पूरे देश के विभिन्न संस्कृतियों से मिलकर एक भारतीय संस्कृति का जन्म हुआ है। भारतीय संस्कृति विश्व की प्राचीनतम संस्कृतियों में से एक है संस्कृति की रचना की अगर बात की जाये तो हम यह कह सकते है कि मानव द्वारा ही संस्कृति की रचना की जाती है।

संस्कृति का अर्थ अत्यन्त व्यापक है यह हमारे रहन सहन रीति–रिवाज, धर्म व्यवस्था, नियम कानून, शुद्धि–अशुद्धि, पर्यावरण दर्शन, भाषायें विविधतायें विभिन्न समाजों के व्यक्तियों के रहन सहन एवं खान–पान से सम्बन्धित विविधतायें तथा संस्कृति के विभिन्न समाजिक गुण, मानव आवश्यकायें एवं वातावरण के साथ अनुकूलन करने की सक्षमता आदि। किसी समाज की सामाजिक व्यवस्था तथा सामाजिक ढाँचे में परम्पराओं का अत्यधिक महत्व देखा जा सकता है। सामाजिक संस्थाओं का जो भी कार्य निर्धारित होता है वह परम्पराओं द्वारा ही होता है पूरे विश्व में भारतीय संस्कृति बहुत प्रसिद्ध है। अलग–अलग धर्मों परंपराओ, भोजन वस्त्र आदि से सम्बन्धित लोग यहाँ रहते है विभिन्न संस्कृति और परंपरा के लोग यहाँ सामाजिक रूप से स्वतंत्र है इसी वजह से सम्प्रदायों की विविधता में एकता के मजबूत सम्बन्धों का यहाँ आस्तित्व है।

अलग परिवारों, जातियों, उपजातियों और धार्मिक समुदाय में जन्म लेने वाले लोगों का सामाजिक जुड़ाव लम्बे समय तक रहता है अपनी तारतम्यता और सम्मान

की भावना, इज्जत और एक–दूसरे के अधिकार के बारे में भी यहाँ लोग अच्छी भावना रखते है अपनी संस्कृति के लिये भारतीय लोग अत्यधिक समर्पित रहते है। भारत में विभिन्न धर्मों के लोगों की अपनी संस्कृति और पम्परा है उनके अपने त्यौहार और मेले होते है जिन्हें वो अपने तरीके से मनाते है। लोग विभिन्न भोजन संस्कृति जैसे पोहा, ब्रेड आमलेट, केले के चिप्स, आलू के पापड़, मुरमुरे, उपमा, डोसा, इडली चाइनीज आदि का सेवन करते हैं। दूसरे लोग सेवइया, बिरयानी, तंदूरी आदि को पसंद करते हैं।

संस्कृति सब कुछ है जैसे दूसरों के साथ व्यवहार करने का तरीका, विचार जिनका हम अनुसरण करते है कला हस्तशिल्प, धर्म, खाने की आदत, त्यौहार, मेले, संगीत और नृत्य आदि सभी संस्कृति का हिस्सा है। भारत अधिक जनसंख्या के साथ एक बड़ा देश है जहाँ विभिन्न धर्मो के लोग अपनी अनोखी संस्कृति के साथ एक साथ रहते है देश के कुछ मुख्य धर्म हिन्दू, मुस्लिम, सिख, ईसाई, जैन, यहूदी है भारत एक ऐसा देश है जहाँ देश के अलग–अलग हिस्सों में भिन्न भिन्न भाषायें बोली जाती है। आमतौर पर यहाँ के लोग वेशभूषा, सामाजिक मान्यताओं, प्रथा और खाने की आदतों में भिन्न होते है।

अपने धर्म के अनुसार लोग मान्यताओं, रीति रिवाजो और परंपरा को मानते है, व्रत रखते है पवित्र गंगा नदी में स्नान करते है, रस्मों से सम्बन्धित गीत गाते है, नृत्य करते है, लजीज पकवान खाते है, रग बिरंगे कपडे पहनते है और ढेर सारे क्रियाकलाप करते है। विभिन्न सामाजिक कार्यक्रमों सहित हम कुछ राष्ट्रीय उत्सवों को एक साथ मनाते है जैसे गणतंत्र दिवस, स्वतंत्रता दिवस, गाँधी जंयती आदि। बेहद खुशी और उत्साह के साथ देश के विभिन्न भागों में विभिन्न धर्मों के लोग अपने त्यौहारों को मनाते है। कुछ कार्यक्रम जैसे गौतमबुद्ध का जन्म दिन (बुद्ध पूर्णिमा), भगवान महावीर जंयती, गुरूनानक जयंती (गुरूपर्व) आदि कई धर्मों के लोगों द्वारा एक साथ मनाया जाता है। भारत अपने विभिन्न सांस्कृतिक नृत्यों जैसे शास्त्रीय (भरतनाटयम, कथक, कथककली, कुच्चीपुडी) और अपने क्षेत्रों के अनुसार बहुत प्रसिद्ध है पंजाबी भांगड़ा करते है, गुजराती गरबा करते है, राजस्थानी घुमड करते है, आसामी बिहू करते है जबकि महाराष्ट्र के लोग लावणी का आनंद लेते है। भारत समृद्ध रस की भूमि है भारत जहाँ लोगों में उदारता, एकता, धर्मनिरपेक्षता, सामाजिक सबंध और दूसरे अच्छे गुण हैं। दूसरे धर्मों के लोगों द्वारा ढेर सारी विरोधी क्रियाओं के बावजूद भी भारतीय हमेशा अपने दयालु और सौम्य व्यवहार के लिये जाने जाते है अपने सिद्धान्तों और विचारों में बिना किसी बदलाव के अपनी सेवा–भाव और शांत स्वभाव के लिये भारतीयों की हमेशा तारीफ होती है भारत महान किवदतियों की भूमि है जहाँ महान लोगों ने जन्म लिया है और ढेर सारे सामाजिक कार्य किये। भारत महात्मा गाँधी की भूमि है जहाँ उन्होंने लोगों में अंहिसा की संस्कृति पल्लवित की है उन्होनें हमेशा लोगों से कहा कि अगर तुम वाकई

बदलाव लाना चाहते हो तो दूसरों से लडाई करने के बजाय उनसे विन्रमता से बात करों। उन्होंने कहा की इस धरती पर सभी लोग प्यार, आदर, सम्मान, और परवाह के भूखे है, अगर तुम उनको सब कुछ दोगे तो निश्चित ही वो तुम्हारा अनुसरण करेगें।

भारत पुरुष और स्त्री, जाति और धर्म आदि का देश नहीं है बल्कि ये एकता का देश है जहा सभी जाति और संप्रदाय के लोग एक साथ रहते है। यहाँ के लोग योग, ध्यान और आध्यात्मिक क्रियाओं में विश्वास रखते है। भारत की सामाजिक व्यवस्था महान है जहाँ आज भी लोग सयुंक्त परिवार के रूप में रहते है। यह हमारी धार्मिक संस्कृति है कि हम बहुत खुशी के साथ अपने घर आये मेहमानों की सेवा करते हैं। क्योंकि मेहमान भगवान का रूप होता है। इसी वजह से भारत में 'अतिथि देवो भवः' का कथन बेहद प्रसिद्ध है। हमारी संस्कृति की मूल जड़ इंसानियत और आध्यत्मिक पर आधारित है।

निष्कर्ष :

निष्कर्षतः भारतीय संस्कृति विश्व की अन्य संस्कृतियों से कही आगे है। भारतीय संस्कृति की विश्व बन्धुता, धर्म निरपेक्षता, एवं अतिथि देवो भवः, वसुधैव कुटुम्बकम् की अवधारणा, परंपरावादी सोच भारतीय संस्कृति को अधिक आगे बढ़ने को प्रेरित करती है। अतः हम यह कह सकते है कि भारतीय संस्कृति विश्व के लिये कल्याणकारी संस्कृति है एवं विश्व में अपना स्थान अद्वितीय संस्कृति के रूप में बनाये हुए हैं।

सदर्भ सूची

1. अग्रवाल, चन्दमोहन–भारतीय संस्कृति की अस्मिता।
2. वर्मा, लखनलाल–भारतीय संस्कृति में समन्वय भावना।
3. कुमार, शशिप्रभा–भारतीय संस्कृति में कर्म सिद्धान्त।
4. सिंह, महेश–सांस्कृतिक संकट।
5. मुकर्जी, राधाकमल–द फण्डामेन्टल यूनिटी ऑफ इंण्डिया।
6. लूनिया, बी0एन0–भारतीय सभ्यता एवं संस्कृति का विकास।
7. लूनिया, बी0एन0–प्राचीन भारतीय संस्कृति।
8. टण्डन, डॉ0 किरण–भारतीय संस्कृति।
9. दिनकर, रामधारी सिंह–संस्कृति के चार अध्याय।

❖❖❖

26

भारतीय संस्कृति का अद्भुत स्वरूप

लता शर्मा

शोधार्थी (इतिहास विभाग)

चौ० चरण सिंह विश्वविद्यालय परिसर मेरठ

पूरे विश्व में भारत अपनी संस्कृति और परम्परा के लिये प्रसिद्ध है। ये विभिन्न संस्कृति और परम्परा की भूमि है। भारत विश्व की सबसे पुरानी सभ्यता का देश है। भारतीय संस्कृति का महत्वपूर्ण तत्व अच्छे शिष्टाचार, तहजीब, सभ्य संवाद, धार्मिक संस्कार, मान्यताएँ और मूल्य आदि हैं। अब जबकि प्रत्येक व्यक्ति की जीवन–शैली आधुनिक हो रही है, भारतीय लोग आज भी अपनी परम्परा और मूल्यों को बनाए हुए हैं, विभिन्न संस्कृति और परम्परा के लोगों के बीच की घनिष्ठता ने एक अनोखा देश 'भारत' बनाया है। अपनी खुद की संस्कृति और परम्परा का अनुसरण करने के द्वारा भारत में लोग शान्तिपूर्ण तरीके से रहते हैं।

भारतीय संस्कृति का परिचय

भारतीय संस्कृति विश्व के इतिहास में कई दृष्टियों से विशेष महत्व रखती है। यह संसार की प्राचीनतम संस्कृतियों में से है। मोहनजोदड़ो की खुदाई के बाद से यह मिस्र मेसोपोटेमिया जैसी सबसे पुरानी सभ्यताओं के समकालीन समझी जाने लगी है। प्राचीनता के साथ इसकी दूसरी विशेषता अमरता है। चीनी संस्कृति के अतिरिक्त पुरानी दुनिया की अन्य सभी–मेसोपोटेमिया की सुमेरियन, असीरियन, बेबीलोनियन और खाल्दी प्रभृति तथा मिस्र, ईरान, यूनान और रोम की संस्कृतियाँ काल के कराल गाल में समा चुकी हैं, कुछ ध्वंसावशेष ही उनकी गौरव गाथा गाने के लिए बचे हैं, किन्तु भारतीय संस्कृति कई हजार वर्षों तक काल के क्रूर थपेड़ों को खाती हुई आज तक जीवित हैं। उसकी तीसरी विशेषता उसका जगद्गुरु होना है। उसे इस बात का श्रेय प्राप्त है कि उसने न केवल भारत के बाहर बड़े हिस्से की जंगली जातियों को सभ्य बनाया, साइबेरिया के सिंहल (श्रीलंका) तक और मैडागास्कर टापू, ईरान तथा अफगानिस्तान से प्रशान्त महासागर के बोर्नियो, बाली के द्वीपों तक के विशाल भू–खण्ड पर अपना अमिट प्रभाव छोड़ा। सर्वांगीणता, विशालता, उदारता और सहिष्णुता की दृष्टि से अन्य संस्कृतियाँ उसकी समता नहीं कर सकतीं।

इस अनुपम और विलक्षण संस्कृति के उत्तराधिकारी होने के नाते इसका यथार्थ ज्ञान प्राप्त करना हमारा परम आवश्यक कर्त्तव्य है। इससे न केवल हमें उसके गुण अपितु प्रत्युत दोष भी मालूम होंगे। यह भी ज्ञात होगा कि किन कारणों से उसका उत्कर्ष और अपकर्ष हुआ। इसमें तो कोई सन्देह नहीं कि भारतीय संस्कृति का अतीत अत्यन्त उज्ज्वल था, किन्तु हमारा कर्त्तव्य है कि हम भविष्य को भूत से भी अधिक उज्ज्वल और गौरवपूर्ण बनाने का प्रयास करें यह सांस्कृतिक इतिहास के गम्भीर अध्ययन से ही सम्भव है।

मनुष्य केवल भौतिक परिस्थितियों में सुधार करके ही सन्तुष्ट नहीं हो जाता। वह भोजन से ही नहीं जीता, शरीर के साथ मन और आत्मा भी है। भौतिक उन्नति से शरीर की भूख मिट सकती है, किन्तु इसके बावजूद मन और आत्मा तो अतृप्त ही बने रहते हैं। इन्हें सन्तुष्ट करने के लिए मनुष्य अपना जो विकास और उन्नति करता है, उसे संस्कृति कहते हैं। मनुष्य की जिज्ञासा का परिणाम धर्म और दर्शन होते हैं। सौन्दर्य की खोज करते हुए वह संगीत, साहित्य, मूर्ति चित्र और वास्तु आदि अनेक कलाओं को उन्नत करता है। सुखपूर्वक निवास के लिए सामााजिक और राजनीतिक संगठनों का निर्माण करता है। इस प्रकार मानसिक क्षेत्र में उन्नति की सूचक उसकी प्रत्येक 'सम्यक् कृति' संस्कृति का अंग बनती है। इनमें प्रधान रूप से धर्म, दर्शन, सभी ज्ञान–विज्ञानों और कलाओं, सामाजिक तथा राजनीतिक संस्थाओं और प्रथाओं का समावेश होता है।[3]

किसी देश की संस्कृति उसकी सम्पूर्ण मानसिक निधि को सूचित करती है। यह किसी खास व्यक्ति के पुरुषार्थ का फल नहीं है अपितु असंख्य ज्ञात तथा अज्ञात व्यक्तियों के भगीरथ प्रयत्न का परिणाम होती है। सब व्यक्ति अपनी सामर्थ्य और योग्यता के अनुसार संस्कृति के निर्माण में सहयोग देते हैं। संस्कृति की तुलना आस्ट्रेलिया के निकट समुद्र में पाई जाने वाली मूँगे की भीमकाय चट्टानों से की जा सकती है। मूँगे के असंख्य कीड़े अपने छोटे घर बनाकर समाप्त हो गए। फिर नए कीड़ों ने घर बनाये, उनका भी अन्त हो गया। इसके बाद उनकी अगली पीढ़ी ने भी यही किया और यह क्रम हजारों वर्ष तक निरन्तर चलता रहा। आज उन सब मूँगों के नन्हें–नन्हें घरों ने परस्पर जुड़ते हुए वियशाल चट्टानों का रूप धारण कर लिया है। संस्कृति का भी इसी प्रकार धीरे–धीरे निर्माण होता है और उनके निर्माण में हजारों वर्ष लगते हैं। मनुष्य विभिन्न स्थानों पर रहते हुए विशेष प्रकार के सामाजिक वातावरण, संस्थाओं, प्रथाओं, व्यवस्थाओं, धर्म दर्शन, लिपि भाषा तथा कलाओं का विकास करके अपनी विशिष्ट संस्कृति का निर्माण करते हैं। भारतीय संस्कृति की रचना भी इसी प्रकार हुई है।

भारतीय संस्कृति के मूल वेद हैं। ये हमारे सबसे पुराने धर्म–ग्रन्थ हैं और हिन्दू धर्म का मुख्य आधार हैं। न केवल धार्मिक किन्तु ऐतिहासिक दृष्टि से भी वेदों का असाधारण महत्त्व है। वैदिक युग के आर्यों की संस्कृति और सभ्यता जानने का

एकमात्र साधन यही है। विश्व के वाङ्मय में इनसे प्राचीनतम कोई पुस्तक नहीं है। मानव–जाति और विशेषतः आर्य जाति ने अपने शैशव में धर्म और समाज का किस प्रकार विकास किया इसका ज्ञान वेदों से ही मिलता है। आर्य–भाषाओं का मूलरूप निर्धारित करने में वैदिक भाषा बहुत अधिक सहायक सिद्ध हुई है।

संस्कृति की विशेषताएँ

1. प्राचीनता : भारतीय संस्कृति विश्व की प्राचीनतम संस्कृतियों में से एक है। मध्य प्रदेश के भीमबेटका में पाये गये शैलचित्र, नर्मदा घाटी में की गई खुदाई तथा कुछ अन्य[11] नृवंषीय एवं पुरातत्वीय प्रमाणों से यह सिद्ध हो चुका है कि भारत भूमि आदिमानव की प्राचीनतम कर्मभूमि रही है। सिन्धु घाटी की सभ्यता के विवरणों से भी प्रमाणित होता है कि आज से लगभग पाँच हजार वर्ष पहले उत्तरी भारत के बहुत बड़े भाग में एक उच्च कोटि की संस्कृति का विकास हो चुका था। इसी प्रकार वेदों में परिलक्षित भारतीय संस्कृति न केवल प्राचीनता का प्रमाण है अपितु वह भारतीय आध्यात्म और चिन्तन की भी श्रेष्ठ अभिव्यक्ति है। उपलब्ध प्रमाणों के आधार पर भारतीय संस्कृति से रोम और यूनानी संस्कृति को प्राचीन तथा मिस्र, असीरिया एवं बेबीलोनिया जैसी संस्कृतियों के समकालीन माना गया है।

2. निरन्तरता : भारतीय संस्कृति की एक महत्वपूर्ण विशेषता यह है कि हजारों वर्षों के बाद भी यह संस्कृति आज भी अपने मूल स्वरूप में जीवित हैं, जबकि मिस्र, असीरिया, यूनान और रोम की संस्कृतियाँ अपने मूल स्वरूप को लगभग विस्मृत कर चुकी हैं। भारत में नदियों, वट, पीपल जैसे वृक्षों, सूर्य तथा अन्य प्राकृतिक देवी–देवताओं की पूजा अर्चना का क्रम शताब्दियों से चला आ रहा है। देवताओं की मान्यता, हवन और पूजा–पाठ की पद्धतियों की निरन्तरता भी आज तक अप्रभावित रही है। वेदों और वैदिक धर्म में करोड़ों भारतीयों की आस्था और विश्वास आज भी उतना ही है, जितना हजारों वर्ष पूर्व था। गीता और उपनिषदों के सन्देश हजारों साल से हमारी प्रेरणा और कर्म का आधार रहे हैं। किंचित परिवर्तनों के बावजूद भारतीय संस्कृति के आधारभूत तत्वों, जीवन मूल्यों और वचन पद्धति में एक ऐसी निरन्तरता रही है कि आज भी करोड़ों भारतीय स्वयं को उन मूल्यों एवं चिन्तन प्रणाली से जुड़ा हुआ महसूस करते हैं और इससे प्रेरणा प्राप्त करते हैं।

3. लचीलापन एवं सहिष्णुता : भारतीय संस्कृति की सहिष्णु प्रकृति ने उसे दीर्घायु और स्थायित्व प्रदान किया है। संसार की किसी भी संस्कृति में शायद ही इतनी सहनशीलता हो, जितनी भारतीय संस्कृति में पाई जाती है। भारतीय हिन्दू किसी देवी–देवता की आराधना करें या न करें, पूजा–हवन करें या न करें, आदि स्वतंत्रताओं पर धर्म या संस्कृति के नाम पर कभी कोई बन्धन नहीं लगाये गए। इसीलिए प्राचीन[12] भारतीय संस्कृति के प्रतीक हिन्दू धर्म को धर्म न कहकर कुछ

मूल्यों पर आधारित एक जीवन–पद्धति की संज्ञा दी गई और हिन्दू का अभिप्राय किसी धर्म विशेष के अनुयायी से न लगाकर भारतीय से लगाया गया। भारतीय संस्कृति के इस लचीले स्वरूप में जब भी जड़ता की स्थिति निर्मित हुई तब किसी न किसी महापुरुष ने इसे गतिशीलता प्रदान कर इसकी सहिष्णुता को एक नई आभा से मंडित कर दिया। इस दृष्टि से प्राचीनकाल में बुद्ध और महावीर के द्वारा, मध्यकाल में शंकराचार्य, कबीर, गुरू नानक और चैतन्य महाप्रभु के माध्यम से तथा आधुनिक काल से स्वामी दयानन्द, स्वामी विवेकानन्द एवं महात्मा ज्योतिबा फुले के द्वारा किये गए प्रयास इस संस्कृति की महत्वपूर्ण धरोहर बन गए।

4. ग्रहणशीलता : भारतीय संस्कृति की सहिष्णुता एवं उदारता के कारण उसमें एक ग्रहणशीलता प्रवृत्ति को विकसित होने का अवसर मिला। वस्तुतः जिस संस्कृति में लोकतन्त्र एवं स्थायित्व के आधार व्यापक हों, उस संस्कृति में ग्रहणशीलता की प्रवृत्ति स्वाभाविक रूप से ही उत्पन्न हो जाती है। हमारी संस्कृति में यहाँ के मूल निवासियों ने समन्वय की प्रक्रिया के साथ ही बाहर से आने वाले शक, हूण, यूनानी एवं कुशाण जैसी प्रजातियों के लोग भी घुलमिल कर अपनी पहचान खो बैठे।

भारत में इस्लामी संस्कृति का आगमन भी अरबों, तुर्कों और मुगलों के माध्यम से हुआ। इसके बावजूद भारतीय संस्कृति का पृथक अस्तित्व बना रहा और नवागत संस्कृतियों से कुछ अच्छी बातें ग्रहण करने में भारतीय संस्कृति ने संकोच नहीं किया। ठीक यही स्थिति यूरोपीय जातियों के आने तथा ब्रिटिश साम्राज्य के कारण भारत में विकसित हुई, ईसाई संस्कृति पर भी लागू होती है। यद्यपि ये संस्कृतियाँ अब भारतीय संस्कृतियों का अभिन्न अंग हैं, तथापि भारतीय इस्लाम एवं भारतीय ईसाई संस्कृतियों का स्वरूप विश्व के अन्य इस्लामी और धर्मावलम्बी देशों से कुछ भिन्न हैं। इस भिन्नता का मूलभूत कारण यह है कि भारत के अधिकांश मुसलमान और ईसाई मूलतः भारत भूमि के[13] ही निवासी हैं। सम्भवतः इसीलिए उनके सामाजिक परिवेश और सांस्कृतिक आचरण में कोई परिवर्तन नहीं हो पाया और भारतीयता ही उनकी पहचान बन गई।

भारतीय संस्कृति में आश्रम : व्यवस्था के साथ धर्म, अर्थ, काम और मोक्ष जेसे चार पुरुषार्थों का विशिष्ट स्थान रहा है। वस्तुतः इन पुरुषार्थों ने ही भारतीय संस्कृति में आध्यात्मिकता के साथ भौतिकता का एक अद्भुत समन्वय कर दिया। हमारी संस्कृति में जीवन के ऐहिक और पारलौकिक दोनों पहलुओं से धर्म को सम्बद्ध किया गया था। साहित्य, संगीत और कला की सम्पूर्ण विधाओं के माध्यम से भी भारतीय संस्कृति के इस आध्यात्मिक एवं भौतिक समन्वय को सरलतापूर्वक समझा जा सकता है।

अनेकता में एकता : भौगोलिक दृष्टि से भारत विविधताओं का देश है, फिर भी सांस्कृतिक रूप से एक इकाई के रूप में इसका अस्तित्व प्राचीनकाल से बना

हुआ है। हिमालय सम्पूर्ण देश के गौरव का प्रतीत रहा है, तो गंगा–यमुना और नर्मदा जैसी नदियों की स्तुति यहाँ के लोग प्राचीनकाल से करते आ रहे हैं। राम, कृष्ण और शिव की आराधना यहाँ सदियों से की जाती रही है। भारत की सभी भाषाओं में इन देवताओं पर आधारित साहित्य का सष्जन हुआ है। भाषाओं में विविधता अवश्य है फिर भी संगीत, नृत्य और नाट्य के मौलिक स्वरूपों में आश्चर्यजनक समानता है। भारत अनेक धर्मों, सम्प्रदायों, मतों और पृथक आस्थाओं एवं विश्वासों का महान देश है तथापि इसका सांस्कृतिक समुच्चय और अनेकता में एकता का स्वरूप संसार के अन्य देशों के लिए विस्मय का विषय रहा है।

सन्दर्भ–ग्रन्थ सूची

1. Internet (Wikipedia)
2. वेदलंकर हरिदत्ता, भारतीय संस्कृति का संक्षिप्त इतिहास, नेशनल बुक ट्रस्ट इण्डिया, पुस्तक महल।
3. संस्कृति का विस्तार, अखिल विश्व गायत्री परिवार।
4. रघुत्तम शुक्ला, विश्वव्यापी भारतीय संस्कृति, 29 सितम्बर, 2007
5. मिश्र, विद्यानिवास, भारतीयता की पहचान, वाणी प्रकाशन, 1994

❖❖❖

27

भारतीय संस्कृति और यज्ञ : एक अध्ययन

सुमिति सैनी

शोध छात्र

प्रा० भा० इ० संस्कृति एवं पुरातत्व विभाग

गुरुकुल कांगड़ी विश्वविद्यालय, हरिद्वार

आधिभौतिक और आध्यात्मिक शक्तियों को सामाजिक जीवन को उपयुक्त बनाने की कला को विद्वानों ने संस्कृति का नाम दिया है। अन्य शब्दों में 'संस्कृति' का अर्थ है सफाई, स्वच्छता, शुद्धि या सुधार जो व्यक्ति सही अर्थों में शुद्ध है जिसका जीवन परिष्कृत है, जिसके रहन-सहन में कोई दोष नहीं है जिसका आचार व्यवहार शुद्ध है, वही सभ्य और सुसंस्कृत कहा जायेगा।

भारतीय संस्कृति का मूल उद्गम स्थान वेद है। काल चक्र के प्रभाव से आज वेदों का ज्ञान और उनके आदेश अनुसार आचरण यद्यपि बहुत कुछ लुप्त हो गया है तो भी हमारी वर्तमान समस्त धार्मिक और सामाजिक प्रथाओं का विकास वैदिक पद्धतियों से हुआ है और अब भी हमारे सभी क्रियाक्रम वेदों के आधार पर ही किये जाते हैं।

वैदिक साहित्य में सबसे अधिक महत्व यज्ञ का है। यज्ञ शब्द 'यज' धातु से बना है जिसका अर्थ देवपूजा, संगतिकरण और दान है। समस्त चेतन और जड़ जगत में सहयोग उत्पन्न करके परस्पर लाभ पहुँचाना ही यज्ञ है, इसी तत्व को वेद में इन शब्दों में प्रकट किया गया है—

'अयं यज्ञो विश्वस्य भुवनत्य नाभिः'

अर्थात्

यह सम्पूर्ण ब्रह्माण्ड की नाभि है, बाँधने वाला है।

वैदिक साहित्य में यज्ञ के जो अर्थ किये गये हैं वह इस प्रकार हैं—

(1) परमात्मा यज्ञ है।

(2) यह संसार यज्ञ है।

(3) संगणित मनुष्य समुदाय यज्ञ है।

(4) मनुष्य जीवन यज्ञ है।

(5) मनुष्य का प्रत्येक श्रेष्ठ कर्त्तव्य कर्म भी यज्ञ है।

वेदों के पुरुष सूक्त में परमात्मा को बार-बार यज्ञ से पुकारा गया है। प्राचीन काल

में ज्ञान किसी विशेष साधना या जंत्र-मंत्र की तरह नहीं समझे जाते थे। वरन् वे मनुष्य का एक स्वाभाविक अंग थे। यज्ञों के जो विभाग किये गये थे। उनमें से कुछ ऋतुओं के आधार पर थे। कुछ मनुष्य के कर्तव्य कर्म को दृष्टिगोचर को रखकर नियत किये गये थे और कुछ राष्ट्रीय व्यवस्था से सम्बन्ध रखते थे। इस प्रकार आर्थिक, सांस्कृतिक और राजनैतिक समस्याओं की पूर्ति के लिए जो सामुदायिक और सामाजिक कार्य किये जाते हैं। इस प्रकार भारतीय समाज और संस्कृति का रूप ही यज्ञमय था।

गोपथ ब्राह्मण में यज्ञों की स्पष्ट जानकारी इस प्रकार मिलती है।

अग्निहोत्र—अग्नि के लिए संध्या समा और सूर्य के लिए प्रातःकाल जो हवन किया जाता है। वह अग्निहोत्र है।

दर्शपूर्ण मास—अमावस्या और पूर्णिमा के दिन किए जाने वाले हवन को दर्शपूर्णमास कहते हैं।

चार्तुमास्य—फाल्गुनी पूर्णमासी, आषाढ़ी पूर्णमासी और कार्तिकेय पूर्णमासी को जो या किए जाते हैं चार्तुमास्य कहलाते हैं।

अग्रहायण अथवा नवसस्येष्टि—उत्तरायण तथा दक्षिणायण के आरम्भ में जो यज्ञ होते हैं वह अग्रहायण व नवसस्येष्टि यज्ञ कहलाते थे।

अग्निष्टोम—जो प्रतिवर्ष वसन्त में वार्षिक यज्ञ किया जाता है वह अग्निष्टोम है।

पितृयज्ञ—पुत्र की प्राप्ति, पितरों को संतुष्ट करने के निमित्त पितृयज्ञ आवश्यक है। यही पुत्र कामेष्टि है।

पंचमहायज्ञ—जो अतिथियों और असमर्थों की सेवार्थ सदैव किए जाते हैं। पंच महायज्ञ है।

राजसूर्य और अश्वमेघ यज्ञ—राजसूय से ही राजा होता है। यह राजगद्दी के समय का यज्ञ है। सब छोटे राजाओं को आधीन करके एक सुस्थिर साम्राज्य की स्थापना करना अश्वमेध का उद्देश्य है। वेद में कहा गया है। 'राष्ट्र वै अश्वमेधः'। तस्माद्राष्टी अश्वमेधेन यजेत्। अर्थात् राष्ट्र ही अश्वमेध है इसलिए सम्राट अश्वमेध करें।

गोमेधः—पृथ्वी को उर्वरा बनाने, कृषि योग्य नई भूमि तैयार करना गोमेध का उद्देश्य है।

इस प्रकार भारतवासियों ने अपने सम्पूर्ण जीवन को यज्ञमय बना लिया है। जिसके फल से उनको उत्तम स्वास्थ्य, सुसंतति, सुवर्ण, विद्या, ज्ञान और परमात्मा की प्राप्ति होती है। भारतीय संस्कृति में यज्ञों से होने वाले कार्यों की पूर्ति निम्न प्रकार होती थी—विभिन्न ऋतुओं में होने वाले यज्ञों से रोगों के विकास का शमन होता था और समाज का स्वास्थ्य उत्तम दशा में रहता था। इसी को गोपथ ब्राह्मण में 'भैषज्य-यज्ञ' के नाम से अभिहित किया गया है, सन्तान न होती तो सन्तान उत्पन्न करने वाले और उत्तम और दीर्घजीवी सन्तान प्राप्त करने वाले 'पुत्र कामेष्टि यज्ञ' का विधान है।

यज्ञ का वर्षा से विशेष सम्बन्ध है क्योंकि भारतीय जनता के जीवन-निर्वाह का मुख्य आधार सुवर्ष पर ही था। अवर्षण के समय प्राचीन ऋषि यज्ञ द्वारा वर्षा करा देते थे। राज्य का स्वरूप प्राचीन सभ्यता में यह माना गया था कि उसके द्वारा समाज में सुव्यवस्था रहे और समस्त संसार के मनुष्यों को एक सूत्र में बाँधकर शान्ति स्थिर रखी जाय जिससे सब लोग लड़ाई-झगड़े के भय से मुक्त रहकर अपनी शक्ति और समय का उपयोग निजी तथा सामाजिक कल्याण के कार्यों में कर सकें। इस उद्देश्य की पूर्ति के लिए अश्वमेध यज्ञ का आयोजन किया जाता था। इसके द्वारा असंगठित और अनुशासनविहीन प्रदेशों को नियंत्रण में लाया जाता था। जिससे वे सार्वजनिक शान्ति को भंग करके जनता को हानि न पहुँचाये।

पंच महायज्ञों द्वारा मनुष्यों में करुणा, क्षमा, अहिंसा के भावों की वृद्धि होती है और उनका जीवन केवल भौतिक न रहकर दैवी गुणों से सम्पन्न होता है।

जो मनुष्य इतना सब कुछ करके भी निःस्वार्थ भाव से कहता है कि 'इदं न मम' अर्थात् यह मेरा नहीं है, जो कुछ है सब ईश्वर का ही है, वह सांसारिक प्रपंच और कर्म बंधन में नहीं फंस सकता, यही निष्काम भावना 'यज्ञ' की सबसे बड़ी विशेषता है, जैसा गीता में कहा गया है कि **'यज्ञार्थात्कर्मणोऽ-पत्र लोकोज्यं कर्म बन्धन'** अर्थात् यज्ञीय कर्मों के अतिरिक्त समस्त कर्म करने वाले ही इस प्रकार यज्ञ का मर्म समझने वाला और तद्नुसार आचरण करने वाला मोक्ष का अधिकारी हो जाता है।

यह पूर्ण रूप से सिद्ध हो चुका है कि प्राचीन भारतीय संस्कृति में यज्ञ का महत्व सर्वोपरि था और यहाँ से संसार में उनका प्रचार हुआ। यह तो स्पष्ट ही है कि देश व समाज भेद से यज्ञ की विधिक क्रियाएँ, समिति आदि सर्वत्र एक सी नहीं रह सकती पर मूल रूप से यज्ञ का प्रचलन था और पारसियों में तो अभी तक पूर्ण रूप से पाया जाता है। जैनियों और बौद्धों में भी धूप-दीप यज्ञ का ही सूक्ष्म रूप है। चीन वाले यज्ञ को 'घोम' कहते हैं, जो 'होम' का ही बिगड़ा हुआ रूप है, मिश्र के प्राचीन निवासियों और अमेरिका के रेड इण्डियन लोगों में भी यज्ञ की प्रथा पाई जाती थी।

इससे यह सिद्ध होता है कि यज्ञ मनुष्य जाति का मूल धर्म रहा है और उसका प्रचीन भारतीय आर्यों द्वारा ही सर्वत्र हुआ है। जब तक यहाँ के निवासी यज्ञ के विज्ञान को समझते रहे और उसका पालन करने में दृढ़ रहे तब-तब यह देश संसार का मुकुट बना रहा और जगद्गुरु के पद पर अधिष्ठित रहा। पर जब यज्ञ की भावना को लोग भूलने लगे और उसका स्थान पशुबलि और असाद्य सेवन आदि ने ले लिया तभी से भारत का पतन होने लगा और उसके भीतर तरह-तरह की निर्बलताएँ व्याप्त हो गयी। अब भी भारतीय समाज का उद्धार और उत्थान तभी हो सकता है जब समाज में यज्ञों का सच्चे स्वरूप में प्रचार किया जायेगा।

संदर्भ ग्रन्थ-सूची

(1) गोपथ ब्राह्मण (1999), हिन्दी अनुवार पं० क्षेमकरण दास द्विवेदी, वृज जीवन, प्राच्य भारती ग्रन्थमाला-81, चौखम्भा, संस्कृत प्रतिष्ठान, दिल्ली।

(2) अथर्ववेद संहिता (2005), सायण भाष्य सहित, सम्पादक पं० रामस्वरूप शर्मा गौड, चौखम्भा विद्या भवन, वाराणसी।

(3) महाभारत (1987), भाग 1-3, गीताप्रेस गोरखपुर।

(4) उपाध्याय बलदेव (1981), वैदिक साहित्य व संस्कृति, शारदा संस्थान, वाराणसी।

(5) शरद हेवालकर, भारतीय संस्कृति का विश्व संचार, सुरुचि प्रकाशन।

(6) शर्मा, लीलाधर (2013), भारतीय संस्कृति कोश, राजपाल प्रकाशन।

❖❖❖

28
“भारतीय संस्कृति में छठ-व्रत के रूप में सूर्योपासना”

श्वेता कुमारी
शोध छात्रा
प्रा०भा०इ० संस्कृति एवं पुरातत्व विभाग
गुरुकुल कांगड़ी विश्वविद्यालय, हरिद्वार

प्रकाश, ताप और ऊर्जा के स्रोत भगवान भुवन भास्कर के प्रति मानव आदिकाल से ही श्रद्धावनत् रहा है।

“ॐ भूर्भवः स्वः तत्वविर्तुवरेण्यं भर्गों देवस्य धीमहि धियो यो न प्रचोदयात्”।

चौबीस अक्षरों वाले गायत्री महामंत्र की ऋग्वेद में उपस्थिति भारतवर्ष में सूर्योपासना का प्राचीनतम ऐतिहासिक साक्ष्य है।

ऋग्वेद में सूर्य की सविता, पूषा, विष्णु, मित्र, भग, विवस्वान, अर्यमन आदि विविध नामों से की गई स्तुति यह दर्शाती है कि भारतवर्ष में सूर्योपासना ऋग्वैदिक काल से कहीं अधिक प्राचीन है।

इतिहासवेत्ता ई० मैके ने सिंधुघाटी की सभ्यता के पुरावशेषों में भारतीयों द्वारा मान्य सौर-प्रतीक स्वास्तिक के मिलने की बात स्वीकारी है। सूर्योपासना का प्रारम्भिक स्वरूप प्रतीकात्मक रहा है।

इतिहास साक्षी है कि भारत देश के चिर अतीत में प्रारम्भ की गई सूर्योपासना की प्रवाहमान कालसरिता न तो कभी बंद हुई और न कभी मंद पड़ी। सूर्योपासना के इसी सतत् प्रवाहमान संस्कृति का अनुपम लोक महापर्व है छठ-व्रत।

छठ-व्रत—एक क्रियाविशेष का नाम है जो किसी लक्ष्य को सामने रखकर विशिष्ट संकल्प के साथ लक्ष्य सिद्धि के लिये की जाती है। छठ-व्रत में सूर्यदेव और देवी षष्ठी को इष्ट मानकर उनसे अपनी विविध कामनाओं की पूर्ति के लिये याचना करने हेतु यह व्रत किया जाता है।

छठ-महापर्व का क्षेत्र

सूर्योपासना का यह महापर्व मूलरूप से पूर्वी भारत के बिहार, झारखण्ड, पूर्वी-उत्तर

प्रदेश और नेपाल क्षेत्र के निवासियों द्वारा पूरे भक्ति-भाव और हर्षोल्लास के साथ मनाया जाता है।

छठ-व्रत नाम का रहस्य

मार्कण्डेय पुराण में इस बात का उल्लेख मिलता है कि सृष्टि की अधिष्ठात्री प्रकृति देवी ने अपने आप को छह भागों में विभाजित किया है और इनके छठे अंश को सर्वश्रेष्ठ मातृ-देवी के रूप में मानस-पुत्री और संतति की रक्षा करने वाली देवी माना गया है। पुराणों में इन्हीं देवी का नाम कात्यायनी मिलता है, जिनकी नवरात्र की षष्ठी तिथि को पूजा की जाती है। वैज्ञानिक स्तर पर भी देवी षष्ठी जिन्हें लोकाचार में छठी मईया कहा गया कि व्याख्या की गई है। जगत् के समस्त जड़-चेतन वर्ग सूर्य की रश्मियों से ही जीवन धारण करते हैं। सूर्य की रश्मियों में छः अप्रतिम शक्तियाँ विद्यमान हैं। ये हैं—दहनी, पचनी, धुम्रा, कर्षिणी, वर्षिणी और रसा। अर्थात् जलाने वाली, पाचन क्रिया करने वाली, लोहित करने वाली तथा रस प्रदान करने वाली, आकर्षण करने वाली वर्षा करने वाली। भगवान सूर्य की ये छह शक्तियाँ ही देवी षष्ठी (छठी मईया) कहलाती है।

इतिहास की ओर दृष्टि डालें तो इसका प्रारम्भ महाभारत काल में कुन्ती द्वारा सूर्य की आराधना से माना जाता है। पुराणों और लोक अनुश्रुतियों में छठ-पूजा के पीछे की कहानी राजा प्रियवंद को लेकर है।

छठ-व्रत का स्वरूप

छठ-व्रत चार दिवसीय त्यौहार है। यह एक कठिन तपस्या की तरह है। इसकी शुरूआत चैत्र और कार्तिक शुक्ल-पक्ष चतुर्थी तिथि को तथा समाप्ति शुक्ल-पक्ष सप्तमी तिथि को होती है। इस व्रत में व्रत-धारण करने वाले 36 घंटे का निर्जल उपवास करते हैं। छठ व्रत अधिकतर महिलाओं द्वारा किया जाता है; कुछ पुरुष भी इस व्रत को रखते हैं। बच्चों और कौमारी लड़कियों के लिये यह व्रत वर्जित है। छठ-व्रत में स्वच्छता और सात्विक आहार पूरे परिवार के लिये अनिवार्य होता है।

इस व्रत को धारण करने वाले पंचमी को एक बार नमक रहित चावल और लौकी की सब्जी चतुर्थी तिथि को और पंचमी तिथि को गुड़ और गाय के दूध से बनी हुई नए चावल की खीर मिट्टी से निर्मित चूल्हें पर आम की लकड़ी जलाकर बनाते हैं और इसे ही सूर्यदेव के प्रसाद स्वरूप ग्रहण कर व्रत धारण करते हैं।

छठ-व्रत में नमक वर्जित होता है। ऐसी मान्यता है कि इस व्रत में बनाए जाने वाले प्रसाद का नमक से सम्पर्क नहीं होना चाहिये। षष्ठी और सप्तमी तिथि को सूर्य को अर्घ्यदान में ऋतु के सभी सात्विक सब्जी-फल को शामिल किया जाता है। छठ-व्रत में अर्घ्य-प्रसाद के लिये बनाए जाने वाले शुद्ध गाय के घी से निर्मित गेहूँ के आटे के 'ठेकुआ' का विशेष महत्व है।

इस व्रत को धारण करने वाले लोग सिले हुए वस्त्र धारण करके अर्घ्य नहीं देते।

जीवन के महत्वपूर्ण अवयवों में सूर्य एवं जल की महत्ता को स्वीकार करते हुए इन्हें साक्षी मानकर भगवान सूर्य की आराधना तथा उनका ध्यान करते हुए माँ गंगा-यमुना या किसी पवित्र नदी या तालाब के किनारे यह पूजा की जाती है।

वैज्ञानिक दृष्टि से छठ-पर्व की महत्ता

इंसान का शरीर पंच तत्वों से बना होता है, इनमें एक तत्व अग्नि भी है। सूर्य को अग्नि का कारक माना जाता है। सूर्य को जल चढ़ाने से उसकी किरणें पूरे शरीर का पड़ती है। जिससे हार्ट, त्वचा, आँखें, लीवर और दिमाग सभी अंग सक्रिय हो जाते हैं। जब सूर्य को जल-अर्ध्य देते हैं तो जल की धारा के बीच में जो सूर्य की किरणें आती हैं उनसे हमारी आँखों की रोशनी तेज होती है। छठ-पर्व में सूर्य की उपासना वैज्ञानिक ही नहीं लोकाचार में भी स्वस्थ शरीर और सुन्दर मस्तिष्क की प्राप्ति के लिये की जाती है।

छठ पूजा का सामाजिक-सांस्कृतिक महत्व

छठ पूजा का सबसे महत्वपूर्ण पक्ष उसकी सादगी पवित्रता और लोकपक्ष है। भक्ति और आध्यात्म से परिपूर्ण इस पर्व में बांस निर्मित सूप, टोकरी, मिट्टी के बर्तनों, गन्ने का रस, गुड़, चावल और गेहूँ से निर्मित प्रसाद और सुमुधर लोकगीतों से युक्त होकर लोक-जीवन की भरपूर मिठास का प्रसार करता है। इसके केन्द्र में वेद-पुराण जैसे धर्मग्रन्थ न होकर किसान और ग्रामीण जीवन है। इस व्रत के लिये न विशेष धन की आवश्यकता है न पुरोहित या गुरु की अभ्यर्थना। जरूरत पड़ती है तो पास-पड़ोस के सहयोग की जो अपनी सेवा के लिये सहर्ष और कृतज्ञतापूर्वक प्रस्तुत रहता है।

उपसंहार

इस प्रकार हम देखते हैं कि सूर्योपासना का महापर्व छठ भारतीय-संस्कृति की पहचान सामाजिक समरसता और समन्वयता का एक अद्वितीय और अप्रतिम पर्व हैं।

इस उत्सव के लिये जनता स्वयं अपने सामूहिक अभियान संगठित करती है। नगरों की सफाई व्रतियों के गुजरने वाले रास्तों का प्रबन्धन, नदी किनारे अर्ध्यदान की उपयुक्त व्यवस्था के लिये समाज सरकार की सहायता की राह नहीं देखता यह पर्व जाति या वर्ग स्तर पर भेदभाव से परे अनेकता में एकता का संदेश देता है।

यह एक धार्मिक पर्व ही नहीं अपितु वैज्ञानिकता से परिपूर्ण है। इन मान्यताओं के सूत्रधार भारत भूमि के पुरातन वैज्ञानिक तत्वदर्शी ऋषियों ने सूर्य के रहस्यमयी स्वरूप को विभिन्न क्षमताओं व सामर्थ्यों को विकसित करने वाला कहा।

छठ-पर्व केवल सूर्यास्त तथा सूर्योदय के एक दिन के अर्ध्य का पर्व नहीं है। यह सनातनता की प्राप्ति का पूरी निष्ठा के साथ संकल्प पर अटल रहने का व्रत है।

छठ पर्व भक्ति-भाव से किए गए सामूहिक कर्म और प्रकृति के प्रति समर्पण का विराट प्रदर्शन है।

संदर्भ ग्रन्थ-सूची

(1) ऋग्वेद (शाकल संहिता) : 2014, विश्व बुक प्राइवेट लि० (पुनर्मुद्रित), गाजियाबाद, पृ० 1/35/2

(2) मार्कण्डेयपुराण (सूर्य संदर्भ) : 2006, गीताप्रेस (पुनर्मुद्रित), गोरखपुर।

(3) महाभारत (भीष्मपर्वः) : 2016, गीताप्रेस, गोरखपुर।

(4) दिनकर डॉ० दीनानाथ की झा बिहार का महापर्व सूर्यपूजा, कल्याण व्रतपर्वोत्सव अंक, संख्या-1, वर्ष 79, पृ० 400।

(5) द्विवेदी श्री विश्रामदत्त जी, षष्ठी महोत्सव, कल्याण व्रतपर्वोत्सव अंक, संख्या-1, वर्ष 79, पृष्ठ 461।

❖❖❖

29

"भारतीय संस्कृति : पौड़ी गढ़वाल के सन्दर्भ में"

सावित्री सिंह

शोध छात्रा

प्रा०भा०इ० संस्कृति एवं पुरातत्व विभाग

गुरुकुल कांगड़ी विश्वविद्यालय, हरिद्वार

भारतीय संस्कृति विश्व की सर्वाधिक प्राचीन एवं समृद्ध संस्कृति है। इसे विश्व की सभी संस्कृतियों की जननी माना जाता है। जीने की कला हो या विज्ञान और राजनीति का क्षेत्र, भारतीय संस्कृति का सदैव विशेष स्थान रहा है। अन्य देशों की संस्कृतियाँ तो समय की धारा के साथ-साथ नष्ट होती रही है किन्तु भारत की संस्कृति आदि काल से ही अपने परम्परागत अस्तित्व के साथ अजर-अमर बनी हुई है।

संस्कृति का शाब्दिक अर्थ है—उत्तम प्रकार से किया गया कार्य। सामान्यतः समाज में रहने वाले शिष्ट मनुष्यों के सभी साहित्यिक, सामाजिक, राजनैतिक, आर्थिक, नैतिक, आध्यात्मिक एवं कलात्मक विचारों और किये गये कार्यों को संस्कृति के अंतर्गत रखा जाता है। भारतीय संस्कृति विविध संस्कृतियों के सम्पर्क में परिवर्तित संवर्धित और प्रशस्त होती रही है। पूर्वोत्तर भारत से लेकर गुजरात तक कश्मीर से लेकर कन्याकुमारी तक सभी स्थानीय स्तरों पर भी संस्कृति अपने भिन्न-भिन्न रूप में स्पष्ट दिखाई पड़ती है। भारत के हर प्रांत, जिले, गांव का अपना एक इतिहास रहा है। इसी परिप्रेक्ष्य में जनपद पौड़ी गढ़वाल की संस्कृति में हमें कई रूपों में भारत की प्राचीन संस्कृति की झलक दिखाई मिलती है।

अतः प्राचीनकाल में हिमालय केदारखण्ड (गढ़वाल) में यक्ष कुमाण्ड और नाग जातियों की सृष्टि मिलती है।[1] इसके अतिरिक्त किरात जाति का भी इस क्षेत्र पर आधिपत्य बहुत लम्बे समय तक रहा। किरातों की संख्या ज्यादा होने के कारण केदारखण्ड को 'किरात मण्डल' के नाम से जाना जाता था। इसके पश्चात् खस जाति का प्रभाव बढ़ा और इसे 'खस मण्डल' कहा जाने लगा। इसी के साथ आर्यों के दूसरे मत-मतान्तरवादी लोगों ने भी इस क्षेत्र में प्रवेश किया इस प्रकार यज्ञ, नाग कुमाण्ड, किरात, खस, आर्यों इत्यादि जाति की विविध संस्कृतियों का एक दूसरे से आदान प्रदान हुआ वास्तव के ये जातियाँ विविध संस्कृतियों की सांस्कृतिक परम्परायें हैं।[2]

पौड़ी गढ़वाल की परम्परा में सबसे बड़ी विशेषता है कि इसने भारत की सभी संस्कृतियों का समन्वय किया है। इस क्षेत्र का समाज चार वर्णों में विभाजित है, तथा भाभर क्षेत्र में बोक्सा जनजाति के लोग भी है, मुसलमान तथा ईसाई यहाँ बाहर से आकर घुल मिल गये हैं। यहाँ के लोगों की प्रकृति सीधी, सच्ची और सरल है। यहाँ जाति वर्गीकरण ग्राम, पेशा आदि के आधार पर किया गया जो जिस गाँव में बसा उसी गाँव के नाम पर अपनी जाति का नाम रख दिया।[3] यहाँ संयुक्त परिवार के उदाहरण मिलते हैं और वृद्ध व्यक्ति परिवार का मुखिया होता है। दान या आंचल विवाह को सर्वश्रेष्ठ माना गया। इसमें कन्या को महा संकल्प के बाद दान दिया जाता था।[4]

इस क्षेत्र के लोगों का मुख्यतः भोजन मोटा अनाज है। सामान्य भोजन प्रातः काल में कत्योरोटी (मोटे अनाज), मुन्डुवे की रोटी व सिलबटे पर पिसा हुआ नमक है।[5] श्रीनगर के एक गांव सुमाड़ी में इन्द्रभगवान को खुश करने के लिये मन्डुवें का हलवा उनकी मूर्ति पर लगाते हैं।[6] इस क्षेत्र में मन्डुवे का विशेष महत्व है यह मन्डुवा एक प्रकार से रागी जैसा अनाज है। रात्रि भोजन में रोटी सब्जी साग को खाया जाता है। मौसमी फलों के अतिरिक्त यहाँ जंगली फल-फूल कंदमूल को लोग खाने में प्रयोग में लाते हैं। गीठी, तैडू, तिमूला, बेडू, कफल इनमें प्रमुख है।

पौड़ी गढ़वाल क्षेत्र के धार्मिक तथा पिछड़ा होने के कारण यहाँ देवी देवताओं शकुन और अपशुकन पर भी विश्वास है। इस जनपद के प्रमुख धर्म स्थलों में नीलकंठ महादेव, ताड़केश्वर महादेव, विनसर, ज्वाल्पा देवी, कंडोलिया क्यूंकलेश्वर, देवलगढ़, धारी देवी, कण्वाश्रम, भैरव गढ़ी आदि है।[7] इस क्षेत्र के साथ ही साथ अन्य स्थान से लोग यहाँ दर्शन हेतू आते हैं। श्रीनगर (पौड़ी) में स्थित कमलेश्वर महादेव स्वयंभू हैं इसके साथ ही पुत्रदा सिद्ध, बैकुण्ठ चतुर्दशी तथा शिवरात्री पर यहाँ मेला लगता है जो स्वयंभू की महत्ता को सिद्ध करता है।[8]

इस क्षेत्र की एक सांस्कृतिक विशेषता यहाँ के पर्व, मेले और त्योहार है। इस जनपद में सैकड़ों स्थानीय मेले लगते हैं। मेलों में प्रमुख गेदं का मेला, मनसार का मेला, मुण्डेश्वर मेला, बूखाल मेला, कठूठ बददी मेला इत्यादि है त्यौहारों में होली, दिवाली, बिखौत, मकूर संक्रान्ति, एगास (गोवर्धन पूजा) नंदाष्टमी, गणेश चतुर्थी, भैयादूज इत्यादि प्रमुखता से मनाते हैं। प्रत्येक मंगल कार्य के पहले श्रीगणेश की पूजा होती है जिसका प्रारम्भ ढोल के टंकार से होता है।[9]

इस प्रकार पौड़ी गढ़वाल की संस्कृति अत्यन्त प्राचीन, व्यापक और समृद्ध है। इसको समृद्ध एवं विकसित करने का श्रेय तपस्वियों, मुनियों को जाता है। वहीं अनेक सिद्धों, धर्मों, नाथो, तथा सम्प्रदायों का समन्वयात्मक गुण भी निहित है।

संदर्भ ग्रन्थ-सूची

(1) उनियाल हेमा 2016 (द्वितीय संस्करण), केदारखंड, उत्तरा बुक्स, केशवपुरम, दिल्ली पृष्ठ सं० 7।

(2) बाबूलकर डॉ० मोहन लाल, हिम ओज, त्रैमासिक, मसूरी, जनवरी-मार्च 2003, पृ० 5

(3) बलूनी डॉ० दिनेश चन्द्र 2006 (प्रथम संस्करण), जनपद पौड़ी गढ़वाल (एक संदर्भ), विनसर पब्लिशिंग कम्पनी डिस्पेंसरी रोड, देहरादूर, पृ० 23

(4) थपलियाल उमा प्रसाद, 2005 (प्रथम संस्करण), उत्तरांचल ऐतिहासिक एवं सांस्कृतिक आयाम, बी० आर० पब्लिशिंग कारपोरेशन, निमरी कालोनी अशोक विहार, दिल्ली, पृ० 112

(5) बलूनी डॉ० दिनेश चन्द्र 2006 (प्रथम संस्करण), जनपद पौड़ी गढ़वाल (एक संदर्भ), विनसर पब्लिशिंग कम्पनी डिस्पेंसरी रोड, देहरादून, पृ० 23

(6) थपलियाल उमा प्रसाद, 2005 (प्रथम संस्करण), उत्तरांचल ऐतिहासिक एवं सांस्कृतिक आयाम, बी० आर० पब्लिशिंग कारपोरेशन, निमरी कालोनी अशोक विहार, दिल्ली, पृ० 106

(7) उनियाल हेमा 2016 (द्वितीय संस्करण), केदारखंड, उत्तरा बुक्स, केशवपुरम, दिल्ली पृष्ठ सं० 85

(8) नैथानी डॉ० शिवप्रसाद, 1998 (प्रथम संस्करण) उत्तराखण्ड श्री क्षेत्र श्रीनगर पवेत्री प्रकाशन, पौड़ी रोड, श्रीनगर, गढ़वाल, पृ० 178

(9) बर्त्वाल डॉ० वीरेन्द्र सिंह, 2014 (प्र०सं०), गढ़वाल के लोक एवं देवता, विनसर पब्लिशिंग कम्पनी डिस्पेंसरी रोड, देहरादून, पृ० 284